“十二五”国家重点图书出版规划项目

中国外商投资发展报告（2014）
——新一轮改革开放下的外商投资

杨立强　王丽丽　等著

对外经济贸易大学出版社
中国·北京

图书在版编目（CIP）数据

中国外商投资发展报告 .2014：新一轮改革开放下的外商投资 / 杨立强等著. —北京：对外经济贸易大学出版社，2014

ISBN 978-7-5663-1145-0

Ⅰ. ①中… Ⅱ. ①杨… Ⅲ. ①外商投资-经济发展-研究报告-中国-2014 Ⅳ. ①F832.48

中国版本图书馆 CIP 数据核字（2014）第 198556 号

中国外商投资发展报告（2014）

——新一轮改革开放下的外商投资

杨立强 王丽丽 **等著**

责任编辑： 汪 洋 申 艳

对外经济贸易大学出版社

北京市朝阳区惠新东街 10 号 邮政编码：100029

邮购电话：010-64492338 发行部电话：010-64492342

网址：http://www.uibep.com E-mail：uibep@126.com

北京市山华苑印刷有限责任公司印装 新华书店北京发行所发行

成品尺寸：170mm×230mm 21.5 印张 349 千字

2014 年 9 月北京第 1 版 2014 年 9 月第 1 次印刷

ISBN 978-7-5663-1145-0

定价：48.00 元

对外经济贸易大学校友基金会资助

课　题　组

课题组组长　桑百川

课题组成员　杨立强　李玉梅　太　平　庄　芮
王丽丽　李　丽　汤　碧　陈　昊
蓝庆新　蔡彤娟　姜荣春　邓慧慧
郭桂霞　张晓静　郑　舒　董新鸽
张　琦　姜　舰　周　婕　王思齐
彭一然　陈芳树　刘婉琳　彭　艳
李长军　赵东麒　王文娜

目　录

总　论

2008年金融危机之后，中国吸收外商直接投资（FDI）经历了2009年和2012年两个波谷，2013年有所回升，并在国内外外商投资环境变迁中出现明显的结构性变化。

● FDI流入规模小幅回升

在全球资本流动复苏的大背景下，中国FDI流入规模保持了总体上升状态，但增长速度趋缓，非金融领域吸收FDI呈现出明显的“趋稳”态势。

据中国商务部统计，2013年1—12月，全国非金融领域新批设立外商投资企业22 773家，实际使用外资金额1 175.86亿美元，同比增长5.25%。非金融领域FDI流入规模超过2011年高位，创造了历史新高。2013年中国非金融领域新批外商投资项目数继续下降，降幅达到8.63%，但外商直接投资项目的平均投资规模却攀升至516.34万美元，创下了改革开放以来平均投资规模的最高纪录。

据联合国贸发会议初步估计，2013年全球外资流入金额达到1.46万亿美元，比2012年的1.35万亿美元上升了8.15%；当年流入发展中国家的外资金额约为7 590亿美元，同比增长了7.99%。与全球和发展中国家的情形相比，中国非金融领域利用外资金额增长幅度仅达到5.25%，且中国非金融领域外资流入占全球外资流入总额的比重由2012年的8.27%下降到8.05%，占发展中国家外资流入总额的比重也由2012年的15.90%下降为15.49%。尽管比重下降的幅度并不大，但也反映出了非金融领域中国吸引外资面临着内外诸多挑战：一方面，中国持续上升的综合商务成本在一定程度上削弱了对部分外资的吸引力，另一方面，其他发展中国家和地区表现出较为强劲的经济活力，再加上美国等发达国家越来越重视实体经济和吸引外资而导致的企业“回流”等因素，促使跨国公司不断调整全球生产布局，推动全球生产网络的发展和重构。

FDI方式仍然以外商独资企业和中外合资企业为主。2013年全国非金融领域外商独资企业数量达到18 125家，占79.59%，中外合资企业4 476家，占19.65%；外商独资企业的实际使用外资额达到895.89亿美元，占76.19%，中外合资企业237.72亿美元，占20.22%，其他几种方式合计仅占3.59%。

FDI仍然主要来自我国香港地区。2013年流入内地的港资达到733.97亿美元，比2012年大幅增长了11.95%，创改革开放以来港资流入规模的最高纪录。这突出反映了香港地区在国际资本投资内地过程中的主要地位。其他主要外资来源地包括新加坡、日本、英属维尔京群岛、韩国等国家和地区。受全球产业调整的影响，2013年流入大陆的台资金额出现较大幅度下滑，由2012年的28.47亿美元下降到2013年的20.88亿美元，降幅达到26.67%，成为2006年以来最大跌幅。继2011年和2012年日本对华投资分别同比增长55.00%和16.15%后，2013年中国吸收日本投资70.58亿美元，出现3.99%的小幅下降。

FDI仍然以制造业和房地产业为主。2013年中国制造业吸收FDI为455.55亿美元，占当年实际使用FDI金额的38.74%。除制造业外，房地产业、金融业、批发和零售业等服务业也已经成为FDI流入的主要目标行业。2013年FDI产业结构仍然以第三产业和第二产业为主，且第三产业占比继续高于第二产业。

2013年外商投资企业进口和出口金额继续小幅增长，进口和出口比重则继续下降。2013年外商投资企业进口比重由2006年的59.70%下降到44.86%，降幅达到14.84个百分点；出口比重则由2005年的58.30%下降到47.25%，降幅达到11.05个百分点。尽管进口和出口比重有所下降，但外商投资企业仍然是中国对外贸易的中坚力量。

● 国际投资规则演变中呈现新趋势

金融危机后，新兴市场国家和广大发展中国家认为全球经济治理结构存在缺陷，由美国等发达国家主导的国际经济规则需要变革，要求对国际货币基金组织、世界银行进行改革，推进世界贸易组织多哈回合谈判；以美国为代表的发达国家虽然承认全球经济治理制度存在缺陷，但对于改革国际货币基金组织、世界银行等全球经济治理机构兴趣寡然，对于让渡全球经济治理控制权更是心存疑虑，认为在过去30多年经济全球化中获益较少，推动多哈回合谈判的成本过高，正积极谋求在新一轮经济全球化中掌握控制权，不少国家重新考虑立场和诉求，国际投资规则演变中呈现新趋势。2013年，在全球FDI缓慢复苏中，投资自由化的总体趋势与具体领域的监管形成鲜明对比，准入前国民待遇和负面清单已逐渐成为新趋势，可持续发展条款纳入国际投资协定。在新的国际投资规则发展趋势下，世界主要国家竞相提出自己在新的国际投资规则中的利益主张，中国在国际投资规则的建设中一直处于相对被动的状态。当前，中国国际投资地位发生重大变化，已经从单纯的资本输入大国转变为兼具“主要资本输入”和“重要资本输出”双重地位的国家，中国面临着如何调整自身在国际投资规则中的立场，如何更好地保护对外投资安全，实现本国经济发展等问题。

• 外资管理制度变革试水

在国际投资规则变迁，以及中国经济发展中结构失衡问题凸显，低成本引资优势不再，对外投资提速，正积极推动双边投资协定谈判的背景下，2013年9月29日，中国（上海）自由贸易试验区正式挂牌。在自贸区内，外资管理制度重点围绕给予外资“准入前国民待遇”，“负面清单”管理模式，负面清单之外的投资改核准制为备案制，扩大服务业开放，开始尝试新一轮变革。中国（上海）自由贸易试验区通过“试验田”方式积累外资管理制度经验，为我国顺利完成中美双边投资协定（BIT）谈判，进一步提高对外开放水平、实施国际通行规则做好准备。

2013年中国（上海）自由贸易试验区所代表的外资管理制度变革，仅仅开启了我国新一轮改革开放的序幕，后续如何落实创新举措、改善服务和管理，如何在更大范围内推动制度变革，还需要不断地尝试和探索。从现有的情况来看，中国（上海）自由贸易试验区外资管理制度还存在如下问题需要进一步突破：一是负面清单较长，清单部分内容表述模糊，政策透明度不足，还需要在未来不断修订更新。二是外资管理将面临挑战，需要进一步加强保障体系建设。对外资安全审查制度的审查范围、机构和人员组成，以及安全审查的程序细节上加以完善。自贸区配套金融机制的设计中除了要完成利率市场化的实验工作，要尽快出台自贸区外汇管理制度，更要设计并验证必要的金融稳定措施。完善信用管理是实行“负面清单”的关键，如果无法从法律、法规等配套措施上将失信行为的违法成本提高到禁止性水平，将无法真正发挥出“负面清单”的效果。三是与区外制度对接问题。对于自贸区内、外部管理层级及行政模式的差异，需要自贸区与区外相关行政机构之间明确行政协调机构和流程，做好区内、外行政协调机制的横向总体设计。四是自贸区经验的推广复制。在自贸区外资管理体制变革中，创造出可推广、可复制的制度、经验，促进全国性的外资管理制度变革，尚需统筹考虑、周密设计。

● 中国 FDI 流入面临东盟国家和发达国家引资竞争

关于中国吸引 FDI 流入是否是以牺牲其他国家引资作为代价的问题自 20 世纪 90 年代初直至 2000 年伊始在中国引资数量持续高涨的时期讨论得较为普遍和广泛，与此对应，近几年随着其他国家尤其是发展中国家引资数量的高速增长，中国在发展中国家乃至世界引资中的地位则出现了一定程度的下滑，然而对近期中国吸引 FDI 流入所受其他国家的竞争效应却鲜有研究，鉴于此，本报告利用国别 FDI 数据对 2002—2012 年间中国利用外资受到来自包括东盟五国、新兴市场国家代表以及发达国家和地区代表在内的 24 个经济体的影响进行了研究与分析。

从吸引中国主要引资来源国的 FDI 流入来看，作为中国曾经重要的投资来源地，金融危机爆发以后美国在减少对中国投资的同时却加大了对东盟五国、新兴市场国家、发达国家和地区的投资力度，这意味着美资企业向发达国家和地区的回流以及从中国向东盟与新兴市场国家的区位转移正在发生。日本对中国、东盟五国、新兴市场国家、发达国家和地区的投资规模均呈现不同程度的扩大，但中国面临来自东盟五国的冲击不甚明显，竞争主要源于新兴市场国家、发达国家和地区的更为快速的引资增长。作为吸引韩国 FDI 流入数量最大的单个国家，中国占韩国对外直接投资的占比出现下滑，东盟五国、新兴市场国家、发达国家和地区则表现出了相对中国而言更为强劲的引资势头。

不同引资来源国的 FDI 流向在中国与其他国家之间的分配呈现出不同的特征，一个包含 33 个 OECD 国家作为投资来源国，25 个样本国家和地区作为投资目的地的实证检验则有助于整体上把握中国引资所受其他国家和地区 FDI 流入的竞争效应。首先，就除中国之外的 24 个样本国家和地区整体而言，没有明显证据显示它们抑制或是挤出了投资国对中国的 FDI 流入，反而 24 个经济体对中国的引资存在一种正向的促进作用。其次，将 24 个经济体划分为东盟五国、新兴市场国家、发达国家和地区三个组别，发现中国与 24 个经济体整体上的投资促进关系主要表现在中国与新兴市场国家之间较强的投资互补上，东盟五国、发达国家和地区仍然对中国的 FDI 流入呈现出一定的竞争与替代。接下来，分别考察 24 个经济体对中国吸引 FDI 流入的具体影响，发现与中国的 FDI 流入存在一定竞争关系的国家主要集中于东盟五国中的印度尼西亚、马来西亚、菲律宾以及发达国家中的澳大利亚、法国、爱尔兰和西班牙，我们推测东盟国家富有竞争力的低成本优势，以及中国在高技术领域逐步累积的引资吸引力可能是使中国与发展中国家和发达国家同时存在引资竞争效应的原因。

从引资的竞争效应看中国未来的 FDI 吸引力以及 FDI 环境竞争力的变化趋势，我们认为，虽然全球引资的增长势头会带动中国引资吸引力的不断提升，但在同时面临东盟国家和发达国家引资竞争的背景之下，如何充分利用新一轮改革开放的契机，加快调整中国的引资结构向高级化转变，谋求从对吸引效率、市场寻求型 FDI 流入的过分依赖，转向以吸引效率、市场、技术、制度寻求型等并重的多种类型 FDI 流入的齐头并进式发展，并着重培养承接发达国家高端产业转移的能力，才是确保中国的 FDI 吸引力以及 FDI 环境竞争力在保持现有水平的同时得以实现新的突破的根本途径。

● 外商投资企业社会责任状况喜忧参半

2013 年，全球对企业社会责任的关注进一步落到实处，反腐败和合规管理的重要性日益提升，无论在联合国层面和各国政府部门及企业层面，反腐败问题被提上议事日程。此外，低碳节能成为主要国家经济社会发展的重点，水资源管理也成为全球性议题，社会责任管理的重要性也得到越来越多的认可。

2013 年，透明度和反腐败成为八国集团和二十国集团会议的内容；联合国全球契约继续在全球推进社会责任，并多次提出关于反腐败的问题；欧盟出台有关透明度和反腐败的立法，在采掘业和林业采伐业中先行推进企业承担社会责任。此外，其他组织也在不断推动企业社会责任向前发展，社会责任投资规模不断增大，综合报告框架制度即将出台。

从国内的情况看，2013 年，中国出台或修订了多部与社会责任相关的政策和法律法规，从消费者权益保护、反腐败、人权等多个方面进行了规范；越来越多的政府部门和行业协会参与到推动企业社会责任发展过程中，其中地方政府和行业协会是重要力量；社会责任报告数量进一步增长，外资及港澳台企业发布报告的数量总体呈现增长趋势；反腐败引发更多关注，葛兰素史克商业贿赂案给外资企业敲响警钟。

2013年，在华外商投资企业社会责任所涉及的主要内容与以往相比差别不大，主要涉及环境保护问题、员工权益保护的问题、公平竞争与反腐败问题、消费者权益保护问题、支持公益事业和支持社区发展等方面，其中反腐败和合规管理成为2013年外资企业社会责任的重要内容。外资企业越来越多地通过履行社会责任参与到实际经济社会问题的解决方案提供中，创造出更多的经济发展机会和商业利益。

2013年在华外商投资企业社会责任履行总体在向前发展，社会责任意识和能力都进一步提高，但问题依旧存在。概括来说，食品安全问题频发，沃尔玛以狐狸肉假冒牛肉产生了极其恶劣的影响；环境问题依旧存在，可口可乐虽然在水资源保护方面开展了很多工作，但依旧被认为环境破坏严重；双重标准问题没有得到解决，个别部门存在的垄断和不公平竞争依旧存在；遵守法律、合规经营还有很长的路要走。

中国应进一步完善社会责任相关立法，严格法律法规的执行；学习借鉴跨国公司的先进经验，提升中国企业合规经营的能力和水平；跟踪研究国际经验，积极探讨中国企业合规经营的发展道路；积极利用外资企业的优势为我所用，促进公共资源和私营资源之间的合作，鼓励更多的外资企业加入到公共—私营部门合作的队伍中，和中国其他利益相关方一道，致力于相关问题的解决。

● 全球价值链重塑给中国FDI流入带来新的机遇和挑战

随着生产和贸易全球化的不断深入，世界价值创造体系出现前所未有的垂直分离和重构。进入21世纪以来，贸易与投资已经成为了全球价值链发展的两大推动力。而据联合国贸发会议秘书长穆希撒·基图伊介绍，“全球价值链贸易中，发展中国家的占比在1990年只有20%，2013年占到了40%。现在许多发展中国家已经越来越多地参与到了价值链当中，这也就意味着这个世界越来越多地紧密联系在一起”。

在全球经济变化中，全球分包网络的形成和海外直接投资的快速增长造就了世界经济的新的经济结构。全球价值链不断地分布在不同的产业、不同的国家，发展中国家不管它经济体大还是小，都能够在全球价值链中找到他们拥有比较优势的那部分。FDI 和随之而来的价值链管理模式的转变对中国产业升级具有积极影响，开展国际投资是参与全球价值链重塑，实现产业升级和技术进步的重要途径。然而，跨国公司所驱动的全球价值链重塑，也给中国带来了压力。

中国从 20 世纪 90 年代开始，开始通过承接全球价值链中的劳动密集型环节，成为具有全球竞争力的制造业基地和代工平台，但中国并未实现根本上的产业升级，核心的技术和价值环节仍然受制于人。虽然总量位居前列，但中国目前从全球价值链中获取的实际利益依然远远低于发达国家，表现为中国很多出口产品科技含量不高，附加值较低，多数企业缺乏核心技术和自主品牌。同时，中国企业对外投资还处于探索和起步阶段，国际化经验不足，参与全球价值链的能力有限。中国需要转型，需要提升在国际价值链中的地位。直到今天，中国经济仍然被称作“世界加工厂”，这意味着中国需要生产更加精密和复杂的产品，要成为解决方案的提供者，要能够提供高质量的产品和服务，以一种高效低价的方式提供。

鉴于此，中国需要通过开展国际投资参与到全球价值链重塑中，并在国家层面制定出合适的政策，保障在全球价值链中的利益，实现产业升级、技术进步和经济的持续稳步发展。

• 高新技术产业 FDI 质量显著提升

近年来我国高新技术产业 FDI 呈现以下特点：首先，2010 年以来通信设备、计算机及其他电子设备制造业的 FDI 持续降低，这也是高新技术产业中唯一一个 FDI 规模持续降低的行业，其中，2011 年同比下降 13.34%，2012 年同比下降 9.89%。这可能是因为我国国内企业生产的通信设备等相关产品已经具备较高的质量和较强的国际竞争力，逐渐不再需要大规模的外资进入以支持行业发展；其次，通用设备制造业 FDI 在 2011 年出现显著下降，而在 2012 年又大幅度回升，专用设备制造业 FDI 则在 2012 年出现显著下降。总之，通信、通用设备制造业

FDI 近年来出现了显著而频繁的波动；最后，其他高新技术产业的行业 FDI 持续增长，包括化学原料及化学制品制造业年均增长 6% 以上，交通运输设备制造业年均增长近 17%，科学研究、技术服务和地质勘查业 FDI 实际使用金额甚至年均增长率可以超过 25%，这些行业已经成为我国高新技术产业吸收 FDI 的主要力量。

近年来高新技术产业港澳台资和外资企业在华的生产经营状况具有以下特点：第一，大多数行业的港澳台资企业数量在 2010 年都达到了最高峰，然后有所降低，主营业务收入也体现出这一发展特点；第二，电子及通信设备行业同样是港澳台资高新技术企业最愿意进入的行业，表现在企业数量最多且利润最高，当然，这与我国经济贸易发展的特点有关；第三，高新技术产业中的尖端行业——航空、航天器制造业依然是港澳台资企业进入的薄弱行业，2010 年以来的发展进步也并不显著；第四，高新技术产业的港澳台资企业近年来出口交货值普遍大幅度提高，表明港澳台资企业的高新技术产品竞争力显著增加，这也从侧面反映出高新技术产业 FDI 近年来质量显著提升。这些特点在除港澳台资以外的外资企业相关数据中也能得到体现。

由于高新技术产业的特殊性，该产业的引资策略与其他行业会有不同。需要政府制定针对性强且行之有效的高新技术产业 FDI 引资策略。第一，创造良好引资环境，重视相关服务设施建设。第二，建立专门的保税区或出口加工区，为高新技术产品的出入关提供方便。第三，对急需发展的高新技术行业外资实施恰当的超国民待遇。第四，实施偏向性的就业支持政策，鼓励高学历、高技术人才进入高新技术产业外资企业工作。

● 金融业 FDI 稳步发展

金融业是外商在华投资的重要行业之一。金融业利用 FDI 呈现出地区分布不均衡、以独资企业和中外合资企业作为外商在金融业投资的主要方式以及来源地相对集中的特点。金融业 FDI 发展中存在着外资进入给金融业发展带来一定冲击，金融开放与整个经济的国际化水平不相称，金融业对内开放与对外开放不平等，中国金融业分业监管与跨国公司混业经营并存以及监管法律不健全。为进一步扩大金融业对外开放、吸引 FDI，提升我国金融业竞争力，提出了相应的对策，即完善市场机制、构建公平竞争平台，稳步推进资本市场的双向开放、最终实现人民币资本项目可兑换，引导外资金融机构参与中国金融的薄弱环节，完善金融监管。

● 文化创意产业 FDI 方兴未艾

文化创意产业 FDI 是指意在获得文化创意产业（包括文化、娱乐产品和服务等）投资的长期收益，并拥有公司控制权和企业经营管理权而进行的、在国外直接建立企业或公司的投资活动。从统计角度来看，目前我国文化创意产业 FDI 的具体情况还没有独立的统计数据，一般将文化娱乐业和体育产业作为一个整体统计项目来处理，因此，本报告对我国文化创意产业 FDI 的界定是文化、体育与娱乐业的总和。

从我国文化创意产业引进外资的具体政策来看，从《关于文化领域引进外资的若干意见》（2005）到《外商投资产业指导目录（2011 年修订）》再到上海自由贸易区公布外商投资负面清单（2013），我国对文化创意产业引进外资的政策变化并不大，特别是在新闻、出版以及广播电视电影产业对外资基本还是限制的态度，显示出国家对文化市场开放的态度依然比较谨慎。与“引进来”相比，国家更加重视文化创意产业“走出去”的发展战略。

得益于北京奥运会、上海世博会等大型活动建设，近几年我国文体娱乐业取得了快速发展。根据国家统计局相关数据，2009—2012 年我国文体娱乐业基本呈现出快速增长的态势，平均增速达 20% 以上。但文体娱乐业占我国总体实际利用外资的比例尚不足 1%，外商在我国文体娱乐业的投资总量很小，且文体娱乐业 FDI 签约项目数近几年也基本呈现连续下降的趋势。从细分行业来看，广播影视、动漫、广告、会展等产业也都得到了快速发展，在与外资的合作方面也都取得了巨大的进步。但受到政策的限制，一些产业与外资合作的模式仍然单一，而一些产业如动漫、广告等在与外资的竞争中仍然存在较大的差距。

综上所述，我国文化创意产业在引进外资方面仍然存在很多不足，包括 FDI 比例过低、投向狭窄、政策体制依然滞后等，这严重制约了文化创意产业的进一步发展。为了促进文化创意产业健康快速发展，克服发展中的资金瓶颈，政府（文化部和各有关部门）应加强对文化创意产业的财政政策支持，着力完善文化产业政策，深化文化市场体制改革，规范文化市场秩序，加强文化产业公共服务，继续大力推动文化产品和服务走出去。

● 国际服务外包业务正成为新一轮外资竞争的焦点

作为服务经济的重要组成部分，服务外包产业的发展对于促进经济全面转型升级具有重要意义。经过十几年快速发展，服务外包产业自身发展已进入转型期。在华外资企业在产业发展初期曾发挥了重要作用，在新的发展阶段，如何继续积极发挥在华外资企业特别是大型跨国服务外包企业在产业发展转型中的积极作用成为新课题。

金融危机以来，在华跨国服务企业（机构）加快战略转型，一方面继续扮演外包需求商角色，另一方面积极开拓我国外包需求市场，努力强化其作为重要服务提供商的地位，试图在我国经济转型中扮演积极角色。此外，随着我国人才资源规模持续扩大，跨国公司或把我国作为研发基地或作为全球交付网络的重要组成部分，纳入其全球价值链运行体系，衍生出作为资源整合者的新角色。

为更好实现上述彼此关联又相互独立的几大目标，大型跨国公司往往在华同时或先后设立多种运营机构，以不同模式运营，不同运营模式之间各有分工、互为补充，协同运行，共同服务于在华跨国公司总体战略。根据在华跨国服务外包企业的具体实践，可以大略分为如下三种基本运营模式：承担创新功能的研发中心外包模式，以 GE 中国研发中心为代表；支持性的自营外包模式，以马士基成都信息处理公司和丹马士客户服务中心为代表；中国分公司或区域总部外包模式，以埃森哲咨询公司为代表。当然，在实际运作中，上述职能并非一成不变或有严格分野，不少在华跨国服务外包企业（机构）兼有多种职能。

在发展趋势和演进规律方面，从动机分析，所有运营模式都日益同时兼有成本动机和利润动机，且随着成本优势的相对削弱，利润动机持续强化；从外资来源地分析，西方传统跨国服务提供商已在中国深耕多年，无论研究机构、自营机构、营利性分公司、各层级的交付中心等已形成较为成熟的网络，日韩企业次之，而新兴市场国家企业最弱。从区位布局分析，中西部地区和二三线城市正在赢得在华跨国服务外包企业的认同，这导致在华跨国服务外包企业正在成为新一轮外资竞争的焦点。与过去制造型外资竞争主要靠廉价土地资源和政策优惠不同，在华跨国服务外包机构更看重软环境的力量，特别是政府行政效率及规范性、产业集群发育水平、合意的产业发展生态系统等。

在服务全球化深入发展，我国进入服务经济快速发展期的时代背景下，如何通过制度创新和政策创新吸引高水平在华服务外包企业进驻，从而有效嵌入全球服务生产网络，促进本土产业升级、经济转型和可持续发展成为新的时代命题。

● 农业 FDI 产业升级作用与产业安全挑战并存

改革开放以来，外资对国民经济发展起到了巨大的推动作用，但作为中国最早的对外开放领域之一，农业对外资的吸引力较弱。中国农业利用外资大体可以分为三个阶段：第一阶段，20 世纪 80 年代初，农业利用外资主要来源为联合国粮农组织和世界粮食计划署等国际组织提供的小额无偿援助；第二阶段，20 世纪 80 年代中期至 20 世纪 90 年代初，农业利用外资主要来源为世界银行、亚洲开发银行和国际农业发展基金会的贷款；第三阶段，20 世纪 90 年代中期开始，FDI 逐渐成为农业利用外资的主要方式。总体来看，农业吸收的 FDI 数量较少。

在中国新一轮改革开放中，农业工作重点中的农业产业化经营从局部探索转入全面推进，形成了规模扩大、领域延伸的新格局，显现了竞争力增强、带动力提高的新态势。对农业 FDI 的分析发现，FDI 对于农业生产组织形式的升级、经营模式的变革和效益的提升都起到了巨大的推动作用；在开放中，农业产业安全的保障工作也有序开展，农业产业总体上是安全的，但是一些开放程度高、缺乏有效调控手段的产品，受贸易和外资进入影响比较大，产业安全状况面临挑战。为了在开放条件下确保农业产业安全，需要统筹国内外两个市场、两种资源，保障农业产业的核心利益，引导 FDI 流入，完善外资进入管理、监督机制，提高农业产业化水平；企业自身则要改革创新经营模式，推进农产品生产、加工和流通的标准和检验检测体系与国际标准接轨，提高自主研发能力，努力控制和掌握核心技术。

● 国家级经济技术开发区保持着吸收 FDI 桥头堡地位

国家级经济技术开发区是伴随着中国经济改革开放的过程而产生和发展起来的国家级现代化工业园区，由于其集自由贸易区、出口加工区、高新技术园区等为一体，成为我国吸收和利用外商直接投资的桥头堡，是经济发展最快、吸收外资最多、投资环境最优、技术水平最高的现代化产业集聚园区，为我国利用外资和对外开放起着特殊的作用。2014 年是《国家级经济技术开发区和边境经济合作区“十二五”发展规划（2011—2015 年）》的攻坚之年，也是我国设立国家级经济技术开发区的 30 周年。在这个关键时期，以国家级经济技术开发区的 FDI 情况作为分析切入点，了解我国整体的实际利用外资状况，对于提升我国利用外资的质量与水平，进一步扩大对外开放，具有极其重要的意义。

从 1984 年建立第一批 10 个国家级经济技术开发区至今，经济技术开发区数目的增长呈现出明显的阶梯性、批次性增长的特点，其发展历程可以划分为四个阶段：（1）1984—1991 年，为起步和探索阶段。开发区发展的主要方针为“三为主，一致力”，即“以工业项目为主、以吸收外资为主、以出口为主，致力于发展高新技术”。（2）1992—1999 年，为高速发展阶段。伴随着改革开放的加快，外资的技术密集程度比前一个阶段明显提高。（3）2000—2003 年，为稳定发展阶段。伴随着“西部大开发战略”的实施，中西部开发区发展迅速，区域结构得到优化。（4）2004 年至今，为增容扩区、科学发展阶段。新的历史时期的发展方针转变为“三为主、二致力、一促进”，即“以提高吸收外资质量为主，以发展现代制造业为主，以优化出口结构为主，致力于发展高新技术产业，致力于发展高附加值服务业，促进国家级经济技术开发区向多功能综合性产业区转变”。

2012 年，我国国家级经济技术开发区整体经济发展情况良好：各项指标稳步增长，但增长速度有所回落；行业仍集中在制造业和加工业；高新技术进出口总额保持增加，但其占进出口总额的比重有所下降；区域结构日趋平衡，但仍以东部为主导。2012 年，我国 171 家国家级经济技术开发区吸收 FDI 整体稳步增加，新批准设立外资企业数目和外资企业的工业总产值均继续增加，合同外资金额小幅下降，实际使用 FDI 金额持续增加，但增速有所放缓。国家级经济技术开发区保持着吸收 FDI 桥头堡地位。

尽管国家级经济技术开发区在过去 30 年间得到了长足的发展，在对外开放和经济发展中发挥了举足轻重的作用，但是目前我国国家级经济技术开发区在吸收和利用 FDI 方面仍然存在一些问题。首先，粗放式增长方式下，开发区间产业同构，存在低水平恶性竞争，服务业发展滞后。其次，持续性政策扶持下，区内本国企业的自生能力有待继续提高，市场配置资源、促进竞争的基础性作用遭到弱化。因此，首先应该转变经济增长方式，提高土地资源的集约化利用，重点发展高端制造业和现代服务业，提升国家级经济技术开发区的功能性和综合性。其次，应该转变政府扶持方式，提高市场在配置资源中的基础性作用，降低“政策租”，引导资源流向经济效益高、产业关联紧密的领域，提高产业集聚效应和对周边地区经济的辐射与带动作用，引导国家级经济技术开发区在吸收和利用外资方面实现更加长足的发展。

● 2014 年 FDI 展望

受国内外综合因素影响，预期 2014 年中国吸收 FDI 规模继续保持高位，存量外资将加速区位转移，新增外资结构优化，利用外资质量会不断提高。

1. 吸收 FDI 流量继续保持高位

由于 2014 年中国经济在全球经济版图上的地位不会发生根本改变，尽管经济下行压力较大、增速放缓，但经济增长仍然能够保持在各国前列，在经济增长中国内市场扩张所产生的投资机会，对 FDI 具有强烈的吸引力，特别是新一轮改革开放的红利进一步释放，经济结构调整与变迁，为 FDI 带来新的契机，加之世界经济复苏态势明朗，投资者信心逐步恢复，国际直接投资额将有所上升，中国与美欧双边投资协定（BIT）谈判使发达国家投资者对中国投资环境的信心增强，这些因素共同作用，决定着 2014 年中国吸收 FDI 仍会保持较大规模，继续在发展中国家中处于领跑地位。但由于 FDI 企业成本居高不下，美国收紧量化宽松政策，对外投资动力还稍显不足，欧洲经济结构问题难以在短期内得到解决，与日本关系恶化的经济效应将显现，冲击日本对华投资，区域主义兴起，影响国际投资流向，以及新兴经济体经济增速减缓等因素，会制约中国吸收 FDI，使 2014 年中国吸收 FDI 的增长受到制约。

2. 沿海地区 FDI 区位转移可能加速

在经济结构调整和转型升级的压力下，中国传统制造业投资收益率下降、实体经济相对低迷，以及 FDI 企业成本上升，投资收益下滑，会诱发中国存量的 FDI 发生结构性变迁，尤其是沿海地区劳动密集型 FDI 企业区位转移的要求增大；而且在过去几年间，发达国家纷纷出台的“重振制造业”政策，许多跨国公司调整投资战略，出现投资回流现象。

FDI企业区位转移主要集中在产品附加值低的劳动密集型制造业。相比资本、技术密集型的FDI企业产品，附加值低的劳动密集型产品的成本构成中劳工成本比重高，出口比重也高，因此，对成本尤其是劳工成本变化，以及海外市场需求变化，更加敏感。中国沿海地区形成了以劳动密集型加工贸易为主体的FDI结构。劳工成本等要素成本大幅增长，劳动力成本优势下降，将导致一些劳动密集型的、产品附加值低的FDI企业收益率下降乃至亏损，不得不选择退出中国市场，或转移投资。尤其是服装、鞋类、玩具、家具等生产领域的FDI转移明显。

沿海FDI企业区位转移更倾向投向中国中部地区。中部省份中交通便利、信息沟通快捷、产业配套能力强、劳工成本较低的中心经济区，往往成为吸引沿海地区FDI转移的新热点。部分FDI企业将会转移至劳工成本低、政策优惠、具有一定的工业化基础的越南、泰国、菲律宾、印尼等东南亚国家。受重振制造业战略的影响，部分中高端制造业向美国等发达国家回流。

总之，中国东部沿海地区FDI企业向中西部转移，从中国撤资向东南亚国家或发达国家转移的趋势渐渐成为常态，撤资、关停、转移、回流将在未来的5—10年间成为影响中国经济发展的重要因素。

3. 吸引FDI的新优势正在形成

中国以劳动力、土地等生产要素价格低廉来吸引FDI的传统优势日渐削弱的同时，新的引资优势正在形成。一是改革开放以来，在承接国际产业转移中，中国成功嵌入全球产业链之中，并加速了中国工业化的进程，从而形成了相对完整的制造业产业配套体系；二是虽然劳工成本在上升，但在工业化中培育和成长起来的庞大的产业工人队伍，正发展成为能够稳定供给的、效率较高的熟练劳动力大军，人口大国正在向人力资源大国演变；三是随着国民经济实力的增强和基础设施建设、基础产业投入的增加，已经拥有相对完善的交通运输和物流网络、便捷的通信和信息系统、良好的社会服务体系，可以大大增强对FDI企业的吸引力；四是伴随着国民收入的增长和劳动者收入水平的提高，社会保障制度的改进，内需潜力将逐步得到释放，内需扩张和国内市场规模扩大，潜在的大市场正成为现实的大市场，这是许多FDI企业都不能漠视的，正成为中国吸收FDI的新优势；五是在经济结构调整和转型升级中，面临巨大的投资和发展机会；六是新一轮的全面深化改革开放，市场化程度将进一步提高，行政成本降低与市场交易费用下降，FDI 企业准入前国民待遇值得期待，为 FDI 企业带来公平竞争的新机遇。

为此，即便回迁发达国家的企业也不可能全部退出中国市场，而是会结合中国投资环境和引资优势的变化，重新部署投资战略，增量的 FDI 将更多投向高新技术产业、高附加值的产业链环节、节能环保产业等领域。

4. FDI 产业结构继续优化

自 2011 年中国服务业实际使用 FDI 规模首次超过制造业后，服务业吸收 FDI 数量就一直占据各产业第一位。2014 年，随着中国服务业市场准入进一步拓宽，金融、教育、文化、医疗、育幼养老、建筑设计、会计审计、商贸物流、电子商务等领域吸收 FDI 的潜力会得到释放，服务业吸收 FDI 将呈现较快增长，继续拉开与其他产业吸收 FDI 的差距。随着房地产业投资风险预期上升，房地产领域的 FDI 难以较快增长，甚至部分 FDI 会选择撤离。在全球服务业分工日益细化过程中，外包业务进入快速发展阶段，FDI 进入中国服务外包领域将呈显著增长态势。

由于钢铁、水泥、煤化工、多晶硅、造船等产能过剩严重，在压缩过剩产能、淘汰落后产能中，传统制造业中一些生产工艺落后、环保水平低的外商投资企业会被更多挤出市场，制造业吸收 FDI 的比重会进一步下降。

在农业产业化、农村城镇化过程中，现代农业领域吸收 FDI 迎来难得契机，农业吸收 FDI 可望稳步增长。

（执笔：桑百川）

第 1 部分

2013 年 FDI 基本情况

1.1　外商直接投资概况

2013 年中国非金融领域利用外商直接投资规模再创历史新高，然而增速趋缓，占世界或发展中国家的份额有所下降，整体呈现出“趋稳”的特点。

据中国商务部统计，2013 年 1—12 月，全国非金融领域新批设立外商投资企业 22 773 家，实际使用外资金额 1 175. 86 亿美元（见图 1-1）。与 2012 年同比下降 3. 70% 不同，2013 年中国非金融领域实际使用外资金额恢复增长趋势，同比增长 5. 25%。中国非金融领域外资流入规模超过 2011 年高位而达到了历史新高。

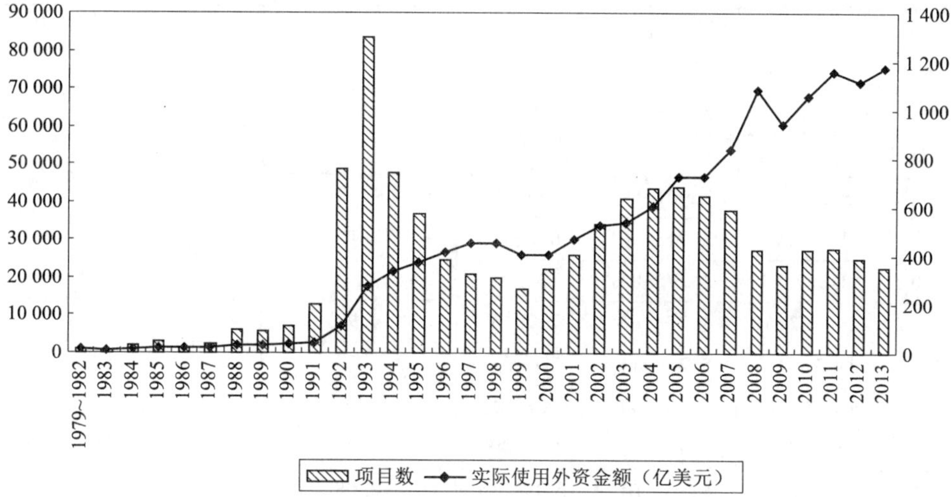

图 1-1　1979—2013 年中国利用外商直接投资项目数和实际使用外资金额（单位：亿美元）

注：2010—2013 年项目数和实际利用外资金额均未包括银行、保险、证券领域吸收外商投资数据。

资料来源：商务部外资统计。

2013 年中国非金融领域新批外商投资项目数继续下降，降幅达到 8. 63%，但外商直接投资项目的平均投资规模却攀升至 516. 34 万美元，超过 2012 年的 448. 21 万美元，创下了改革开放以来平均投资规模的最高纪录。

据联合国贸发会议的初步估计，2013 年全球外资流入金额达到 1. 46 万亿美元，比 2012 年的 1. 35 万亿美元上升了 8. 15%；当年流入发展中国家的外资金额约为 7 590 亿美元，同比增长了 7. 99%（见表 1-1）。与全球和发展中国家的情形相比，中国非金融领域利用外资金额增长幅度仅达到5.25%，且中国非金融领域外资流入占全球外资流入总额的比重由2012年的8.27%下降到8.05%，占发展中国家外资流入总额的比重也由2012年的15.90%下降为15.49%。尽管比重下降的幅度并不大，但也反映出了非金融领域中国吸引外资面临着内外诸多挑战：一方面，中国持续上升的综合商务成本在一定程度上削弱了中国对部分外资的吸引力，另一方面，其他发展中国家和地区表现出较为强劲的经济活力，再加上美国等发达国家越来越重视实体经济和吸引外资而导致的企业“回流”等因素，促使跨国公司不断调整全球生产布局，推动全球生产网络的发展和重构。

表1-1　　2000—2013年中国利用外商直接投资概况　　单位：亿美元；%

年份	世界	发展中国家	中国	中国占世界比重	中国占发展中国家比重
2000	14 005.41	2 554.98	407.15	2.91	15.94
2001	8 276.17	2 168.83	468.78	5.66	21.61
2002	6 279.75	1 733.27	527.43	8.40	30.43
2003	5 869.56	1 901.19	535.05	9.12	28.14
2004	7 443.29	2 918.90	606.30	8.15	20.77
2005	9 807.27	3 272.84	724.06	7.38	22.12
2006	14 633.51	4 271.63	727.15	4.97	17.02
2007	19 755.37	5 743.11	835.21	4.23	14.54
2008	17 907.06	6 500.17	1 083.12	6.05	16.66
2009	11 978.24	5 192.25	950.00	7.93	18.30
2010	13 090.01	6 166.61	1 057.35	8.08	17.15
2011	15 244.22	6 843.99	1 160.11	7.61	16.95
2012	13 509.26	7 028.26	1 117.16	8.27	15.90
2013	14 610.00	7 590.00	1 175.86	8.05	15.49

资料来源：整理自历年 World Investment Report. 2010—2013年的中国数据未包括银行、保险、证券领域吸收外商投资数据；2013年世界和发展中国家外资流入数据为估计值，来自UNCTAD, Global Investment Trend Monitor, No. 15, 28 Jan, 2014.

综上所述，在全球资本流动复苏的大背景下，中国的外资流入规模保持住了总体地位，但增长速度趋缓。整体来看，中国非金融领域利用外商直接投资进入到了明显的“趋稳”发展阶段。

1.2 外商直接投资方式

外商直接投资方式仍然以外商独资企业和中外合资企业为主。2013 年全国非金融领域新批设立外商投资企业 22 773 家，其中外商独资企业数量达到18 125家，占 79.59%，中外合资企业 4 476 家，占 19.65%，其他的外商投资股份制企业和中外合作企业等合计仅占 0.75%；在 1 175.86 亿美元的实际使用外资金额中，外商独资企业的实际使用外资额达到 895.89 亿美元，占 76.19%，中外合资企业 237.72 亿美元，占 20.22%，其他几种方式合计仅占 3.59%（见表 1-2）。与 2012 年相比，外商独资企业实际使用外资金额占比由 71.14% 升为 2013 年的 76.19%；中外合资企业实际使用外资金额占比也由 17.93% 上升为 2013 年的 20.22%。截至 2013 年，外商独资企业和中外合资企业实际使用外资金额占比分别达到 62.83% 和 28.05%（见表 1-3），两者之和达到 90.88%。

表 1-2　　2013 年外商直接投资按投资方式统计　　单位：亿美元;%

	企业数		实际使用外资金额	
	数量（个）	比重（%）	金额	比重（%）
总计	22 773	100	1 175.86	100
中外合资企业	4 476	19.65	237.72	20.22
中外合作企业	142	0.62	19.44	1.65
外商独资企业	18 125	79.59	895.89	76.19
外商投资股份制企业	30	0.13	22.81	1.94

注：表中数据未包括银行、保险、证券领域吸收外商投资数据。

资料来源：商务部外资统计。

表 1-3　　截至 2013 年外商直接投资按投资方式统计　　单位：亿美元;%

	企业数		实际使用外资金额	
	数量（个）	比重（%）	金额	比重（%）
总计	786 019	100	13 955.92	100
中外合资企业	305 990	38.93	3 914.4	28.05
中外合作企业	60 448	7.69	1 065.29	7.63

续表

	企业数		实际使用外资金额	
	数量（个）	比重（%）	金额	比重（%）
外商独资企业	418 918	53.30	8 769.08	62.83
外商投资股份制企业	472	0.06	132.08	0.95
合作开发	191	0.02	75.07	0.54

注：表中数据未包括银行、保险、证券领域吸收外商投资数据。

资料来源：商务部外资统计。

1.3 外商直接投资来源地

2013 年非金融领域对华投资前 5 位的外资来源地分别是中国香港（733.97 亿美元，占比 62.42%）、新加坡（72.29 亿美元，占比 6.15%）、日本（70.58 亿美元，占比 6.00%）、英属维尔京群岛（61.59 亿美元，占比 5.24%）、韩国（30.54 亿美元，占比 2.60%）（见表 1-4）。前 5 位国家和地区对华投资总额达到 968.97 亿美元，占 2013 年中国吸引外资总额的 82.41%。其中，中国香港对内地投资金额仍然占据中国吸引外资的半壁江山，同比增长达到 11.95%。与 2012 年相比，2013 年对华投资前 15 位的外资来源地基本保持了原来的阵容，瑞士和百慕大退出前 15 大外资来源地，而加拿大和泰国分别以 5.36 亿美元和 4.83 亿美元进入中国前 15 大外资来源地。

表 1-4　　2013 年对华投资前 15 位国家/地区情况　　单位：亿美元；%

国别/地区	项目数（个）	比重（%）	实际使用外资金额	比重（%）
总计	22 773	100	1 175.86	100
中国香港	12 014	52.76	733.97	62.42
新加坡	731	3.21	72.29	6.15
日本	943	4.14	70.58	6.00
英属维尔京群岛	501	2.20	61.59	5.24
韩国	1 371	6.02	30.54	2.60

续表

国别/地区	项目数（个）	比重（%）	实际使用外资金额	比重（%）
美国	1 061	4. 66	28. 20	2. 40
中国台湾	2 017	8. 86	20. 88	1. 78
德国	373	1. 64	20. 78	1. 77
萨摩亚	393	1. 73	18. 58	1. 58
开曼群岛	87	0. 38	16. 68	1. 42
荷兰	102	0. 45	12. 75	1. 08
毛里求斯	27	0. 12	9. 10	0. 77
法国	168	0. 74	7. 52	0. 64
加拿大	320	1. 41	5. 36	0. 46
泰国	37	0. 16	4. 83	0. 41
其他	2 628	11. 54	62. 21	5. 29

注：表中数据未包括银行、保险、证券领域吸收外商投资数据。

资料来源：商务部外资统计。

从对华投资累计数据来看，截至 2013 年，中国香港以累计 6 656. 70 亿美元位居首位，占中国吸引外资累计总额的 47. 70%；英属维尔京群岛以 1 355. 60 亿美元位列第二位，占中国吸引外资累计总额的 9. 71%；日本、美国、新加坡分列第三位到第五位，分别累计对华投资 943. 05 亿美元、730. 10 亿美元、664. 90 亿美元，分别占中国吸引外资总额的 6. 76%、5. 23%、4. 76%（见表 1-5）。前 5 位外资来源地占比之和达到 74. 16%。

表 1-5　　截至 2013 年对华投资前 15 位外资来源地情况　单位：亿美元;%

国别/地区	项目数（个）	比重（%）	实际使用外资金额	比重（%）
总计	786 019	100	13 955. 92	100
中国香港	360 898	45. 91	6 656. 70	47. 70
英属维尔京群岛	22 774	2. 90	1 355. 60	9. 71

续表

国别/地区	项目数（个）	比重（%）	实际使用外资金额	比重（%）
日本	48 544	6.18	943.05	6.76
美国	63 430	8.07	730.10	5.23
新加坡	20 962	2.67	664.90	4.76
中国台湾	90 018	11.45	591.34	4.24
韩国	56 224	7.15	559.46	4.01
开曼群岛	2 945	0.37	274.74	1.97
德国	8 193	1.04	218.40	1.56
萨摩亚	7 408	0.94	217.86	1.56
英国	7 477	0.95	184.67	1.32
荷兰	2 835	0.36	140.96	1.01
法国	4 630	0.59	129.23	0.93
毛里求斯	2 367	0.30	123.77	0.89
澳门	13 452	1.71	113.49	0.81
其他	73 862	9.40	1 052	7.54

注：表中数据未包括银行、保险、证券领域吸收外商投资数据。

资料来源：商务部外资统计。

从外商直接投资主要来源地实际使用外资金额历年变化情况看，除中国台湾、日本外，中国香港、美国、欧盟均保持了增长趋势（见图 1-2）。其中，2013 年流入内地的港资达到 733.97 亿美元，比 2012 年大幅增长了 11.95%，创改革开放以来港资流入规模的最高纪录。这突出反映了香港在国际资本投资内地过程中的关键地位。2013 年欧盟对华投资达到创纪录的 65.18 亿美元，同比增长达到 21.94%；美国对华投资额达到 28.20 亿美元，同比增长达到 8.54%。

受全球产业结构调整的影响，2013 年流入中国大陆的台资金额出现较大幅度下滑，由 2012 年的 28.47 亿美元下降到 2013 年的 20.88 亿美元，降幅达到 26.67%，成为 2006 年以来最大跌幅。继 2011 年和 2012 年日本对华投资分别同比增长 55.00% 和 16.15% 后，2013 年中国吸收日本投资 70.58 亿美元，出现 3.99% 的小幅下降。

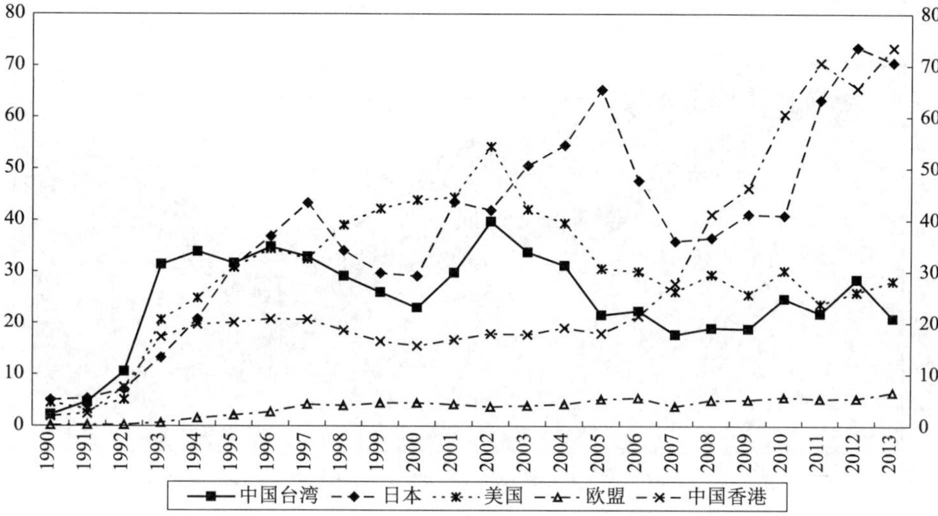

图 1-2　1990—2013 年外商直接投资主要来源地实际使用外资金额历年变化情况（单位：亿美元）

资料来源：整理自商务部外资统计。

从外资主要来源地投资金额相对占比的历年变化情况看（见图 1-3），2013 年香港对内地投资占比由 2012 年的 54.15% 上升到 2013 年的 62.42%，增长幅度达到 8.27 个百分点。这反映了香港仍然是内地利用外资的首要来源地。而来自美国、欧盟等地的投资相对占比出现微小上升，来自中国台湾和日本的投资相对占比出现微幅下降，这表明以上四个经济体作为中国利用外资主要外资来源地的地位依然稳固。

1.4　外商直接投资行业结构

2013 年非金融领域外商直接投资仍然以制造业和房地产业为主。如表 1-6 所示，2013 年中国制造业吸收外资 455.55 亿美元，占当年实际使用外资金额的 38.74%；其次是房地产业，当年吸引外资金额达到 287.98 亿美元，占比达到 24.49%；紧随其后的是批发和零售业，实际使用外资金额达到 115.11 亿美元，占比达到 9.79%。以上三大行业实际使用的外资金额占当年实际使用外资总额的比重达到 73.02%。这表明：除制造业外，房地产业、批发和零售业等服务业已经成为外资流入的主要目标行业。

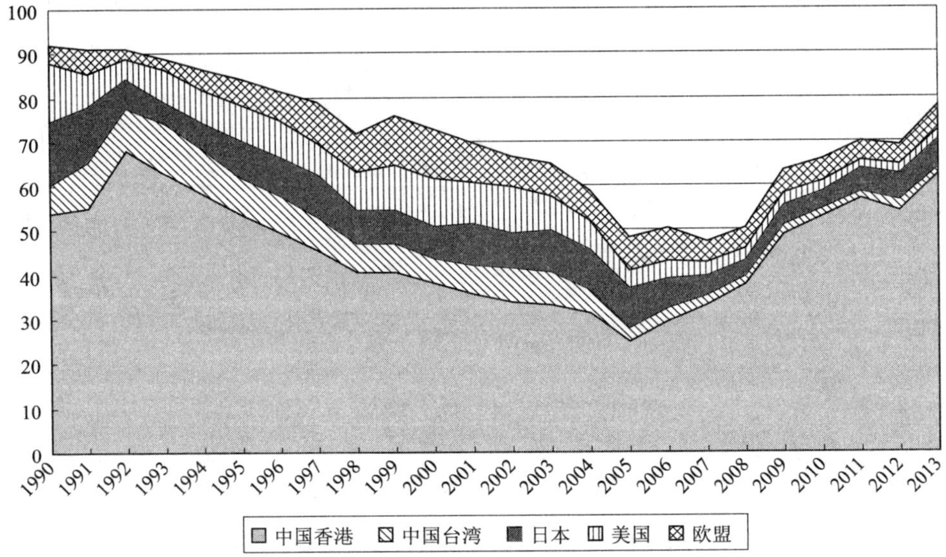

图 1-3 1990—2013 年外商直接投资主要来源地投资金额占比历年变化情况（单位：%）

资料来源：整理自商务部外资统计。

表 1-6　　2013 年外商直接投资行业结构　　单位：亿美元；%

行业名称	企业数	比重（%）	实际使用外资金额	比重（%）
总计	22 773	100	1 175. 86	100
农、林、牧、渔业	757	3. 32	18. 00	1. 53
采矿业	47	0. 21	3. 65	0. 31
制造业	6 504	28. 56	455. 55	38. 74
电力、燃气及水的生产和供应业	200	0. 88	24. 29	2. 07
建筑业	180	0. 79	12. 20	1. 04
交通运输、仓储和邮政业	401	1. 76	42. 17	3. 59
信息传输、计算机服务和软件业	796	3. 50	28. 81	2. 45
批发和零售业	7 349	32. 27	115. 11	9. 79
住宿和餐饮业	436	1. 91	7. 72	0. 66

续表

行业名称	企业数	比重（%）	实际使用外资金额	比重（%）
金融业	509	2.24	23.30	1.98
房地产业	530	2.33	287.98	24.49
租赁和商务服务业	3 359	14.75	103.62	8.81
科学研究、服务技术和地质勘查业	1 241	5.45	27.50	2.34
水利、环境和公共设施管理业	107	0.47	10.36	0.88
居民服务和其他服务业	166	0.73	6.57	0.56
教育	22	0.10	0.18	0.02
卫生、社会保障和社会福利业	18	0.08	0.64	0.05
文化、体育和娱乐业	151	0.66	8.21	0.70

注：表中数据未包括银行、保险、证券领域吸收外商投资数据。

资料来源：商务部外资统计。

截至 2013 年，外商直接投资行业仍然以制造业、房地产业为主。制造业合同利用外资金额累计达到 16 765 亿美元，占利用外资存量的 56.82%；房地产业合同利用外资金额为 4 684 亿美元，占利用外资存量的 15.88%（见表 1-7）。两者加起来占利用外资存量的 72.7%。

表 1-7　　截至 2013 年外商直接投资行业结构　　单位：亿美元;%

行业名称	企业数	比重（%）	合同利用外资金额	比重（%）
总计	786 171	100	29 506	100
农、林、牧、渔业	22 766	2.90	658	2.23
采矿业	2 024	0.26	155	0.53
制造业	501 219	63.75	16 765	56.82
电力、燃气及水的生产和供应业	3 595	0.46	432	1.47
建筑业	12 930	1.64	530	1.80
交通运输、仓储和邮政业	10 455	1.33	836	2.83

续表

行业名称	企业数	比重(%)	合同利用外资金额	比重(%)
信息传输、计算机服务和软件业	12 013	1.53	498	1.69
批发和零售业	78 246	9.95	1 422	4.82
住宿和餐饮业	7 547	0.96	214	0.72
金融业	1 352	0.17	225	0.76
房地产业	51 848	6.60	4 684	15.88
租赁和商务服务业	47 030	5.98	1 707	5.79
科学研究、服务技术和地质勘查业	15 923	2.03	613	2.08
水利、环境和公共设施管理业	1 433	0.18	178	0.60
居民服务和其他服务业	12 618	1.60	363	1.23
教育	1 738	0.22	34	0.11
卫生、社会保障和社会福利业	1 373	0.17	73	0.25
文化、教育和娱乐业	1 936	0.25	119	0.40

注：表中2013年累加数据未包括银行、保险、证券领域吸收外商投资数据。

资料来源：商务部外资统计。

1.5 外商直接投资产业结构

2013年外商直接投资产业结构仍然以第三产业和第二产业为主，且第三产业占比高于第二产业。如表1-8所示，2013年第三产业新批设立企业15 085家，超过第二产业新批设立企业数（6 931家），实际使用外资金额为662亿美元，超过了第二产业（496亿美元），占比达到56.31%。自2011年第三产业首次超过第二产业后，2013年第三产业利用外资的规模和占比继续高于第二产业。与2012年第三产业利用外资占比（54.97%）相比，2013年提高了1.34个百分点。第三产业利用外资的迅猛发展主要得益于金融业、批发和零售业等行业吸收外资的快速增长。

表 1-8　　2013 年外商直接投资产业结构　　单位：亿美元;%

行业名称	企业数	比重（%）	实际使用外资金额	比重（%）
总计	22 773	100	1 175.86	100
第一产业	757	3.32	18.00	1.53
第二产业	6 931	30.44	496	42.16
第三产业	15 085	66.24	662	56.31

注：表中数据未包括银行、保险、证券领域吸收外商投资数据。

资料来源：商务部外资统计。

截至 2013 年吸收外资最多的产业仍然是第二产业，累计合同外资金额达到 17 883 亿美元，占比达到 60.61%；而第三产业吸收外资累计为 10 965 亿美元，占比为 37.16%；第一产业吸收外资累计为 658 亿美元，占比为 2.23%（见表 1-9）。

表 1-9　　截至 2013 年外商直接投资产业结构　　单位：亿美元;%

行业名称	企业数	比重	合同外资金额	比重
总计	78 6 171	100	29 506	100
第一产业	22 766	2.90	658	2.23
第二产业	519 768	66.11	17 883	60.61
第三产业	243 637	30.99	10 965	37.16

注：表中数据未包括银行、保险、证券领域吸收外商投资数据。

资料来源：商务部外资统计。

1.6　外商投资企业进出口情况

2013 年外商投资企业进出口总额为 19 190.93 亿美元，同比增长 1.33%，占全国比重达到 46.13%；出口总额 10 442.73 亿美元，同比增长 2.10%，占全国比重 47.25%；进口总额 8 748.2 亿美元，同比增长 0.41%，占全国比重 44.86%（见表 1-10）。

表 1-10　　2013 年外商投资企业进出口概况　　单位：亿美元；%

	全国		外商投资企业		
	金额	同比（%）	金额	占全国比重（%）	同比（%）
进出口总额	41 603.31	7.62	19 190.93	46.13	1.33
出口总额	22 100.42	7.90	10 442.73	47.25	2.10
进口总额	19 502.89	7.30	8 748.2	44.86	0.41

资料来源：整理自商务部外资统计。

与前几年相比，2013 年外商投资企业进口和出口金额继续小幅增长，与此同时，外商投资企业的进口和出口占全国的比重继续下降。外商投资企业进口占全国的比重由 2006 年的 59.70% 下降到 44.86%，降幅达到 14.84 个百分点；出口占全国的比重则由 2005 年的 58.30% 下降到 47.25%，降幅达到 11.05 个百分点（见图 1-4）。尽管进口和出口占全国的比重有所下降，但外商投资企业仍然是中国对外贸易的中坚力量。

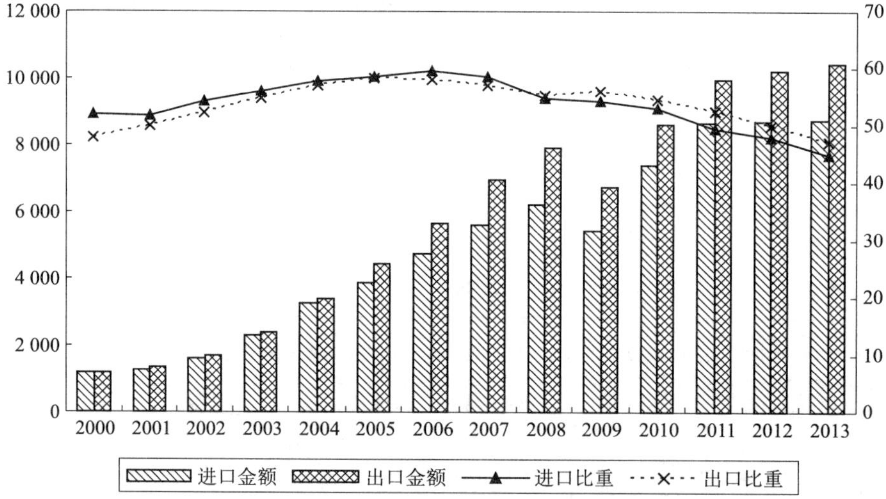

图 1-4　2000—2013 年外商投资企业进口和出口金额与占全国的比重变化情况（单位：亿美元；%）

资料来源：整理自商务部外资统计。

（执笔：杨立强、郑舒、董新鸽）

第 2 部分

2013 年国际投资规则变迁

当前，世界投资格局正处于深刻调整期，新兴经济体对外投资迅速崛起，世界投资流动模式向双向发展，区域经济一体化步入新一轮蓬勃发展期，区域投资协定成为国际投资规则的主导形式，国际投资规则的内容、结构正经历深刻的变化，国际投资规则体系正处于激烈变革期。在新的国际投资规则发展趋势下，世界主要国家竞相提出自己在新的国际投资规则中的利益主张，中国在国际投资规则的建设中一直处于相对被动的状态。当前，中国国际投资地位发生重大变化，已经从单纯的资本输入大国转变为兼具“主要资本输入”和“重要资本输出”双重地位的国家（桑百川、靳朝晖，2012），中国面临着如何调整自身在国际投资规则中的立场，如何更好地保护对外投资安全，实现本国经济发展的问题。

2.1 国际投资规则的变迁

2.1.1 当前国际投资规则的特点

国际投资规则，也称国际投资协定，是指国家间为规范并有效保护和促进国际投资，协调缔约方之间的投资政策，确立彼此权利和义务的法律机制。以缔约国数量为标准，可将国际投资协定分为双边投资协定、区域投资协定与多边投资协定。此外，还包括涵盖投资条款的，即与投资相关的其他国际协定。

“冷战”结束后，在经济全球化日益加深的背景下，随着国际直接投资活动规模、流动格局、投资形式的变化所引起不同的利益诉求。围绕着对外资保护与促进的分歧，发达国家和发展中国家在双边、区域和多边层次就国际投资规则的目的、结构和具体内容进行反复的博弈、谈判，经过六十多年的发展演变，国际投资规则逐渐形成了当前一个缺乏综合性全球多边投资协定，而以双边投资协定(BIT)、特惠贸易与投资协定（PTIA）为主体的双边、区域和多边投资协定共存的规则体系。截至 2012 年年底，国际投资协定总计 3 196 项，其中双边投资协定已经达到 2 857 项，其他协定达到 339 项（WIR，2013）。这些协定在内容上既相互渗透又相互影响，既相互区别又相互重叠，共同体现着国际直接投资活动过程中有关各方的权利和义务，反映不同历史背景下国际直接投资流动过程中东道国、母国和跨国公司不同的利益诉求，并对国际直接投资的流动产生影响。

在多次经历全球性多边投资规则谈判失败后，目前世界各国主要通过缔结双边和区域投资规则实现对外资的指导和管理。当前国际投资规则体系的主要特点表现为分散化、双边投资协定签订的低速化、多样化。具体来看：

1. 投资规则分散化，加大国际投资管理难度

国际投资规则体系由众多单独协定构成，在这些协定之间缺乏一定范围内的协调。从现有的国际投资规则来看，双边和区域投资协定形成的投资体系存在着内容重复和冲突及规则不一致的问题，并且这些协定在适用范围上仅仅局限于两个国家或区域内部，存在适用范围较窄、连贯性较差的问题，容易被两国政治经济关系变化所干扰，有待于一个综合的多边投资规则加以统一规范。到 2010 年为止，630 个双边投资协定同时被区域投资自由化条款所覆盖；另外有至少 570 个双边投资协定与其他投资协定在准入后保护问题上重叠（WIR，2011）。中日韩三边投资协定于 2012 年达成以后，三方相互之间的双边投资协定仍然生效。同样的情况出现在中国与东盟签订的投资协定上。欧盟对外签订统一的投资协定后，其各成员对外签订的投资协定仍然在相当长一段时间内生效。这种双边投资协定与区域投资协定重叠交错的现象必然隐含着大量的法律冲突，引致东道国吸引国际投资处于无序竞争的状态。

众多双边协定内容重叠甚至互相冲突，错综复杂，导致国际投资规则管理混乱，不能给投资者提供稳定的、标准化的、可预见性的政策信号，也很难解决国家间的投资争议。由于双边投资协定最重要的特点就是符合相关方的特定情况和相互利益，从而给投资者和各国政府带来很大的不确定性。

由于双边投资协定主要反映的是缔约双方的利益，本质上属于一种互惠性的暂时安排，在投资规则的确定性和稳定性方面有限，更多的则是为资本输入国作出义务性的规定，针对投资者对于东道国及其国民有约束力的责任规定较少。双边投资协定功能性的障碍导致其无法解决全球范围内存在的复杂的投资问题，即便双边投资协定签订的再多，也无法实现对全球投资的有效规范。

就区域性投资协定而言，尽管其规制的范围比双边投资协定要广，有关投资保护和待遇的规则适用范围更宽泛，促进投资自由化的能力更强。但是，各区域投资协定之间仍然存在着诸多不同的实质规定，没有统一的投资规则模式，使区域投资协定在弥补双边投资协定的不足作用有限，仍然无法解决全球范围内存在的投资问题。

2. 投资规则内容冲突，国际投资摩擦难以协调解决

现有的国际投资规则中虽然涉及了促进投资自由化、投资保护和投资争端解决程序，各国也实施了一些促进投资的政策，但投资者仍面临投资壁垒、歧视性待遇以及政策法规的不确定性，容易导致国际投资摩擦。此外，双边和区域性投资协议虽然在一定程度上有利于外国直接投资，但可能导致国家利己主义和以自我为中心解决问题，各种不同规则之间也必然会产生冲突。

区域投资协定内容上的冲突与排他性加大国际投资规则管理难度。由于各个区域经济一体化程度不一致，在待遇标准、争端解决和投资保护措施等方面规则会不同，因而各区域投资协定所涉内容不同，往往产生相互冲突。比如北美范式的投资协定包含一般准入前的国民待遇，而欧洲范式的投资协定则不包含这一待遇，一国如果与其他国家签订两种范式投资规则往往形成了待遇上的差异，造成投资扭曲和法律冲突。在投资自由化方面，以对待外资进入设立企业为例，北美自由贸易区协定采用“自上而下”的规则体系，而在欧盟则采用“自下而上”的方式，这种方式上的差异也会造成规则之间的冲突，加大了国际投资规则体系的协调难度。同时区域投资协定还具有对非区域成员的排他性。国际投资规则作为管理国际直接投资活动和协调各国投资政策的一种法律机制，要求具有稳定性和内在的一致性，以减少投资决策过程中的不确定性，当前区域投资协定内容上的冲突与排他性客观上形成了与国际投资规则一致性要求的矛盾。

3. 双边投资协定的签订低速化

2012 年，双边投资协定签订数只有 20 个，达到近 25 年以来的最低水平。2010—2012 年，平均每周只签订 1 项双边国际投资协定；而在 20 世纪 90 年代，平均每周签订的国际投资协定达 4 项。尽管国际投资协定总数仍在持续扩张，且有大量谈判正在进行中，但每年新增的协定数量却降到了历史最低水平，从国际投资规则签订的速度角度来看，整体进入低速。

金融危机后，布雷顿森林体系所确定的三大支柱——世界银行、国际货币基金组织、世界贸易组织遇到了新的挑战。新兴市场国家和广大发展中国家认为过去的世界经济治理机制存在缺陷，由美国等发达国家主导的世界经济规则需要变革，谋求对世界银行、国际货币基金组织进行改革，推进世界贸易组织多哈回合谈判。以美国为代表的发达国家虽然承认全球经济治理制度存在缺陷，但对于改

革世界银行、国际货币基金组织等全球经济治理机构兴趣寡然，对于推动多哈回合谈判更是失去动力，他们认为自己在过去30多年的经济全球化中获利较少，推动多哈回合谈判的成本过高，对于让渡全球经济治理控制权更是心存疑虑，正积极谋求在新一轮经济全球化中掌握控制权。

如果说上一轮经济全球化包括贸易、投资、金融的全球化。其中，贸易的全球化具有突出地位，经历关税及贸易总协定和世界贸易组织8轮谈判后，关税水平大幅度降低，非关税措施明显削减，多边贸易规则体系已经建立，那么，在金融危机后新一轮经济全球化中，投资的全球化将具有更加突出的地位。目前，统一、系统的多边投资规则体系尚未建立，服务贸易也主要面临市场准入即投资问题，各国对投资全球化倍加关注。中国在成为国际投资大国的同时，理应在国际投资规则制定中发挥更大作用。

美国为了主导国际投资规则的变迁，一方面，通过跨太平洋伙伴关系协定（TPP）与跨大西洋贸易和投资伙伴协定（TTIP），推动大区域的贸易、投资自由化，引领后金融危机时代经济全球化的秩序安排，这也进一步助推了经济全球化进程中区域主义的兴起。另一方面，通过签署双边投资协定，主导国际投资规则安排。2012年4月，美国在修订2004年发布的双边投资协定文本的基础上，发布了最新的双边投资协定范本（2012 US Model BIT），用于与其他国家进行投资协定谈判。

跨太平洋伙伴关系协定（TPP）谈判涉及货物贸易和农产品贸易、服务贸易、投资、劳工、环境、政府采购、知识产权保护、原产地标准、保障措施、技术性贸易壁垒（TBT）、卫生和植物卫生措施（SPS）、透明度、原有自由贸易协定的文本整合等内容，致力于建立高标准的贸易、投资高度自由化的协议。由于参加谈判国家的发展水平、经济利益诉求与主张存在较大差异，因而谈判难度较大。而跨大西洋贸易和投资伙伴协定（TTIP）作为史上最大的自由贸易协定，将美欧关税从目前的平均3%~5%降至零，覆盖世界贸易量的1/3、全球GDP的1/2以上，在服务和采购上扩大市场准入，制定统一的贸易规则、产业行业标准、双方市场内部的监管规则，协调食品安全、转基因生物、音像制品等行业管理制度，推进贸易和投资便利化、服务贸易和公共采购的自由化，谈判并达成协议的难度同样不容低估。

在美国主导下，日本、欧盟等发达资本主义经济体纷纷通过建立高水平的自由贸易区，加强区域经济合作。这一方面可以为贸易与投资扩张奠定制度基础，从而拉动经济增长，增加就业机会；另一方面也可以使美国等发达国家在新一轮经济全球化中占据先机，在世界经济结构调整和世界经济治理制度变革中掌握主动权。但由于协定谈判存在较大难度，达成协议需要较长时间，因此，美国同时还通过双边投资谈判，签订高水平的双边投资协定，促进投资自由化，主导全球投资规则的制定。

面对美国在金融危机后全球经济战略的调整，中国等新兴市场国家存在被边缘化的风险。美国与中国在亚太地区主要的贸易伙伴进行TPP谈判，与作为中国第一大贸易伙伴的欧盟进行TTIP谈判，联手走向市场一体化，这对中国出口、投资和经济增长带来的负面效应将会显现。如果参与TPP谈判的国家之间、欧美之间享受零关税或者低关税，中国同样的出口产品进入欧美等市场的价格优势将被削弱；如果欧美等国家统一产品、行业规则和标准，中国产品如达不到相应的技术标准、环保标准等要求，在其市场上将会遇到严重的技术性贸易壁垒。更重要的是，中国如果不能有效参与区域经济合作进程，不能在双边投资协定谈判中有所作为，则会在全球贸易、投资规则制定中失去话语权。

2.1.2　国际投资规则的发展趋势

当前世界投资格局处于深刻调整期，国际投资规则作为协调和管理国际直接投资活动中涉及的跨国公司、东道国和母国之间利益与责任关系的法律机制，其内容会随着国际直接投资活动规模、流动格局、投资形式的变化所引起的利益变化而调整和演化。

1. 国际投资规则内容

金融危机爆发后，世界经济格局发生深刻变化，发展中国家经济实力上升，新兴经济体对外投资迅速崛起，引领世界经济增长的核心正由发达国家转向新兴经济体，世界经济的重心开始由大西洋向亚洲地区转移，未来一个时期全球经济核心还将逐渐转移至以中国为首的新兴经济体。据联合国贸发会统计，2012年，发展中国家吸收的直接外资有史以来首次超过发达国家，占全球直接外资流量的52%。全球前20大外国投资目的地中有9个是发展中经济体，20大对外投资来源地中有7个是发展中国家，中国有史以来首次成为全球第三大对外投资国，仅次于美国和日本。

新兴经济体的崛起和对外投资的迅猛发展，正在改变着世界投资格局和投资流动模式，传统世界对外投资活动由欧美日发达国家主导的格局正在向发达国家和新兴经济体特别是金砖国家共同主导的格局演变，新兴经济体正在取代日本成为世界对外投资新的一极，国际投资格局正在由欧美日三角为中心向多极化转变。投资流向也由发达国家向新兴经济体等发展中国家的单向流动模式向发达国家和新兴经济体双向流动模式转变。

世界投资格局和投资流动模式的变化改变了世界主要国家在直接投资活动中的利益考虑，需要重新审视参与国际投资规则制定中的立场，补充和完善国际投资规则的内容，以适应新的国际经济发展形势。

面对新一轮经济全球化中国际投资的变化，世界各国重新考虑各自在国际投资规则中的立场和诉求，谋求平衡跨国公司享有的待遇和东道国政府的监管权力，规避陷入国际投资争端，国际投资规则在演变中呈现出新的趋向。

（1）在国际投资协定规格上，朝着高标准的投资自由化、便利化方向演进

现有的国际投资规则中虽然涉及促进投资自由化、投资保护和投资争端解决程序等内容，各国也实施了一些促进投资的政策，但投资者仍面临投资壁垒、歧视性待遇以及政策法规的不确定性，容易导致国际投资摩擦。此外，双边和区域性投资协议虽然在一定程度上有利于外国直接投资，但可能导致国家利己主义和以自我为中心解决问题，各种不同规则之间也必然会产生冲突，而世界贸易组织乌拉圭回合多边协议所涉及的投资领域和规则非常有限。因此，在经济合作与发展组织（OECD）推动下，各国一直谋求制定一项完整、系统、全面的多边投资协定。美国更是积极谋求建立高标准的、高度自由化和便利化的投资规则。

进入21世纪以来，投资自由化议题成为了许多国家在建立区域经济一体化组织中所期望的基本议题，越来越多的国家开始在投资谈判中采用美国投资协定范式的负面清单的准入前国民待遇条款，即原则上在所有领域的外资享有不低于东道国内资的投资自由，特殊领域可以明确列出例外。这样的规定在20世纪连许多发达国家也无法接受，这也是1998年OECD多边投资协定谈判失败的原因之一。截至2009年，仅在亚太地区已经至少有26个自贸区协定中的投资条款包含了准入前国民待遇，涉及的国家既有美国、加拿大、澳大利亚、新西兰、日本

等发达国家，也有韩国、新加坡、泰国、马来西亚、印度尼西亚、菲律宾、文莱、越南、墨西哥、智利、秘鲁等发展中国家（赵玉敏，2012）。日韩在 2002 年签订的双边投资协定首次包含了以否定清单为基础的准入前国民待遇条款，此后两国在其签订的双边投资协定与区域自由贸易协定中多次使用这类条款。不仅如此，日韩在与中国的投资谈判中也强烈要求中国接受基于负面清单的准入前国民待遇条款。2013 年，中美投资协定谈判已在准入前国民待遇和负面清单原则上达成共识。印度虽然至今拒绝与美国达成这类协定，但却在与周边国家的区域协定中纳入了这类条款。

从当前区域国际投资协定来看，国际投资规则正呈现三足鼎立的格局，分别为亚太地区由美国主导的"跨太平洋伙伴关系协定"（TPP），美欧启动的"跨大西洋贸易与投资伙伴协议"（TTIP）谈判以及亚洲地区由东盟发起的"区域全面经济伙伴关系协定"（RCEP）。其中 TPP 协议将包括一个完善的涵盖典型投资自由化和保护标准的投资条款；TTIP 关于投资规则的部分将包括投资自由化和保护条款，并将基于欧美双方迄今达成的最高水平自由化和保护标准。RCEP 旨在该区域建立自由、便利、具有竞争力的投资环境，投资谈判将涉及促进、保护、便利化和自由化四个方面。

从中不难发现 TPP，TTIP 以及 RCEP 三项国际协定都以"高标准"为出发点。TPP 以"跨太平洋战略经济伙伴关系协议"为蓝本，自美国 2009 年宣布加入 TPP 谈判的同时强调要建立一个高标准、体现创新思想，涵盖多领域和范围的亚太地区一体化合作协定。2010 年 TPP 第一轮谈判开始，2011 年 9 月通过《TPP 协定法律文本谈判进展及内容纲要》，随着加入谈判的成员国增加，TPP 到 2013 年扩大为 12 国，原预定 2013 年末结束谈判的 TPP 并未能完成预计目标，进展缓慢。由于 TPP 主张的"高标准"过于目标高远，议题众多，且日本加入谈判后，其国内产业界争执不断，加剧了 TPP 谈判的阻力，使得 TPP 推动力不足，谈判结果面临缩水降格甚至夭折的风险。联动亚太地区众多国家的 TPP 命运如何，还让我们拭目以待。

2013 年 7 月启动的 TTIP，计划于 2014 年年底前结束谈判。除投资问题外，还可能包括相互开放商品和服务市场以及促进监管体制的兼容性等问题，涵盖内容也十分广泛。在投资方面，相关组织（如欧洲企业组织协会）支持将"投资者-东道国争端解决机制”纳入 TTIP，以保障欧洲投资者的权益。但也有政治集团（如欧洲自由联盟政治集团）认为未来的投资国纠纷解决机制为跨国企业创造了机会以削减欧盟众多政策领域的标准与规章，对于欧盟来说是巨大的风险。

RCEP 由东盟十国于 2012 年 2 月提出组建，2012 年 11 月 16 个成员国的领导人在东亚峰会期间宣布正式启动 RCEP 谈判，同时公布了《RCEP 谈判的基本方针及目的》，指出 RCEP 的启动是为建立一个先进的、综合的、高标准且互惠的经济合作协定。

在最新的三大区域自由贸易协定规则制定中，中国只参与了 RCEP 的谈判。由于三大规则都属于综合性协定，需要谈到并解决的问题很多，最终形成的协定文本也将十分复杂。在高标准的原则下要反映不同地区的国家经济发展阶段与产业发展特征的特殊性，投资规则部分不仅要关注投资自由化，还要兼顾投资促进与保护，如何谈妥协定文本将是巨大的挑战。

（2）向着平衡东道国和跨国公司权利和义务方向发展

发展中国家和发达国家在世界投资格局中地位的变化，使得国际投资规则的内容由过去强调跨国公司权利和东道国政府的责任向平衡东道国和跨国公司的权利和责任的方向转变。尤其是面对新兴经济体对外投资的迅速崛起，美欧等发达国家在国际投资规则制定中的立场开始从如何片面促进对外投资自由化转向平衡投资者权利与本国政府监管空间的立场，更多关注新兴经济体投资对本国经济发展的影响问题，努力将新兴经济体对外投资活动纳入国际投资规则的约束范围内，针对新兴经济体跨国公司对外投资特点，设计补充新的投资规则，在规则内容上完善扩大政府的监管权利和政策空间，增加政府对外资准入、经营要求等方面的内容，扩大政府对投资的监管权利和政策空间，以约束和引导新兴经济体跨国公司投资符合国际投资规则的要求，更好为本国经济服务。在规则设计上，重点关注新兴经济体对其战略行业并购引发的国家安全问题，以及在金融危机后，一些国家由于财政状况困难和投资收入汇回而引起国际收支困难等问题，并进行了规则的修改。

在东道国监管空间的措施方面，主要是通过引入一些例外条款，如引入根本安全利益例外条款、一般性例外措施、金融审慎措施例外等社会维度议题在国际投资规则凸显，或将对本国较为敏感的领域从协定适用范围中排除，如国债、金融、税收、证券投资等，这些例外条款的出现用以扩大东道国政府的政策监管范围，扩大东道国监管权利。其中值得关注的是国家安全考虑已经成为当前许多国家进行投资并购审查的重要措施，美国、德国、日本等国家强化了国家安全措施，并且由于“国家安全”概念并没有被明确地定义，为政府扩大审查范围、加强对外资并购的审查保留空间。美国主导推动的《跨太平洋战略经济伙伴关系协定》（TPP）谈判，强调“根本安全利益例外条款”也正在成为国际投资协定的一个新的发展趋势，其自我判断性质和不可仲裁性为国家保护国家根本利益而采取必要行动留出充分空间，避免了国家因担心违背国际投资协定有关条款而产生“监管恐惧”（regulatory chill）不敢采取行动的情况，是在经济全球化和金融危机背景下，各国为应对各种突发重大事件，保护本国国民利益的重要“安全阀”，一些新兴市场国家也纷纷效仿。

在跨国公司义务方面，为了使跨国公司更好地服务于本国经济发展的目标，许多国家开始在其签订的国际投资协定中加入企业责任条款，要求跨国公司在环境保护、促进人权发展、遵守劳工标准及反腐败等方面发挥作用。比如在加拿大与哥伦比亚（2008）、秘鲁（2009）与巴拿马（2010）签订的自贸区协定中，前言和实质性条款部分都包含了企业社会责任的要求；《里斯本条约》授予欧盟国际直接投资专属管辖权后，欧盟议会明确要求在以后签订的国际投资规则中包括公司社会责任条款。

（3）环境问题和劳工标准问题成为国际投资规则的新内容

随着经济全球化的深入发展，国际直接投资活动与贸易活动、金融活动联系更加紧密，相互影响，这必然要求国际投资规则体系具有多层面性，其内容不仅包括投资问题，而且越来越多地涉及贸易、服务、知识产权、竞争政策、产业政策、就业政策、环境保护以及劳工权益等。其中，环境问题和劳动标准问题日益受到关注，随着全球双边投资规则重新磋商和制定，越来越多的规则中开始体现这些议题，并出现一些新的发展，如印度—韩国自由贸易协定（2009）明确列出一般例外的环境措施，加拿大—秘鲁自由贸易协定（2008）进一步明确增强多边环境协定和国际投资规则的一致性，比利时—卢森堡—哥伦比亚自由贸易区（2009）将与环境有关的争端排除在解决国际投资争端中心（ISDS）之外。而且随着发展中国家经济实力的提高，越来越多的发展中国家在缔结国际投资规则时开始接受环境与劳工标准规则。

（4）准入前国民待遇和负面清单模式成为未来国际投资原则的基本取向

早在1992年美加墨三国签署的《北美自由贸易协定》中，有关投资议题就采取了“准入前国民待遇+负面清单”的模式，这一投资规则模式影响深远。美国在1982年首次公布了双边投资协定范本后，在1994、2004、2012年三次修订的双边投资协定范本中均保留了“准入前国民待遇+否定清单”的重要规则模式。

所谓“准入前国民待遇”原则，即在投资发生和企业建立阶段就开始给予外资国民待遇，这也是投资自由化的根本内容；而“负面清单”是指在清单中列举准入前国民待遇和国民待遇的例外，确定外资不能自由进入的行业。负面清单中没有列举的内容，都是自由投资的领域，外资享受准入前国民待遇。目前，在亚太地区诸多国家所签署的自由贸易区协定中，投资条款都包含“准入前国民待遇”和“负面清单”。其中既有美、加、澳、新西兰、日本等发达国家，也有韩国、新加坡、泰国、马来西亚、印度尼西亚、菲律宾、文莱、越南、墨西哥、智利、秘鲁等发展中国家。一直很谨慎的印度也同意在与新加坡、韩国和日本谈判的自由贸易协定中纳入“准入前国民待遇”，并考虑采取“负面清单”。巴西也接受这一原则。

“准入前国民待遇+负面清单”的模式已经成为新一轮经济全球化中国际投资规则演变的方向，也是高标准、自由化和便利化的国际投资规则中最重要的特点。

（5）在国际投资争端解决机制上，提高投资争端解决的效率和透明度

国际上投资者与东道国争端自1997年以来一直处于上升趋势，但争端案件的大量出现并非不好的现象，这从侧面说明各种投资协定正在发挥实际作用，但同时也意味着东道国需承担更高的法律风险。基于高标准的投资开放将使投资争端发生的可能性大幅提高，由于国际投资规则允许投资者直接向国际仲裁机构提起仲裁诉讼，大量的仲裁诉讼可能导致东道国政府承担巨额经济赔偿与重大政治成本。国际投资争端解决中心（ICSID）所处理的案件均为私人投资者与国家之间的案件，到2012年，其解决的争端案件高达一年50个。

在国际投资争端解决机制的实体性条款上，各国通过澄清国际投资规则中一

些容易引起争端的实体性条款，如公平公正的待遇、最惠国待遇适用范围、间接征收等内容，减少规则内容的不确定性，提高了国际投资规则的一致性。在程序性条款上，通过增加仲裁过程的信息披露等，增强投资争端仲裁的透明度。

值得注意的是，一些国家如日本、韩国、哥伦比亚等，开始寻求预防和避免投资争端的解决方案，力图通过多种途径化解投资争端，从而降低投资争端所带来的经济和政治成本。这一变化有利于国际投资规则朝着统一、透明和可预测的方向发展。除 ICSID 外，也有国家与国家之间的仲裁机制，区域经济合作协议所确定的独立仲裁机制等。在越来越多的发达国家成为诉讼被告后，发达国家反思并重新审视将解决外资争端的权利交由国际仲裁机构的风险，并寻找更多途径补充完善投资者与国家争端的解决方式。中国与欧洲在双边投资协定谈判中将投资争端解决程序的确立纳入其中——投资者-国家争端解决机制（ISDS）是中欧双边投资协定谈判中的新鲜内容，作为投资保护谈判的增值部分而存在。这一争端解决机制的设计存在一定程度的风险，如可能会削弱国家内部监管等，但更重要的是 ISDS 作为独立的第三方机制可以帮助政府履行双边投资协议，检查缔约国是否都按照协议原则进行监管。ISDS 机制只有在投资者感到政府违背了协议的情况下才可能启动，因此从投资者角度来说，该机制所带来的益处更大，为其争议诉求提供了机制层面的保障，客观上也会使投资规则向着东道国和跨国公司权利与义务更加平衡的方向发展。

2. 投资协定谈判方式

在国际投资规则体系中，包括推动投资自由化在内的自由贸易协定快速发展，区域主义兴起。近年来，特别是国际金融危机后，区域经济一体化进入新一轮蓬勃发展时期，区域投资协定成为当前国际投资规则的主导形式，国际投资协定谈判的侧重点正从双边向区域转移，新签订的双边投资协定数量继续减少，区域性投资协定正在逐步取代双边性投资协定，越来越多的国家强调在区域层面制定投资政策。2012 年以来，至少有 110 个国家参与了 22 个区域投资协定的谈判。越来越多的国家倾向于通过区域而非双边方式制定国际投资规则，并更多地考虑可持续发展因素。截至 2012 年底，国际投资协定体制包括 3 196 项国际投资协定，其中 2 857 项双边投资协定中超过 1 300 项于 2013 年年底前处于“随时终止阶段”（WIR，2013）。这可能有助于解决当前国际投资体系缺乏一致性、存在诸多重叠和冲突且日益庞杂的问题。尽管从数量上看，双边协定仍占主导地位，但从经济意义上看，区域投资协定正在成为国际投资规则体系的重心，为国际投资规则走向多边化奠定了现实基础。

国际金融危机爆发后，亚洲经济保持较高增长，美国、欧洲等传统的投资输出大国的投资、贸易重点向亚洲转移，加快推进与亚洲各国建立自贸区的谈判进程，降低准入门槛和投资限制，拓宽投资领域。欧盟在与韩国达成自贸区协定后，继续加快与印度、新加坡、日本的自贸区谈判进程；美国也于 2011 年 10 月 12 日通过了拖延四年之久的与韩国、哥伦比亚和巴拿马的自由贸易协定，并加紧推动包括日本在内的《跨太平洋战略经济伙伴关系协定》谈判，并开始将投资议题纳入谈判内容，意图进一步推动投资自由化。在自由贸易区谈判中，一般都纳入了投资议题。在 2012 年达成的 30 项国际投资协定中，20 项为双边投资协定，10 项为其他投资协定；在其他投资协定中，8 项为区域投资协定。

从美国主导推进的《跨太平洋战略经济伙伴关系协定》（TPP），美欧 2013 年启动的《跨大西洋贸易与投资伙伴协定》（TTIP），2012 年中、日、韩三国投资协定的缔结，包含投资内容的墨西哥—中美洲自由贸易协定，欧盟委员会代表所有欧盟成员国进行投资协定谈判以及东盟出现的发展动态中，可以看出区域投资协定的经济重要性及影响。

美国主导的 TPP，力图打造高标准的包含专门投资章节的自由贸易协定，2013 年 2 月美欧宣布将进行《跨大西洋贸易与投资伙伴协定》谈判，如果这两个自由贸易区谈判成功，加上原来已有的《北美自由贸易协定》、《美国—韩国自由贸易协定》以及与南美智利、哥伦比亚、巴拿马等自由贸易区协定，美国将形成“一体两翼”的自由贸易区格局，并通过这些自由贸易区实现贸易和投资规则的统一化、一致化，与此同时美国已经修订并公布美国 BIT（2012）范本，并以此作为与中国和印度双边投资协定的蓝本，并加紧与中国和印度进行谈判。如果中美、中印双边投资协定谈判成功，美国将通过自由贸易区协定和双边投资协定谈判可以实现美国 BIT（2012）内容在全球的统一推广，从而形成事实上的统一的多边投资协定。

在《里斯本条约》生效后，欧盟 27 国统一国际投资规则立场，欧盟具有对外投资政策的专属管辖权，代表所有成员国与第三方缔结国际投资协定，对外实行统一的对外投资政策。由于欧盟成员国与其他国家缔结的双边投资协定占全球总量的一半，并涵盖全球近一半的直接投资流量，统一的欧盟投资条约将逐步取代其各成员国所缔结的双边投资协定，从而减少磋商成本，有利于推动多边投资规则的进程。目前，欧盟与秘鲁、韩国、墨西哥、南非和智利以及已加入欧盟关税同盟、与欧盟签有《联系国协定》的国家或地区签署并已生效了 28 个自由贸易协定。在亚洲地区，欧盟已与新加坡、韩国签订自由贸易区协定，目前正与日本、印度、泰国、越南等国进行谈判，这为欧盟与亚洲国家统一国际投资规则立场奠定了基础。

现阶段，推动国际投资自由化的区域投资协定以自由贸易区建设为基础进行。就中国对外商谈自由贸易协定的情况来看，中国目前在建自由贸易区 18 个，涉及 31 个国家和地区。其中，已签署自由贸易协定 12 个，涉及 20 个国家和地区，分别是中国与东盟、新加坡、巴基斯坦、新西兰、智利、秘鲁、哥斯达黎加、冰岛和瑞士的自贸协定，内地与香港、澳门的更紧密经贸关系安排（CEPA），以及大陆与台湾的海峡两岸经济合作框架协议（ECFA），除冰岛和瑞士的自由贸易协定还未生效外，其余均已实施；正在谈判的自由贸易协定 6 个，涉及 22 个国家，分别是中国与韩国、海湾合作委员会国家（GCC）、澳大利亚及挪威的自贸谈判，以及中日韩自由贸易区和“区域全面经济合作伙伴关系”（RCEP）协定谈判。

2.2 中国在国际投资协议谈判中面临的困难

当前来看，中国已与全球大多数重要投资伙伴缔结了双边投资协定，但是与重要的贸易投资伙伴美国、欧盟仍未签署双边投资协定。而且由美欧所主导的以 TPP 和 TTIP 为代表的新一轮区域贸易投资协定谈判，未将中国纳入其中，美欧借助新一轮区域投资协定谈判倡导高标准的规则，来主导新的国际投资规则体系的构建，中国面临着新一轮国际投资规则制定边缘化的危险。

中国在成为国际投资大国的同时，必须要主动参与甚至发起新的双边与区域投资协定谈判，提高在新一轮国际投资规则体系中的话语权，在国际投资规则制定中发挥更大作用。积极推动中美、中欧双边投资协定（BIT）谈判，是中国适应从国际贸易大国转向国际投资大国的变化，主动参与国际投资规则制定的战略选择，也可以创造新的开放、改革红利。

中国（上海）自由贸易试验区的建设，是中国在新形势下推进改革开放的一项重大举措，只有牢牢把握国际通行规则，才能加快形成与国际投资、贸易规则相衔接的基本制度体系和监管模式，既充分发挥市场在资源配置中的决定性作用，又更好发挥政府作用。投资高度自由化必然带来风险，中国（上海）自贸区建设将为风险控制积累管理经验，特别是防范系统性风险，培养管理投资自由化条件下的管理者队伍，适应新一轮经济全球化环境下国际投资规则变迁的要求，在全球化中分享更大利益，使中国经济继续稳健高速发展。

1. 我国签署国际投资协议的状况

长期以来出于引进外资的需要，我国一直把双边投资协定作为外资立法的重要组成部分，为外国投资者来华投资提供法律保障和信心保证，截至 2012 年，我国已签署了 150 多个双边投资协定。

虽然双边投资协定在一定程度上促进了我国利用外资的发展，但面对新的国际经济形势，以及国际投资规则的发展趋势，我国双边投资协定在促进对外投资发展的作用上十分有限。其一，我国在签署双边投资协定时定位于引资国，注重对东道国权益的保护，强调维护东道国利益，对支持国内企业对外投资的保护条款相对薄弱。其二，投资协定内容相对简单，投资保护程度相对较低，对国际仲裁管理和国民待遇、征收补偿标准方面采取较为保守的立场，协定具有倾向于强调维护国家经济主权，力求减少东道国的义务的特点。其三，双边协定的约束力弱、透明度低，难以监管。双边投资协定一般只涉及投资国和东道国两国，并没有健全的外部监督机制，只能依靠有关的国际法框架来加以维系，协定的实际执行情况也鲜有公开披露。这意味着，即使中国与欠发达国家和地区签订了双边投资协议，这种双边协商机制也很容易受到后者国内政治变动等影响，缺乏稳定性和连贯性。其四，中国与美国、欧盟、加拿大、秘鲁等许多重要的投资伙伴仍未达成双边投资协定，使得中国国际投资规则对投资的保护覆盖面较为狭窄，对外投资风险较高。

2. 中美双边投资协定实质性谈判阶段的焦点

中美双边投资协定（BIT）谈判始于 2008 年 6 月，因美国对 BIT（2004）范本的修订而使谈判一度搁浅。2012 年美国 BIT 范本公布后，中美双方重启谈判。

此后，双方多次表态要积极推动谈判，但始终没有取得实质突破。由于美国 BIT（2012）范本确立了“准入前国民待遇+负面清单”的模式，中国拒绝接受该原则，双方谈判陷入僵局。直到 2013 年 7 月，在第五次中美战略与经济对话中，中国同意在双边投资协议谈判中采用“准入前国民待遇和负面清单”原则，中美投资协定谈判中最大的障碍得以消除，进入实质性谈判阶段。2014 年 1 月，中美双边投资协定第 11 轮谈判结束，正式开启文本谈判。

目前，中美双边投资谈判在负面清单内容、公平竞争、投资权益保障、利益交换等焦点问题上仍然存在较大分歧。

确定负面清单的内容将是文本谈判的焦点问题。美国 BIT 谈判最鲜明的特点是致力于推进高水平的投资自由化，并为美国企业在海外的权益提供高标准的投资保护。而中美经济发展阶段不同，两国政治结构不同，双方的利益不同，完全对等的开放和负面清单列举对中国不利且不合理。在谈判中，中国主张根据自身经济发展水平确定负面清单内容、例外措施。

在公平竞争方面，主要涉及国有企业、环境、劳工、业绩要求问题。首先，美国 BIT（2012）范本倡导竞争中立原则，该原则强调国有企业应该和私有企业处于同样的外部环境，以保证它们在同等市场条件下公平竞争，国有企业不得以低于市场价格取得矿产资源、土地、贷款等，这与我国国有企业制度存在冲突。根据新一轮改革方案，我国将对国有企业进行分层次改革。但我国社会制度与美国不同，不可能全面接受美国“竞争中立”的原则。其次是环境规则问题。美国 BIT 范本要求缔约方承认多边条约和协定，并且以遵循环境保护法鼓励投资。但我国与其他国家签署的 BIT 中没有类似条款。最后是劳工待遇问题。美国 BIT 范本要求缔约方投资者在劳工保护方面的义务，包括结社自由、集体谈判权、禁止强制劳动和童工、消除就业和职位歧视等。但其中的某些要求与我国现行制度存在差异。

在投资权益保护方面，主要涉及外汇转移（与资本项目开放相关）、金融服务（主要是金融审慎例外）、征收与补偿、税收优惠与业绩要求、政策透明度问题。其中，关于外汇转移，美国 BIT 范本要求包括经常项目和资本项目在内的外汇可以进行无条件自由转移，但目前我国资本项目并没有完全开放。

在利益交换方面，即我国总体上能够给予美国多大的市场准入、准入什么，同时向美国要哪些市场准入等，以便既最大限度维护中方利益，又能谈成一个高水平的投资协定，这需要做出战略性决策。目前，我国尚需明确规划相应内容和基本主张。

3. 中欧双边投资协定谈判的主要分歧

目前，中国与欧盟27个成员国中的26个分别缔结的双边投资协定，虽然为中国与这些欧盟成员国的国际投资提供了相对全面和实体性的保护，但从欧盟整体角度看，则缺乏完备性与协调性。例如，中国与爱尔兰尚未缔结双边投资条约。从中国角度来看，由于历史原因，协定侧重于对欧盟国家来华直接投资的保护和促进，涉及中国企业对欧盟投资的内容相对较少，随着中国企业对欧盟投资的迅速增加，原有协定已不能适应现实的需要。再如，中国与不同欧盟成员国缔结的双边投资条约，虽然具有相似性，但由于缔约主体、签订时间等不同，协定具体内容如待遇标准、货币兑换、争端解决等条款规定也存在着较大的差异，这些差异在实践中必然会给投资者带来很大的困扰。中国与欧盟有必要启动一个新的全面的投资保护协定的谈判。

2014年1月，中欧启动双边投资协定（BIT）谈判。中欧启动BIT谈判的共同目标是：第一，深化全面战略伙伴关系。历史经验证明，相比贸易联系，直接投资是更稳固、更可靠的经济联系。2014年，中欧全面战略伙伴关系进入新的十年，完成BIT谈判，形成贸易、投资双驱动的合作格局，将为全面战略伙伴关系奠定基石。第二，促进双向投资增长。作为两大重要经济体，中欧投资远低于应有水平。我国对欧投资在其外资存量中占比不到1%，欧盟对外直接投资也仅有2.1%流向我国。完成BIT谈判有助于改善投资环境，扩大市场准入，扩大投资规模。第三，提供稳定、透明、可预期和开放的法律环境。欧盟27个成员国中有26个已和我国签有BIT，内容存在较大差异，无法实现统一保护标准。新的BIT将是适用于所有成员国的统一版本，为投资者提供一个更为简明、可靠、可预见的法律框架。

除了这些共同目标，中欧双方还各有自己的考虑。对欧盟来说，一是开拓亚洲新兴市场。欧盟将自由贸易协定（FTA）作为重要战略支柱，积极与东盟各国、韩国、印度商签FTA。在中欧FTA时机尚不成熟的时候，先行推动BIT谈判也是一个较好的选择。二是实施统一的国际投资政策。2009年12月生效的《里斯本条约》，将国际直接投资纳入共同贸易政策范畴，实施专属管辖权。欧盟希望通过与第三国签订 BIT 或含有投资内容的 FTA，逐步替代各成员国已经签订的协定。三是用一个声音对外谈判。与我国的 BIT 谈判是《里斯本条约》生效后欧委会启动的第一个，也是其展现更好地用一个声音对外谈判的机会。

对我国来说，一是更多地作为投资国保护自身利益。在以前的协定中，我国偏重于保护作为东道国的利益。随着欧盟成为我国在发达经济体中最大的投资目的地，在欧投资壁垒和投资保护问题日益突显，亟待我国与欧盟签订更为全面与完善的 BIT 保护投资利益。二是构建开放型经济新体制。启动中欧 BIT 谈判，就是以开放促改革的一条新路径，有助于推动国内投资体制、外资管理体制和行政管理体制改革。三是参与制定国际投资新规则。在国际投资规则变革期，中欧加上中美 BIT 谈判，将为我国参与新规则构建提供重要途径和契机。

中欧 BIT 谈判的议题将是“开放性”的，涵盖双方关切的所有问题，主要有以下几个方面：

一是市场准入。这是欧盟最重视的议题，也将是谈判的焦点。无论是欧委会贸易委员德古赫特还是欧洲议会有关议员，都在不同场合高度关注市场准入问题。中国欧盟商会发布的《欧盟企业在中国建议书 2013/2014》所提 219 条建议中，有三分之一与市场准入有关。我国也将高度重视对欧市场准入。目前，服务业是我国对欧投资的主要行业，包括批发零售、酒店、餐饮、金融、法律、会计等，这些将是我国对欧市场准入谈判的重点关注领域。

二是国民待遇。主要规定投资者在东道国开展投资活动所享有的待遇标准，是 BIT 的核心条款。在中美 BIT 谈判中，我国同意采纳准入前国民待遇和“否定式清单”模式，中欧谈判有可能也采用这种模式。

三是争端解决。这是对国际投资的程序性保护措施，在绝大多数 BIT 中都适用“投资者—国家争端解决”程序。在 2003 年中德 BIT 中，我国全面同意接受国际投资争端解决中心（ICSID）管辖权。

四是履行要求条款。是指东道国政府根据经济发展要求，对外国投资者施加各种条件限制，如当地成分要求、出口比例要求与技术转让要求等。

五是外交目标。《里斯本条约》规定共同贸易政策作为实现总体外交目标的政策工具，欧盟将提出可持续发展、劳工标准、环境、企业社会责任等议题。

六是竞争中立。2012 年 4 月发布的《欧盟与美国就国际投资共同原则的声明》中提及公平竞争原则，强调国有企业和私营企业享有同样的外部环境，并在市场上公平竞争。欧盟有可能在与我国 BIT 谈判中提出该议题。

七是例外条款。这是保护东道国利益的国际通行做法。例如，对“投资”定义加以限定，明确将某些经济活动排除在外；保留资金转移的例外措施，在国际收支恶化情况下实行资本管制；在保护环境、人权、国家安全等重大问题上采取措施的自主权。

中欧 BIT 谈判将受以下因素的影响。一是中欧经贸关系。自 2005 年以来，欧盟对我贸易政策日趋强硬，由强调合作趋向强调竞争和互惠，双边贸易摩擦不断，2013 年的光伏产品案引发各方关注。未来欧盟对我贸易政策走向将影响 BIT 谈判进程。二是中美 BIT 谈判。中美谈判历时多年，已进入核心条款的磋商阶段，其谈判进程和结果必定对中欧谈判产生影响。三是跨太平洋伙伴关系协定（TPP）和跨大西洋贸易和投资伙伴协定（TTIP）谈判。这两个协定中对投资问题都设定了较高的标准，中欧谈判将受到高标准投资保护和高水平投资自由化的影响。总之，中欧 BIT 谈判将受到双边经贸关系乃至政治关系的影响，并与其他有关谈判相互作用、相互影响，增加谈判的复杂性和不确定性，在短期内达成协议的可能性不大。

2.3 中国的应对策略

世界经济格局步入深度调整期，中国在全球国际投资中的地位正在发生重要转变，面对国际投资规则的新发展，中国在未来如何调整自身在国际投资规则中的立场和态度，积极参与国际投资规则与机制建设，对于保护中国对外投资安全、实现本国经济发展和提高国际地位具有重要影响。

1. 提高国际投资保护待遇标准

从现实情况看，我国正在处于对外投资的高速成长期，扩大对外投资对于保证中国重要能源、资源供应具有重要意义，也是中国企业实现国际化经营提高企业国际竞争力的重要方式。非洲、拉丁美洲和中东等地区是中国企业对外投资的重要地区，投资环境存在着政治风险高、法制环境较差、市场机制不够完善的问题，中国对外投资遭受损失的风险加大。对此除了利用海外投资保险等商业手段规避投资风险外，应当充分发挥双边投资协定与自贸区协定等国际投资规则保护投资功能保护对外投资的安全完整。从2003年中国与德国签订双边投资协定后，中国就开始逐步接受国际高标准的投资保护措施，并在与发达国家的双边投资条约中尝试接受最低待遇标准、禁止绩效要求等内容，放宽资金转移限制，全面接受国际仲裁，投资保护标准正在与发达国家的保护标准趋于一致，但中国对这些条款的引入是分散的、非连续的和非一致性的，这些保护标准并没有集中出现在任何一份中国双边投资协定中。尽管如此，确立较高标准的投资保护待遇已经成为中国参与国际投资规则实践的现实选择，这也符合中国企业“走出去”战略的客观要求和中国成为对外投资大国的现实经济利益。同时，我国可以接受最低待遇标准、禁止绩效要求，放宽资金转移限制，全面接受国际仲裁。积极探索资本项目开放和外汇自由转移制度建设，在资本账户还没有完全放开、金融体制不健全的条件下，保留资金转移的例外措施，在国际收支恶化情况下实行资本项目管制，维护金融安全。

2. 在国际投资规则中逐步引入企业社会责任条款

中国在国际投资规则实践中仅仅在部分投资协议中涉及跨国公司的义务，如不从事侵犯劳工权利、污染环境和腐败的行为，没有规定其为社会发展所必须履行的积极义务。近年来一些跨国公司在华经营过程中，发生了污染环境、从事行贿腐败等忽视企业社会责任行为，造成严重的环境和社会后果，中国有必要借鉴《经济合作与发展组织跨国公司准则》、《联合国全球契约》的内容，在国际投资协议谈判中引入企业社会责任条款，平衡跨国公司的权利和义务，促使跨国公司承担必要的社会责任。同时，引入该条款也有助于改善中国跨国企业海外形象，促进中国对外投资持续健康发展。

3. 扩大政府保护公共利益的政策空间

提升国际投资保护待遇与保留政府的监管空间之间并非完全矛盾，扩大政府监管空间并不等同于政府行为的随意性和武断性。首先，保留和扩大投资监管空间完全可以在投资规则内通过例外条款、过渡期条款或“非符合措施”等手段予以实现，这也被世界各国国际投资规则实践所认可。其次，应进一步完善外资监管的国内法律体系，提高立法质量，强化通过法律制度手段实现对外资的监管，逐步减少对政府依靠临时性的规定、规章等措施管理经济的依赖，降低政策的随意性，增强投资环境的稳定性、一致性和可预测性。

4. 参加多边投资协议谈判

只是由发达国家谈判制定多边投资协议，不能广泛适用于所有的国家，其倡导的全面彻底的投资自由化，没有考虑到发展中国家的发展目标和所处的发展阶段，忽视发展中国家投资和金融监管相对落后的状况，容易使短期资本的投机性威胁到国家的金融安全。考虑到中国作为吸收国际投资大国和对外投资日益增加的趋势，为了维护自身的经济利益，不能只是游离于多边投资协议谈判之外，被动等待发达国家谈判的结果，被迫适应将来可能确立的多边投资规则，尽管达成多边投资协议的难度很大，中国也应该参与到谈判之中。另外，即便短期不能达成多边投资协议，也应该在中美、中欧双边投资协议谈判中更加积极主动。

在参与多边、双边投资协议谈判中，既要关注国际投资规则的演变趋势，又要维护自身的基本利益，可以持以下基本主张：

（1）接受“准入前国民待遇+负面清单”的国际投资规则模式，周密部署，明确“负面清单”的内容。负面清单的制定是一个发现真正需求的过程。需要由商务部牵头、各部委做扎扎实实的基础调研，在外商投资产业指导目录的基础上，列举出本部门的负面清单、例外措施，即外资不能享受准入前国民待遇和自由进入投资的行业等。深入研究外方的负面清单，对外方提出要价，为我投资者争取权益。

（2）制止投资者的不正当行为，保护东道国的利益，对滥用限制性商业惯例的行为做出禁止性的规定。

（3）对目前大量存在的单边、双边、区域多边及全球多边方面的投资措施、协议进行分析整理，制定出内容、标准和进度统一的具有广泛代表性的权威的投资协议。

（4）对一国国内的竞争政策加以规范，但要保留适当空间，明确一般例外、临时背离和国家保留的内容。

（5）保持谈判的开放性，支持非经济合作与发展组织国家加入谈判，由更具全球代表性和监督协议实施权威性的世界贸易组织（WTO）担当多边投资协议起草和谈判的组织者，引入 WTO 的争端解决机制。

5. 中美 BIT 谈判的主张

未来在推进中美双边投资协定谈判过程中，中国既要兼顾作为“资本输入国”和“资本输出国”的利益，同时也要审慎对待美国 BIT（2012）范本推行的高水平投资自由化带来的影响。

（1）周密部署，明确“负面清单”的内容。负面清单的制定是一个发现真正需求的过程。需要各部委做扎扎实实的基础调研，在外商投资产业指导目录的基础上，列举出本部门的负面清单、例外措施，即外资不能享受准入前国民待遇和自由进入投资的行业等。深入研究美方的负面清单，对美提出要价，为我投资者争取权益。

（2）依据国内法，保障公平竞争。借鉴美国 BIT 范本的内容，根据我国法律制度，并结合现实情况，推进国有企业改革，促进政企分开、政资分离，保障国有企业与其他经济成分平等竞争；依据环境保护法和促进技术进步的相关法规，修订外商投资鼓励措施；将环境、劳工待遇纳入投资协定条款中；平衡投资者的权利和义务，明确投资者承担的义务内容。

（3）提高国际投资保护待遇标准，防止资本项目过度自由化。在谈判中，建议我国可以接受最低待遇标准、禁止绩效要求，放宽资金转移限制，全面接受国际仲裁。但也应要求美国对各类所有制企业以非歧视性原则提供公平竞争的环境，包括对中国的国有企业和主权财富基金适用非歧视性原则。同时，在资本账户还没有完全放开、金融体制不健全的条件下，应在资本转移或者金融服务条款中保留临时资本管制的例外措施，在国际收支恶化情况下实行资本管制，维护金融安全。

（4）保留政府保护公共利益的政策空间，加强对外资事后的监管与安全审查。保留投资监管空间完全可以在投资协定中通过例外条款、过渡期条款等手段实现，这也被世界各国国际投资规则实践所认可。同时，应强化通过法律手段实现对外资的监管，完善反不正当竞争法和国家安全审查机制，减少对政府依靠临时性的规定、规章等措施管理经济的依赖，降低政策的随意性，增强投资环境的稳定性、一致性和可预测性。并在某些特定的行业，建立一些对各种所有制类型都有效的准入条件，防止外资企业在那些已经开放的行业造成过大的风险。

（5）加快改革外资管理体制投资审批制度。根据“准入前国民待遇+负面清单”的原则，改革我国现行的对外商投资全面核准制度，调整在核准中采取的准入限制加优惠措施的管理措施，实行以竞争政策和环境、技术标准为主的管理制度，简化外商投资审核程序，完善外商投资注册登记制。利用中美 BIT 谈判打开国内的改革局面，加快国内投资体制改革，对内资企业和外资企业实行同等的投资管理制度。

（执笔：桑百川、李玉梅、张琦）

第 3 部分

2013 年外资管理制度变革

3.1 我国现行外资管理制度的现状与存在问题

随着我国改革开放的不断深入和市场经济的发展，我国的外商投资管理制度也在不断改革和完善。

3.1.1 现行外资管理制度

1. 外资的法律框架

我国现行的外商投资法律体系是以宪法为指导，以《中外合作经营企业法》、《外资企业法》、《中外合资经营企业法》三部单行法规及其相应的实施准则为主要依据，涵盖外商投资企业的准入、登记、营运、雇佣及税收等方面的全国性法律法规，如《外商投资投向指南》、《中华人民共和国企业所得税法》、《中华人民共和国外汇管理条例》等，各部、委、行、署、行业组织等相关的外资法规范作为补充。同时，根据地方发展的特殊性，也制定了具体的地方性法规及规章，这些地方性法规也涵盖登记、税收、外汇等各个方面，从而有效地保护了国内外投资者的合法权益。

除此之外，我国签订的国际投资协定也是我国外资政策体系的重要组成部分。中国已签订并生效的双边投资协定涉及102个国家和地区，以投资保护为主。从协定具体内容上来看，我国对于市场准入限制还较多，审批过程比较严格，力求使国内法规能够有效制约外商投资。整体来看，我国所签订的BIT条款基本上可以为双方投资提供相应保障，但某些条款内容需要加以调整，方能适应新形势下经济发展的需要。同时，我国还签署了多种形式的多边投资协定，包括2009年8月签订的《中华人民共和国与东南亚联盟成员国政府全面经济合作框架协议投资协议》和2012年5月13日中日韩签署的《中华人民共和国政府、日本国政府及大韩民国政府关于促进、便利和保护投资的协定》，均对投资适用范围、最惠国待遇、国民待遇、征收等条款做了具体规定，致力于为投资者提供更为稳定、透明的投资环境。

2. 外资的基本政策

改革开放以来，我国吸引外资的政策首先放在区域政策上，主要是鼓励沿海开放与特区开放。在沿海地区取得优先发展后，将政策重点转向产业，鼓励外资优先投向高端制造业、高新技术产业、现代服务业等产业；同时在区域政策方面鼓励外资向中西部地区转移。区域政策与产业政策的支撑体系主要是与之相配合的税收优惠政策。

（1）产业政策

外资产业政策主要是通过产业的限制或鼓励来引导外资的市场准入。为了引导外资投向，使其与国民经济和社会发展规划相适应，避免盲目投资现象，我国根据经济结构调整和产业优化升级的需要，五次修订《外商投资产业指导目录》，并以此作为指导审批外商投资项目的依据。现行的是2011年修订的《外商投资产业指导目录》，它将行业分为鼓励类、限制类和禁止类三大类。根据《指导外商投资方向规定》（国务院令第346号），鼓励类外商投资项目，依照有关法律、行政法规的规定享受优惠待遇；限制类在股权要求、审批部门等方面有限制。在产业引导方面，《外商投资产业指导目录》（2011）将高端制造业作为鼓励外商投资的重点领域，鼓励外商投资使用新技术、新工艺、新材料、新设备，改造和提升传统产业；鼓励外商投资节能环保、新一代信息技术、生物、高端装备制造、新能源、新材料、新能源汽车等产业，培育战略性新兴产业；鼓励外商投资现代服务业，支持面向民生的服务业扩大利用外资，推进服务业开放进程。

此外国务院办公厅2012年7月发布的《“十二五”国家战略性新兴产业发展规划》明确提出引导外资投向战略性新兴产业，丰富外商投资方式，拓宽外资投资渠道，不断完善外商投资软环境。为促进服务业的开放我国先后实施了“万商西进工程”和服务外包“千百十工程”。在新一轮的经济改革大背景下，为了进一步发展我国服务业，2013年11月12日国务院在《中共中央关于全面深化改革若干重大问题的决定》构建开放型经济新体制中提出，放宽投资准入，推进金融、教育、文化、医疗等服务业领域有序开放，放开育幼养老、建筑设计、会计审计、商贸物流、电子商务等服务业领域外资准入限制。

（2）区域政策

改革开放之初，我国外资促进政策的重点是鼓励沿海开放与特区开放。21世纪初，我国在继续发挥东部地区对外开放、利用外资的优势的同时，采取有力措施积极引导和鼓励外资投向中西部地区，加大政策、技术、资金配套支持力度，促进地区平衡发展。近年来，随着西部大开发、中部地区崛起以及东北地区等老工业基地振兴等一系列国家战略的深入实施，中西部等内陆、沿边地区对外开放程度也不断提升。在产业结构不断优化的同时，吸收外资的区域结构也更加均衡，中西部地区实际使用外资增长加快。

2013 年 5 月 16 日，国家发展和改革委员会、商务部联合发布《中西部地区外商投资优势产业目录》（2013 年修订），这是 2000 年颁布实施以来的第三次修订。这次修订进一步拓宽了鼓励领域，优化产业导向，同时增加了鼓励的标准和省份。《中西部地区外商投资优势产业目录》的实施对中西部地区扩大利用外资，提高利用外资的质量和水平，优化产业结构等方面发挥了积极作用。

（3）税收政策

外商投资企业在中国适用的税种主要有：企业所得税、增值税、消费税、营业税、流转税、个人所得税等。21 世纪初，我国内外资企业实行两套所得税制，外资企业还享受从获利年度起二年免征、三年减半征收企业所得税的待遇，对国家鼓励和支持发展的外商投资和国内投资项目进口设备免征关税和进口环节增值税等。这些对外商投资行业和企业实行的税收优惠对中国经济体制转轨时期有效吸引和利用外资，促进国内经济结构调整，发挥了重要的作用。

随着中国加入 WTO，公平税赋与无差别待遇成为基本和普遍的市场需要，外商投资企业所享受的超国民待遇问题，虽不直接违反 WTO 原则，但毕竟有损于市场公平。因此我国外资管理的税收政策也在不断地改革。目前，我国对外资企业的税收优惠政策总的趋势是由“超国民待遇”向“国民待遇”转变。

一是统一税法。2008 年实施的《中华人民共和国所得税法》把内外资企业所得税统一为 25%，同时，取消外资企业所得税减免优惠政策。2010 年年底，对外资企业开始征收城建税和教育费附加，至此对外资的所有税收优惠均告取消。

二是产业导向的税收优惠。不论外资还是内资企业，只要进入相同的产业，就享受相同的产业优惠政策，即实行鼓励节约资源能源、保护环境以及发展高新技术等以产业优惠为主的税收优惠政策，尤其是对国家重点扶持和鼓励发展的高科技产业、农林牧渔业项目以及环保等企业给予税收优惠。另根据规定，符合条件的小型微利企业，减按 20% 的税率征收企业所得税；国家需要重点扶持的高新技术企业，减按 15% 的税率征收企业所得税。

三是区域协调的税收优惠。一个是经济特区，香港、澳门与深圳、珠海、汕头等经济特区的企业继续享受优惠税率。另一个是西部地区，为体现国家对西部地区的重点支持，国务院出台了一系列政策措施，其中包括有关税收优惠政策。如对设在西部地区鼓励类产业的内资企业和外商投资企业，在一定期限内，按 15% 的税率征收企业所得税。民族自治地区的企业经省级人民政府批准，可以定期减征或免征企业所得税。对在西部地区新办交通、电力、水利、邮政、广播电视等企业，企业所得税实行两年免征、三年减半征收的政策。对为保护生态环境，退耕还生态林、草产出的农业特产品收入，在 10 年内免征农业特产税。对西部地区内资鼓励类产业、外商投资鼓励类产业及优势产业的项目在投资总额内进口自用先进技术设备，除国家规定不予免税的商品外，免征关税和进口环节增值税。

3. 外资的管理程序

我国对外资准入审批及对经营过程中的管理与监督构成了我国外商投资管理制度的主要内容。

（1）准入审批

我国外资准入审批方式采用的是政府逐项审批登记加产业指导的管理方式。具体来说是由多个行政机关，按照企业的不同组织形式（中外合资、中外合作、外商独资），依据不同的程序性规范，遵守与程序性规范相分离的实体性行业政策（主要是《外商投资产业指导目录》及某些行业单行条例）对拟进入中国的外资进行的多元行政审批。

我国外资准入行政审批的基本程序为：首先由相应级别的发改委立项审批，若核准权限属于国家发展改革委和国务院核准的项目（投资资源开发类和大额用汇项目等），由项目申请人向项目所在地的省级发展改革部门提出项目申请报告，经省级发展改革部门审核后报国家发展改革委。涉及环保、城建、国土等相关部门的要先期审批和批准；然后由商务部门对投资者签订的合同、章程进行审批；最后由工商部门颁发外商投资企业营业执照。另外，当外资项目涉及特殊行业，有单行条例规定相应准入程序时，还需增加行业主管部门的审批，如印刷业由新闻出版行政管理机构审批、金融业由金融管理机构审批等。

为调动地方积极性，我国吸收外资采取统一规划、分级管理的办法，国务院及其各职能部门负责研究制订外商投资有关政策，审批限额以上及特定投资项目，并指导地方政府及其各部门对外商投资进行管理；地方政府负责本地区外商投资的审批和管理工作，同时各地又根据当地情况采取不同的分级管理模式，一般按投资规模将审批权下放到所辖市、区、县。

从 2002 年至 2012 年，国务院先后六次发布了《取消和调整行政审批项目的决定》，不断取消、调整行政审批项目，下放管理层级。通过不断地下放审批权限，取消行政审批项目，提高地方审批权限，外资管理的行政效率显著提高。

（2）金融与外汇管理

外商投资的过程中必然涉及资本的流动，加强我国外资金融与外汇的管理，简化外汇管理中的行政审批程序，对于外资管理体制的完善、促进投资贸易便利化无疑都具有重要意义。

2009 年 9 月国家外汇管理局为进一步规范合格境外机构投资者境内证券投资外汇管理，发布《合格境外机构投资者境内证券投资外汇管理规定》，2012 年 12 月对此规定进行修订，分别对投资额度管理、账户管理、汇兑管理、统计与监督管理等作出修改，放宽了对投资额度的限制，单个合格投资者申请投资额度由每次不得低于等值 2000 万美元提高至 5 000 万美元，累计不得高于等值 10 亿美元。同时对投资者的资金汇出额度和汇出手续作了进一步规定，并将要求投资者开立的人民币特殊账户改为人民币专用存款账户。此外，为规范人民币合格境外机构投资者境内证券投资试点业务，2013 年 3 月国家外汇管理局还发布了《关于人民币合格境外机构投资者境内证券投资试点办法》的通知，要求外汇管理部门对人民币合格投资者境内证券投资相关的投资额度、资金汇出入等实施监测和管理。另外，为进一步调整外汇管理政策，2013 年 5 月 11 日国家外汇管理局印发《外国投资者境内直接投资外汇管理规定》及配套文件，进一步简化并整合了外商投资所涉及的外汇登记、账户开立与使用、资金首付及结售汇等环节和政策。至此，我国外商直接投资（FDI）、境外直接投资（ODI）外汇管理以登记为主的政策框架基本形成。

为进一步推进跨境人民币直接投资便利化，完善监管措施，2013 年 12 月 3 日商务部发布《关于跨境人民币直接投资有关问题的公告》，规定境外投资者申请将原出资币种由外币变更为人民币的，无须办理合同或章程变更审批，可按照外商投资法律、行政法规和有关规定要求，到有关部门和银行办理登记、开立账户、资金汇兑等手续。通过以上政策措施进一步促进了我国跨境人民币直接投资的便利化，优化了我国外商投资环境。

(3) 安全监管

为了引导外国投资者并购境内企业有序发展，维护国家安全，我国建立了外国投资者并购境内企业安全审查制度，并于2011年发布了《关于建立外国投资者并购境内企业安全审查制度的通知》及《实施外国投资者并购境内企业安全审查制度有关事项的规定》，对外资并购境内军工及军工配套企业、关系国防安全和国家安全的重要农产品、重要能源关键技术、重大装备制造等进行严格安全审查，主要是审查并购交易对国防安全、社会基本生活秩序及涉及国家安全关键技术研发能力的影响，并建立外国投资者并购境内企业安全审查部际联席会议制度，具体承担并购安全审查工作，以此来保障我国国内企业的发展和经济的稳定。

4. 外资的管理服务机构

负责外资管理服务的机构主要是国家发展改革委、商务部、工商总局及下设省市级机构和政府成立的外资服务机构，具体职责见表3-1。

表3-1　　中国主要外商投资管理服务机构责任

	管理服务部门	主要职责
中央各部委及下设省市级管理机构	国家发展改革委员会	提出利用外资的战略、总量平衡和结构优化的目标和政策，对外商投资项目实行核准制，即主要从维护经济安全、合理开发资源、保护生态环境、保障公共利益、防止出现垄断以及市场准入、资本项目管理等方面对外商投资项目进行核准
	商务部	宏观指导全国外商投资工作，拟订外商投资政策和改革方案并组织实施，核准外商投资企业的设立及变更事项，核准重大外商投资项目的合同章程及法律特别规定的重大变更事项，监督检查外商投资企业执行有关法律法规规章、合同章程的情况并协调解决有关问题，指导投资促进及外商投资企业审批工作，规范对外招商引资活动
	国家工商行政管理总局	依法组织管理各类企业（包括外商投资企业）和从事经营活动的单位、个人以及外国及港澳台地区企业常驻代表机构的注册、核定注册单位名称，审定、批准、颁发有关证照并实行监督管理

续表

服务机构	外商投资服务中心	与政府主管部门和相关社会机构配合，为外商企业投资提供前期咨询、中期审批代办工作、后期运营保障的全程服务
	外商投资促进中心	介绍宏观经济情况、经济要素、各地区商业环境及投资机会；提供投资优惠政策和总体税收情况的咨询；提供设立运营机构所涉及的各方面资讯；联系海外投资发展机构，协助本土企业到海外进行实地考察，推介合作伙伴及专业服务机构；接受投资者委托，代办审批所需的各种手续等

3.1.2　外资管理制度存在的主要问题

虽然我国外资管理制度在不断优化，但仍存在许多问题，主要表现在外资立法、外资审批和行政管理方面。

1. 外资立法中存在的问题

我国外资立法是在我国特定国情下形成的，对利用外资工作发挥了相当重要的作用。

但随着国民经济的快速发展，经济全球化的不断深入，外资立法出现了一定的问题与滞后性，需要不断完善，构建统一、公平、有序、规范、透明的投资法治环境。

（1）立法权限分散造成立法体系缺乏统一性、内容重复

从立法主体上看，我国外资法律体系既有法律、行政法规、部门规章，地方法规和地方规章，还有“规定”、“细则”等，中央与地方对外资立法调整的对象缺乏明确界限，导致立法权限分散，法出多门，层次不同，法规之间存在重复和冲突。

首先，中国处于同一位阶的法律规范之间对于同一外资问题有不同的规定，这些规定之间相互重复。分析发现分别只有 16 条、24 条、27 条的三部外资法内容重复条文高达一半以上，而重复的内容本身之间缺乏协调。例如，三部外资法规定的审批期限各不相同，这导致外商投资企业之间形成不平等待遇。① 其次，

① 邱润根．我国外商投资立法中的冲突与协调［J］．河北法学，2013（50）．

地方性立法也缺乏统一性。中国各地对于外资都有不同的地方性规定，这些地方性规定常有冲突和矛盾之处。甚至出现地方性立法数量远超国务院部、委、署的相关立法且与上位法相抵触的现象。

如此繁冗、复杂的各级法律法规会不可避免地导致法律适用上的冲突，降低了效率，不利于我国吸收外资。同时，也不符合 WTO 中的 TRIMS 协定对法的透明度原则要求，损害了国家法制的权威性。

（2）“双轨制”立法方式不适应经济发展的需要

我国内资企业适用《公司法》、《合伙企业法》和《个人独资企业法》等法律，而外资企业适用《中外合资经营企业法》、《中外合作经营企业法》、《外资企业法》等法律。内、外资分别立法的双轨制立法模式是我国在改革开放初期，根据当时特定的历史环境决定的。然而随着经济体制改革的深入，这种立法模式表现出越来越多的缺陷和负作用。内、外资分别立法使同一市场主体适用法律不同、享有待遇不同，不利于法的实施，会使得内资企业在市场竞争中处于劣势，难以形成有效、公平竞争的统一的市场机制，并与当前的国际投资规范的发展相违背。同时，我国法律法规赋予外资的种种优厚条件也滋生出了大量虚假合资等弄虚作假的行为。[①]

（3）立法存在滞后性

中国外资立法主要是依据企业的组织形式，三资企业法即是代表。但随着经济全球化的深入发展，出现了越来越多不同形式的外资企业，如 BOT 投资、跨国收购和兼并、非股权投资等新的投资方式。但我国关于这些投资形式的法律法规却相对落后，立法的级次太低，或者规定过于简单，可操作性差，法律责任制度缺失，使投资者及有关主管部门在投资实践中出现无法可依、无从适用的现象。

如果中国继续坚持依企业的组织形式进行立法，那么不仅会加重立法负担，而且也会使中国的外资立法滞后于经济的发展。同时，中国也缺乏关于对外商投资保护、外商投资企业财产保护等重要外资保护的法律。

2. 外资审批制度存在的问题

外资审批制度是我国外资管理制度的重要内容。我国在不断下放审批权限，

① 常宏建，张晴，吴彬．经济转型背景下我国利用外资的法律规制研究［J］．经济管理，2011（10）．

简化审批权限，提高审批效率。但在审批实践中仍存在一些冲突和矛盾。

（1）审批服务机构的冲突与不协调

从外资审批程序中可以看出，外资项目从初期的谈判到落户投产，虽然最终的审批机关是商务部门，但是需要较多前置部门的核准和后期工商的登记，这些部门在整个项目的审批落户过程中常常会发生矛盾和冲突。撇开企业自身的因素，部门与部门之间服务的缺位和冲突也是导致外资企业落户困难的因素之一。例如，在实践中，工商行政管理部门在企业提交资料申请注册或变更登记时，对已经商务部门批准的合同、章程等材料进行严格审查，这就为外商投资企业的审批设置了两道准入门槛，对商务部门的独立审批权设置了一定障碍。

（2）审批权层层下放过于分散

部分地区外商投资审批权过于分散，导致各地相互盲目竞争，产生许多问题：一是地方审批机构之间缺乏协调，审批结果权威性难以得到保证。由于各个地区经济发展的不平衡性，又加上审批标准的规定有欠科学性，从而造成过大的自由裁量权的存在。在外资引入的过程中，很容易发生同一行业、同一性质的外资企业的设立申请在不同省、市等地区出现不同的审批结果的情况。二是地方审批权成了地方保护主义的有力工具，由外资引入而带来的环境问题被忽视。我国《外商投资指导目录》虽然区分了鼓励、限制及禁止领域，但是其中有很多灰色区域，在归类过程中往往增加许多弹性。地方政府期待外资的进入以带动一方经济的发展。因此即使引入的外资投向领域有一些问题也被当地的政府开“绿灯”予以放行。① 尤其是在一些已经形成产能过剩的领域，盲目追求引进外资的数量而违反国家产业政策，形成外资投向不合理。

3. 外资行政管理中存在的问题

（1）管理效率低，未形成合力

我国对外商投资企业的管理主要有工商、税务、商务、外汇、海关、环保、质检和劳动等部门。在这种“多头”体制下，机构重叠臃肿，职能交叉严重，监管职责缺乏确定具体的规定，往往是“重审批，轻管理”，在实际运作中必然

① 李静阁，秦现锋．我国外资审批制度存在的问题及立法完善［J］．郑州航空工业管理学院学报（社会科学版），2009（12）．

会导致职能错位、缺位、越位和交叉分散，以及审批层次、部门、程序、环节和项目过多等问题，造成管理成本高而效率低，难以形成协调配合、运转高效的管理体制，影响了对外资执法监管的效果。

（2）以服务为主要内容的绩效评估和行政问责制度缺位

管理机构的组织形式固然重要，但重要的是正确的理念和有效的约束机制。从美国、英国、新加坡等国的外经贸管理体制以及职能部门的设置来看，国际上工作效率比较高的政府外经贸管理职能多以服务为主，为企业的发展提供资源类帮助，而不是以管理为主，在管理方面多以制定法规为主，管规划、管政策、管标准，很少涉及行政审批类。应该说，我国政府机构服务的理念已经形成，但由于绩效评估和问责机制等相关制度安排没有形成，离真正落实和体现服务职责还有很大距离。

3.2 2013年我国外商投资管理体制变革的背景

2013年中国（上海）自由贸易试验区实行的外资管理制度变革，不仅是中国适应全球经济形势，与国际投资新规则接轨，也契合了中国进一步扩大开放、推进国内改革的需要。

3.2.1 国际背景

1. 全球FDI复苏趋势缓慢，投资自由化的总体趋势与具体领域的监管形成鲜明对比

据联合国贸易与发展会议（UNCTAD）统计，2012年全球对外直接投资（FDI）共计1.35万亿美元，同比下降18%。脆弱的全球经济和政策的不确定性，引起投资者的普遍担忧。更重要的是，许多跨国公司通过资产重组、剥离、再分配等方式重新布局海外投资。FDI的复苏之路困难重重，复苏时间也超过人们的预期。2013年全球FDI流入量上升11%，约为1.46万亿美元，也仅是与危机前2005年至2007年的平均水平大致相当。流入发达国家的FDI占全球的比重连续第二年处于历史低位（39%）。UNCTAD预计2014年FDI流量达到1.6万亿美元，2015年达到1.8万亿美元，但是增长存在重大风险，全球金融体系的结构性缺陷、宏观经济环境的恶化风险以及会对投资者信心造成严重影响的量化宽松政策退出等地区性重大政策变动，都可能会抑制全球FDI的复苏，导致流量的进

一步降低。

鉴于当前经济的状况，大多数国家继续吸引和促进外国投资，推行 FDI 自由化政策。据 UNCTAD 统计，2012 年全球至少 53 个经济体采取了 86 项政策措施影响外国投资，较 2011 年增长了 30%，其中 61 项涉及投资自由化、促进和创造有利的外国投资环境。这些政策覆盖行业广泛，尤其在服务业。与此同时，很多国家也加强了对投资环境的监管，2012 年全球提出了 20 项新的限制或管制措施。虽然绝对数较小，但投资规制政策对战略产业影响深远。

2. 准入前国民待遇和负面清单已逐渐成为新趋势

准入前国民待遇是将国民待遇延伸至投资发生和建立前的阶段，是对投资自由化的进一步承诺。据商务部统计，世界上至少有 77 个国家采用了此种模式。东道国对给予外资准入前国民待遇往往有所保留，其中，最重要的一种保留方式就是负面清单。所谓负面清单是指在协定中以清单方式，列明针对外资的与国民待遇、最惠国待遇、业绩要求、高管条款等方面不符的措施或行业领域。也就是说负面清单是给不开放的行业和受限制的商业活动列一个清单，明确告知哪些领域和行业是限制或禁止外商进入的。这样，只要未列入清单的就是“法无禁止皆可为”。

准入前国民待遇和负面清单最大支持者是美国，美国 2004 年 BIT 范本就将国民待遇的适用范围覆盖至市场准入阶段，2012 年 BIT 范本更是继续推行这一做法。美国已经与 40 多个国家和地区签订了以准入前国民待遇和负面清单为基础的双边投资协定。以美国为主的跨太平洋伙伴关系协议（TPP）、跨大西洋贸易与投资伙伴协议（TIPP）谈判以及服务贸易协定（TISA），都以负面清单为框架，旨在实现高标准的贸易投资自由化。具有广泛国际影响的“欧式”投资保护协定也开始出现松动。2012 年 4 月，欧盟与美国联合发表关于国际投资的“七条原则”，其中第一条就是要求各国政府给予外国投资者广泛的市场准入和不低于本国及第三国投资者的准入前和准入后待遇。

长期以来，“准入前国民待遇”一直是我国双边投资协定谈判难以突破的一个瓶颈。2013 年 7 月，第 5 轮“中美战略与经济对话”中国首次同意在“准入前国民待遇”和“负面清单”模式基础上展开实质性谈判，并且 2013 年 9 月在上海自贸试验区开始探索这种模式，这是中国适应国际发展趋势的需要。

3. 可持续发展条款纳入国际投资协定

国际投资规则的内涵正在发生质的变化，除投资保护目标外，在国际投资协定框架内，纳入了可持续发展的内容。2012 年修订的美国双边投资协定范本更强调透明度和公共参与，强化了关于劳工与环境的保护。欧盟和美国发布的《2012 联合声明》也提及促进负责任的商务活动的实施、树立政府代表公众利益进行管制的权威、避免通过削弱或取消监管措施而吸引外国投资者等内容。2012 年达成的 17 项国际投资协定中，其中 12 项在序文中提到保护健康和安全、劳动权利、环境和可持续发展；10 项涉及一般免责条款，如为保护人权、动植物生命或健康或保护濒临灭绝自然资源而免责；7 项明确表明各方不得为吸引投资而降低健康、安全或环境标准。①

UNCTAD《世界投资报告 2012》明确提出了“可持续发展的投资政策框架”（IPFSD），寻求在国家和国际层面解决国际投资与可持续发展问题；倡导“新一代”投资政策要将包容性增长和可持续发展作为努力吸引和受益于投资的核心；通过调整国际投资协定中的现有条款、增加新的内容或引入特殊和差别待遇等方式将鼓励遵守企业社会责任标准、明确投资责任等有利于可持续发展的内容纳入国际投资协定的具体条款。

3.2.2 国内背景

1. 经济发展中结构失衡的问题凸显，必须全面深化经济体制改革

在发展模式上，我国经济增长动力不足，投资、消费、出口“三驾马车”拉动乏力。由于产能过剩、效率低下等问题以政府为主导的投资已难以为继。根据经济合作与发展组织（OECD）的数据，中国投资增长由 2009 年 20% 的峰值，已降至 2014 年第一季度的 8%。国际经济形势不景气使出口放缓，消费又因国民收入分配存在扭曲被长期压抑，短期内较难解决。在产业结构上，过度依赖低成本优势使创新与产业升级进展缓慢，导致产业结构失衡，资源环境约束也在加剧。在贸易结构方面，由于长期依赖出口，致使贸易失衡严重，经常项目顺差过大，又形成通货膨胀的巨大压力。我国经济存在的这些问题，决定了必须全面深化经济体制改革。唯有改革，才是经济内生动力的根本保障。这就需要我们紧紧

① 联合国贸易与发展会议．世界投资报告 2012［M］．北京：经济管理出版社，2012.

跟随经济全球化发展新趋势，扩大对外开放，以此来推动市场化改革，消除制约中国经济发展的体制障碍。而30多年的对外开放经验证明，以开放促改革是有效方式。

2. 对外投资增速，企业“走出去”步伐加快

2013年，我国对外直接投资901.7亿美元，同比增长16.8%，对全球156个国家和地区的5 090家境外企业进行了投资，这是我国在2012年首次成为世界第三大对外投资国之后再创历史新高。同期我国吸收FDI 1 175.86亿美元，同比增长5.25%，两者的差额不断缩小，以此速度发展，中国对外投资可能很快超过吸收外资的规模。国际货币基金组织（IMF）数据显示，2013年我国人均GDP超过6 100美元，根据邓宁的投资发展路径（IDP）理论，我国正处于资本大规模输出的历史发展阶段。同时我们也应看到，我国现在巨额的外汇储备、投资过剩、产能过剩的现状，需要全球配置资源，通过企业“走出去”对外投资实现经济升级是重要的战略选择。

3. 积极推动双边投资协定谈判，参与全球投资规则重构

中国在成为国际投资大国的同时，理应在国际投资规则制定中发挥更大作用。2014年1月中欧展开第1轮双边投资协定谈判。如最终签订协定，这将是欧盟整体首个独立的投资协定。中美投资协定第11轮谈判也于2014年1月在上海结束。在本轮谈判中，中美双方正式开始文本谈判，双方以准入前国民待遇和负面清单为基础进行投资协定的实质性谈判。尽管中美双方在市场准入、公平竞争、权益保障等方面还有较大分歧，但作为全球最大经济体和市场潜力最大的国家，中美双边投资协定的签订将对全球投资领域的规则重构起到奠基性的作用。中国与欧美也签订过类似的投资协定，但当时主要是为了吸引外资。现在，中欧、中美之间要签订的投资协定是为了双向投资，扩大双方的市场准入，以开放换开放，更多是为了保护中国对外投资，这与以前的协定有着本质不同。① 积极推动中美、中欧双边投资协定谈判，是中国适应从国际贸易大国转向国际投资大国的变化，主动参与国际投资规则制定的战略选择。

4. 低成本引资优势不再

中国的生产成本价格已经出现全面上涨的趋势，对利用外资也产生了深刻的

① 裴广江，等．中国对外投资提速加大进军欧美力度［N］．人民日报，2013-12-25.

影响。一是人民币升值，外向型投资企业成本上升。自2005年7月21日宣布实行汇率改革，截至2014年4月，人民币对美元累计升值幅度超过30%。人民币大幅升值，出口产品价格自然上升，一些外资企业特别是利用中国作为出口加工平台的外向型投资企业深受影响。二是劳动力成本上升，降低了劳动密集型产业竞争优势。根据国家统计局的数据，2013年我国外出农民工月均收入2 609元，而2008年这一数据是1 340元，五年增长了94.70%，接近翻了一番，这在一定程度上降低了中国在劳动密集型产业领域的竞争优势。随着经济的发展长期保持劳动力低成本优势是不现实的，未来我国劳动力价格的长期走势应该是向上的。三是土地成本上涨，拉高新建厂成本。我国土地严重短缺，在房地产项目与工业园区对建设用地强烈需求的拉动下，土地市场供求关系日趋紧张，价格不断攀升。根据国土资源部统计，以2000年为基期，2013年全国重点监测城市平均综合地价指数为218，较2012年增加了18个点，是基期的两倍多。各用途地价指数变化趋势基本一致，且连续增长。土地成本的上升必将对外资企业投资特别是新建投资产生影响。

成本上升可能会阻碍一部分利用中国劳动力、土地等要素价格优势的成本驱动型外资的流入，也可能导致外商向成本更低廉的国家或地区转移。生产成本低廉的越南、墨西哥等国已开始实行优惠政策，大力吸引外资。有学者认为墨西哥、越南等国可能会成为取代中国的下一个制造业基地，尽管这种说法还言之过早，但我们对面临的挑战要有清醒的认识。

3.3　2013年上海外资管理制度变革的主要内容与初步成效

3.3.1　上海外资管理制度变革的主要内容

1. 采用“负面清单”管理模式对外资开放

2013年9月18日，国务院印发《中国（上海）自由贸易试验区总体方案》，明确指出中国（上海）自由贸易试验区要“探索建立负面清单管理模式”，“研究制订试验区外商投资与国民待遇等不符的负面清单，改革外商投资管理模式”。

2013年9月29日，上海市人民政府公布了《中国（上海）自由贸易试验区外商投资准入特别管理措施（负面清单）（2013年）》。该负面清单按照《国民经济行业分类及代码》（2011年版）分类编制，共列出190条管理措施。清单使用“禁止”字样的有 38 条，使用“限制”字样的有 74 条。“负面清单”中的主要内容主要来自于两方面，一是《外商投资产业指导目录（2011 年修订）》中限制和禁止的内容，绝大多数内容与此重复，但负面清单更具体，可操作性强，某些限制要求稍低。如《外商投资产业指导目录（2011 年修订）》限制农作物新品种选育和种子生产要求中方控股，而在“负面清单”中要求投资农作物种子企业须合资、合作，投资粮、棉、油作物种子企业的注册资本不低于 200 万美元，且中方投资比例应大于 50%，其他农作物种子企业的注册资本不低于 50 万美元。二是把散落于其他部门规章中对外资准入禁止或限制的内容明确加入到“负面清单”中。如禁止盐的批发，禁止投资文物的拍卖，禁止投资经营互联网数据中心业务等。“负面清单”还配有“兜底条款”，即“除列明的外商投资准入特别管理措施，禁止（限制）外商投资国家以及中国缔结或者参加的国际条约规定禁止（限制）的产业，禁止外商投资危害国家安全和社会安全的项目，禁止从事损害社会公共利益的经营活动”。在无先例可循的情况下，首先要保障国家安全，相对保守是必要的。

2. 给予外资“准入前国民待遇”，负面清单之外的投资改核准制为备案制

2013 年 9 月 18 日，国务院印发的《中国（上海）自由贸易试验区总体方案》指出：中国（上海）自由贸易试验区要“借鉴国际通行规则，对外商投资试行准入前国民待遇”。随后，9 月 29 日上海市政府出台的《中国（上海）自由贸易试验区管理办法》中，第三章“投资管理”第 11 条明确说明：“自贸试验区实行外商投资准入前国民待遇”。同日上海市发布的《中国（上海）自由贸易试验区外商投资准入特别管理措施（负面清单）（2013 年）》规定：“对负面清单之外的领域，将外商投资项目由核准制改为备案制（国务院规定对国内投资项目保留核准的除外）；将外商投资企业合同章程审批改为备案管理。”这意味着，我国自 2004 年以来实施近十年的外资“核准制”有了新的突破，中国（上海）自由贸易试验区内，外资开始享受“准入前国民待遇”，投资者若在负面清单所列项目之外的领域进行投资，将不再需要审批手续，而只需备案即可。

为配合新的制度变革，上海市人民政府于 2013 年 9 月 29 日印发了《中国（上海）自由贸易试验区外商投资企业备案管理办法》，该办法指出：“对自贸试验区外商投资准入特别管理措施（负面清单）之外的外商投资企业设立和变更，

适用本办法”，“中国（上海）自由贸易试验区管理委员会负责权限内的外商投资企业备案管理”，“投资者在自贸试验区内设立外商投资企业的，应在取得企业名称预先核准后，登陆自贸试验区外商投资一口受理平台在线填报，并对备案告知事项作出承诺”，“投资者（或外商投资企业）在线完成申报后，备案机构应在1个工作日内予以备案”。

为进一步改革外商投资管理模式，2013年12月21日发布的《国务院关于在中国（上海）自由贸易试验区内暂时调整有关行政法规和国务院文件规定的行政审批或者准入特别管理措施的决定》对国家规定实施准入特别管理措施之外的外商投资，暂时调整《中华人民共和国外资企业法实施细则》等10个法律法规中规定的有关行政审批。要求国务院有关部门、上海市人民政府要根据法律、行政法规和国务院文件调整情况，及时对本部门、本市制定的规章和规范性文件作相应调整，建立与试点要求相适应的管理制度。

3. 扩大服务业开放领域

上海自贸区建设的重要目标就是通过扩大服务业的开放促进服务业的发展。上海自贸区根据《中国（上海）自由贸易试验区总体方案》，在金融服务、航运服务、商贸服务、专业服务、文化服务和社会服务六大领域扩大开放，暂停或者取消投资者资质要求、股比限制、经营范围限制等准入限制措施。而根据《中国（上海）自由贸易试验区服务业扩大开放措施》，18个行业已经或即将实施23项扩大开放措施。例如，银行服务行业允许符合条件的外资金融机构设立外资银行，符合条件的民营资本与外资金融机构共同设立中外合资银行；在条件具备时，适时在试验区内试点设立有限牌照银行。《中国（上海）自由贸易试验区管理办法》还明确指出自贸试验区根据推进的情况以及产业发展的需要，不断探索扩大开放的领域、试点内容及相应的制度创新措施。

3.3.2 上海外资管理制度变革的初步成效

实践表明，中国（上海）自由贸易试验区的外资管理制度变革有效刺激了外资流入。2013年10月29日，即试验区正式挂牌后的一个月，上海自贸试验区管委会就网上办理了外资新设企业29户，其中投资行业在负面清单以外实行备案的有24户，在负面清单以内审批的有5户，与负面清单设计时备案项目占比85%的预测目标非常接近，符合区内产业发展导向。从投资行业来看，外资新设审批项目 5 户，其中 4 户为融资租赁企业，1 户为负面清单内贸易企业；外资新设 24 户备案项目中，贸易类企业 19 户，信息技术类企业和其他服务类企业各 2 户，金融类企业 1 户；备案项目吸引外资注册资本超过 5 亿美元。从投资国别及地区来看，投资方来自中国香港的有 20 户，来自新加坡的有 3 户，来自美国的有 2 户。①

上海市商务委员会最新数据显示，2013 年上海实到外资规模超过 167 亿美元，约占全国的七分之一，已连续 14 年实现增长。② 在我国东部地区外资近年来出现下降趋势的情况下，上海市 2013 年的外资流入能够保持连续增长势头，试验区的作用不容忽视。

3.4　上海自贸区外资管理制度变革存在的问题与突破

2013 年中国（上海）自由贸易试验区所代表的外资管理制度变革，仅仅开启了我国新一轮改革开放的序幕，后续如何落实创新举措、改善服务和管理，如何在更大范围内推动制度变革，还需要不断地尝试和探索。从现有的情况来看，上海自贸区外资管理制度还存在如下问题：

3.4.1　清单内容有待完善

2013 年 9 月 29 日我国公布的《中国（上海）自由贸易试验区外商投资准入特别管理措施（负面清单）（2013 年）》的附件中有一条说明："根据外商投资法律法规和自贸试验区发展需要，负面清单将适时进行调整"。现行"2013 版负面清单"出台后一直存在两个问题，一是负面清单较长，190 项"特别管理措施"涉及一千多个小类行业，令外商投资企业明显感觉开放度不够；二是负面清单部分内容表述模糊，政策透明度不足，如"［K701］房地产开发经营"一项明确规定"限制投资土地成片开发（限于合资、合作）"，但"限制投资高档宾馆、高档写字楼、国际会展中心，以及大型农产品批发市场的建设、经营"，就没有说明具体限制什么、如何限制；类似地，"［R892］游乐园"一项也只列出一条"限制投资大型主题公园的建设、经营"，但究竟怎么限制、有哪些具体要

---

① 数据来源：季明．上海自贸区：负面清单管理模式威力初显．新华每日电讯［N］，2013-11-04.

② 资料来源：中国贸易金融网．http：//www.sinotf.com/GB/News/1001/2014－02－25/0NMDAwMDE2OTQ0Nw.html.

求，也并未说明。

2014年2月，中国（上海）自由贸易试验区开始酝酿“2014版负面清单”，新的负面清单将由上海市商务委员会、上海市发改委及上海自由贸易试验区管委会等单位在“2013版负面清单”基础上研究修订，相关修订工作遵循三个原则：一是着眼于开放性经济建设，率先推动自贸试验区服务业领域开放；二是参照国际通行规则，通过负面清单修订，提升政府管理的透明度和开放度；三是充分考虑自贸试验区现有产业基础和未来经济定位。此外，在修订新版负面清单过程中，上海市还计划建立负面清单管理和协调机制，施行面向外资企业的定期报告制度，优化负面清单表述方式。可以预见，我国以中国（上海）自由贸易试验区为代表的外资管理制度变革，还将继续深入、不断推进。

3.4.2 保障体系建设亟待加强

中国（上海）自由贸易试验区对外资实行的“负面清单”管理模式符合国际通行规则，但外资管理将面临新挑战。我国需要进一步加强保障体系建设，以便顺利推进外资管理制度变革。

首先，加强安全审查。2011年3月3日的《国务院办公厅关于建立外国投资者并购境内企业安全审查制度的通知》的实施标志着我国已建立外资并购的国家安全审查机制，而该机制尚需完善。对外资准入的管理由审批制改为备案制是自贸试验区制度改革的重要举措，但这并不意味着放弃了对外资准入的安全审查。《中国（上海）自由贸易试验区管理办法》第30条规定：“自贸试验区建立安全审查和反垄断审查的相关工作机制，投资项目或者企业属于安全审查、反垄断审查范围的，管委会应当及时提请开展安全审查、反垄断审查。”但管委会如何行使职责、安全审查的程序还未有明确规定。如果上海自贸区能够对外资安全审查制度的审查范围、机构和人员组成，以及安全审查的程序细节进行完善，无疑对我国的开放政策具有重大的战略意义。

其次，设计必要的金融稳定措施。尽管央行以货物贸易为起点逐步扩大了跨境交易人民币的核算业务，覆盖了经常项目下OFDI、IFDI和证券市场投资活动的人民币跨境支付业务，并希望在自贸区率先实现利率市场化，但在国际经贸关系深度融合的今天，单纯依靠自贸区一隅，既无法控制境内、外融资规模，又无法影响世界市场的汇率波动，因此仅通过区内少量服务机构和加工企业的商业活动及资本规模实现利率市场化，通过供应链和区内外金融通道以乘数效应延伸到周边地区的难度较大。在投资受到国际不利环境的影响出现收缩的情况下，由于自贸区内产业相对单一、服务内容相对集中，可能会在短期内出现流动性不足。如果没有政策性金融配套措施，将会加剧区内经营机构的困难，因此在自贸区配套金融机制的设计中除了要完成利率市场化的实验工作，还要尽快出台自贸区外汇管理制度，更要设计并验证必要的金融稳定措施。

最后，完善信用管理是大问题。银监会、证监会等部门识别投机和真实贸易服务本身就需要海关、检验检疫等一线执法部门的配合，由于未能形成覆盖所有部门的实时互联信用数据交换体系，信用管理的时效性存在问题，又因为长期受到计划经济的影响以及改革开放后相关信用、信托市场化发展的滞后，商业信用短期内难以成为自贸区内经营机构之间商业活动的规范载体，加之自贸区为了简化审批流程，取消了公司注册资本下限，简化了验资手续，因此信用中介机构的实际作用将会受到限制。同时，法律体系中对于失信主体和失信行为的惩罚力度相对不足，很难起到真正的震慑作用，如果无法从法律、法规等配套措施上将失信行为的违法成本提高到禁止性水平，将无法真正发挥出“负面清单”的效果，事中、事后监管更无从说起。

3.4.3 与区外制度对接尚存问题

为了充分发挥自贸区的机制、体制优势，降低交易成本，加强市场融合所带来的贸易创造效应，还必须保证区内、外制度的无缝对接。区内、区外作为各自独立的经济体，需要同时兼顾双方的经济效益，才能够实现自贸区的可持续发展。对于自贸区而言，短期内除了显性和隐形的政策利好外，在政策选择中必须确保那些能够加大境外、区外资源流入的支柱产业及配套产业优先发展，加大资本、要素流量的同时，凭借自身优势获得存量的快速积累和发展；对于各级区外主体，尤其是地缘上相近或相关的地区，也不能对自贸区的溢出采取被动“等、靠、要”的方式，需要主动配合进行机制对接。现阶段上海自贸区与区外对接要重视以下问题：

第一，人才培养、人才流动方面的限制。为了发挥自贸区的国际化功能就离不开大批掌握国际商务规则和经营理念的人才，同时为了保持自贸区内企业能够利用区位优势获得必要的规模经济，又需要将区内的就业水平控制在相对合理的范围，因此必须结合各产业特点及时做好对区内人员规模、知识结构、行业分布、平均工资水平、劳动时间等基本信息的统计和预测，并加快与区外教育、培训、人才市场等进行对接，确保园区内人才供给、需求的平衡，在保证园区内人才流动以市场供需关系为主的基础上，配合区外人才政策进行引导，保证自贸区人才供给动态平衡的同时，结合人才流动实现对周边地区的知识和技术外溢，降低自贸区人才“虹吸”作用对于周边地区经济发展的影响。

第二，自贸区内、外部管理层级及行政模式的差异。作为“先行先试”的自贸区管理体系主要以行政扁平化管理、市场机制主导为特色，因此行政上较区外管理层级相对简化，区内“一站式”行政服务模式与区外各部门独立管理的模式之间也存在差异，为此需要自贸区与区外相关行政机构之间明确行政协调机构和流程，尽可能排除因为管理层级、管理模式差异影响区内经济外溢。自贸区上级行政管理部门在制定相关政策时，也需要充分考虑自贸区行政边界的衔接问题，做好区内、外行政协调机制的横向总体设计，避免“政出多门”对于自贸区运行产生政策性冲突。

第三，服务、商品供应链及配套金融服务的跨界障碍。作为服务贸易和货物贸易相得益彰、协调发展的地区，自贸区内的商业活动除了基于区内服务机构和加工企业的贡献外，更多需要依靠区外的供应链实现原料、中间产品和最终产品之间的交换，但受到各经营机构注册地的影响，供应链在自贸区内、外的跨界过程中必然面临资质、商业许可、交易方式的差异，因此如何对于自贸区这个国内的新生事物采取“新人新办法”实现供应链的无缝衔接，就需要更多依靠上级行政机构的管理机制设计；此外，与供应链相配套的离岸金融服务风险性相对较高，这与国内整体金融体系稳定为前提的管理模式之间也存在管理思路的差异，在实现金融创新的同时保障金融稳定就需要加强区内、外金融产品和金融服务运行过程的透明度，保护市场创新的同时，及时发现并截断“假创新”、“真违规”的金融活动。

第四，信用管理体系及信息化手段间的隔阂。在自贸区实施“负面清单”为主的信用管理体系的同时，区外短期内依然以审批和行政管理为主要形式，现实中为了尽量降低“负面清单”的响应时间，除了应加强自贸区对区内经营机构的信用管理以外，还需要对其区外主要商业伙伴的商业行为进行关联分析，以信用为纽带规范商业活动中相关企业间的经营行为。虽可借助信息化手段实现管理机构对区内、外关联企业的信用信息共享、共用，但从实施情况看，尽管在自贸区内由管委会整体设计、集中推动，但区外行政部门之间信息化“各自为战”、“信息竖井”的情况屡见不鲜，内、外部信息化实施方式的差异将导致信用管理的对接困难。为了加强信用管理的整体性，除了要做好国内相关部门之间的信用数据交换外，还需要与他国的信用体系对接，这无论在政策层面还是在技术层面都不仅仅是自贸区一级政府能够实现的工作，任务长期而艰巨。

3.4.4 自贸区经验的推广复制难

2013 年 9 月 18 日《国务院关于印发中国（上海）自由贸易试验区总体方案的通知》第 2 条明确指出：上海要“建设具有国际水准的投资贸易便利、监管高效便捷、法制环境规范的自由贸易试验区，使之成为推进改革和提高开放型经济水平的‘试验田’，形成可复制、可推广的经验，发挥示范带动、服务全国的积极作用，促进各地区共同发展”。显然，中央批准设立中国（上海）自由贸易试验区并允许其创新外资管理制度的初衷，在于借助试验区的大胆尝试，总结经验，最后推广至全国。自贸区所遵循的“负面清单”、“事中事后监管”的管理模式更多基于上海便利的海运、政务服务和国际配套金融服务，但中国幅员辽阔，各地区空间、贸易、金融和产业特点差异较大，因此能否将“上海自贸区经验”复制到珠三角、环渤海地区可能会遇到一定困难，全国性的外资管理制度变革可能尚需时日。但上海市可以先行试点，率先将自贸区可复制经验推广到全市，鼓励有对接积极性并具备对接条件的区县试行外资企业设立“一口受理”制度，试行外商审批备案制等，主动对接溢出效应，积极创新外资管理模式。

（执笔：太平、庄芮、姜舰、周婕）

第4部分

2013年FDI环境竞争力

——中国引资的竞争效应

4.1　引言

自 20 世纪 90 年代初期以来，伴随着改革开放进程的逐步深入，中国对于外商直接投资企业的吸引力与日俱增，世界各国流入中国的 FDI 数量从 1990 年的 35 亿美元大幅攀升至 2002 年的 527 亿美元，年均 25.4% 的增长率，远高于同期世界 9.6%、发达国家 8.2% 的增长率，比发展中国家 14% 的增长率也高出将近一倍（UNCTAD，2012）。中国引资规模的高速增长和引资地位的不断提升使得其他国家的引资历程受到了不同程度的影响。以同处亚洲的东盟国家为例，受中国大规模吸收 FDI 的影响，20 世纪 80 年代作为国际直接投资亚洲的主要目的地，东盟五国① FDI 流入所占亚洲的比重出现了最为严重的下滑，2002 年这一比重已由 1990 年的 30.9% 降为仅有 10%（UNCTAD，2012）。由于外资流入能够为东道国提供经济发展所需的资金、技术，并通过国际生产网络促使东道国从经济全球化中获得出口、就业等诸多方面的好处，而与中国引资数量持续高涨相伴随的其他国家尤其是东盟国家在亚洲引资份额的相对下降，则引发了关于中国吸引 FDI 是否是以牺牲区域内其他国家的经济增长作为代价的广泛关注。

在此背景下，引资过程中的中国效应开始成为学者们竞相热议的话题，而由于地理位置接近、经济发展水平相似所可能导致的较为明显的竞争威胁，这一话题的研究对象主要集中在亚洲国家。Chantasasawat 等（2004）以 8 个亚洲国家 1985—2001 年的数据为基础，选用中国吸引的 FDI 流入量作为中国效应的代理指标，对引资过程中的中国效应进行了实证检验，两阶段最小二乘方法的检验结果显示中国的 FDI 流入与其他亚洲国家的 FDI 流入呈现正向的相关关系。尽管这一研究从结果来看否定了中国对于其他亚洲国家引资的挤出效应，但由于检验过程中以 FDI 总量作为工具变量，可能存在的内生性问题使得这一研究结论存在争议。Mercereau（2005）基于 14 个亚洲国家 1984—2002 年的数据采用动态面板的估计方法对中国引资的竞争效应进行了检验，中国效应的代理指标分别选用了中国吸引 FDI 占其他样本国家 GDP 总和的比重以及中国吸引 FDI 占包括中国在内样本国家吸收 FDI 总量的比重，被解释变量则是单位 GDP 的 FDI 流入量，检验结果显示总体上中国对其他国家 FDI 流入的影响微乎其微，流入中国的 FDI 每增

① 东盟五国指印度尼西亚、马来西亚、泰国、越南和菲律宾。

加 10%仅仅会带来流入其他国家平均 0.4%的 FDI 流入量的下降，此外，针对具体国家的检验结果表明中国引资的挤出效应仅对新加坡和缅甸两个国家显著。Zhou 和 Lall（2005）基于一个简单的 FDI 区位选择模型对中国与七个东南亚经济体之间 FDI 的相互关系进行了检验，发现 1986—2001 年之间中国实际上是促进了周边国家对于 FDI 的吸引。Eichengreen 和 Tong（2006）基于 29 个 FDI 来源国与 63 个 FDI 目的国 1988—2002 年的 FDI 双边数据在引力模型的框架内采用两阶段最小二乘方法对中国引资的效应进行检验，结果发现流入中国的 FDI 能够促进 FDI 向其他亚洲国家的流入。Wang 等（2007）的研究更侧重于对具体国家（地区）的考察，研究发现 1980—2003 年间中国显著促进了印度和菲律宾的 FDI 流入，而对于印度尼西亚、韩国、马来西亚和中国台湾来说，中国的外资流入则更多的是发挥了挤出效应。Nimesh SALIKE（2010）基于产业层面的数据利用差分和系统广义矩的估计方法，对 1990—2004 年间中国在吸收日本外商直接投资方面是否挤出了其他亚洲经济体进行了检验，结果显示整体上中国在吸引来自日本 FDI 的过程中显著挤出了其他亚洲国家，12 个产业中除运输、服务两个行业存在一定的互补促进作用之外，电子、机械、食品等 9 个行业的挤出效应明显。

尽管对于中国引资的竞争效应多数考察亚洲国家特别是东南亚周家所受的影响，但仍不乏学者担心中国持续高涨的 FDI 流入同样可能会对其他国家产生一定的影响，因此以亚洲国家之外的其他国家为考察对象所进行的研究也相应展开。Chantasasawat 等（2004）在研究中国对亚洲国家引资影响的同时，也对拉丁美洲国家进行了相应的考察，研究以 16 个拉丁美洲国家 1990—2002 年的数据为蓝本，发现中国 FDI 流入与拉丁美洲国家 FDI 流入之间并不存在显著的影响关系。Liu 等（2007）采用扩展的引力模型对影响经济合作与发展组织（OECD）国家之间以及 OECD 与新兴市场国家之间 FDI 流动的因素进行了检验，结果发现中国吸引来自高收入 OECD 国家的 FDI 并没有挤出其他新兴市场国家的外资流入。与此类似，Laura Resmini 和 Iulia Siedschlag（2008）基于 1990—2004 年的数据，同样采用扩展的引力模型对 OECD 国家流入中国的 FDI 对 OECD 国家流入欧洲以及其他国家 FDI 的影响进行了检验，结果显示总体上流入中国的 FDI 与流入欧盟 15 国的 FDI 之间存在互补效应，而与新加入欧盟的中东欧国家的 FDI 流入存在一定的替代作用，这种替代作用在保加利亚和波罗的海国家表现得尤为显著。

从现有文献的研究结果来看，无论研究对象是亚洲国家，还是拉美、欧盟以及其他新兴市场国家，尽管多数研究显示中国对于 FDI 的吸引并没有对上述国家的引资产生显著的负面影响，而更多是由互补效应所带来的引资的促进，但仍有不少研究所得结论表明中国吸引 FDI 确实挤出了外资来源地对其他国家的 FDI 流入。不同研究中所采用的技术方法、样本空间的差异导致了中国对其他国家的引资竞争效应并没有得出确定性的一致的结论，然而尽管如此，已有文献仍然为我们提供了一个有关中国引资竞争效应的研究基础，而近期中国以及其他国家吸引 FDI 流入的状况，则开启了我们重新从另外一个角度出发来探索中国引资过程中可能受到的来自其他国家的竞争效应的想法。

2002 年以来，世界各国的引资形势发生了显著的变化，受欧美国家经济危机的影响，发达国家 2002—2012 年间的引资增长速度仅为 2.3%，在此期间中国的引资数量尽管始终保持增长，10 年间增长了 1.29 倍，年均增长率为 8.6%，但与 1990—2002 年间 25.4% 的增长率相比同样存在着较大幅度的下滑（UNCTAD，2012）。与发达国家和中国引资增速的下降相对应，发展中国家整体引资增速的上升使其成为了近期世界投资领域的亮点，2002—2012 年平均引资增长率为 15.3%（UNCTAD，2012），这说明除中国之外的其他发展中国家正以相对中国更高的速度在吸引外商直接投资的流入。同样以亚洲国家为例，随着其他发展中国家更快速的外资流入，中国吸引 FDI 流入数量所占亚洲的比重出现了明显的下降，占比由 2002 年的 54.9% 下降到 2012 年的 29.7%（UNCTAD，2012），中国在此期间的引资历程受到了来自其他发展中国家的影响。

中国相对其他国家的引资进程在 2002 年之后发生了很大的变化，然而与 1990—2002 年期间中国的引资效应受到大量关注有所不同，近期却很少有研究对中国引资过程中可能受到的来自其他国家的影响这一问题进行考察。鉴于此，在这一部分，我们将主要对 2002—2012 年间中国引资过程中可能受到的来自其他国家的竞争效应进行研究。在整体考察中国在世界引资中的地位，以及在 25 个样本国家和地区中吸收来自中国主要引资来源地代表性国家的 FDI 流入状况的基础上，我们着重采用国别 FDI 数据，对比分析中国受到东盟五国、新兴市场国家、发达国家等 25 个不同经济体的引资竞争效应，期望通过检验中国与全球其他主要引资主体之间利用外资的动态相互作用,助力于科学地评判中国 FDI 吸引力与 FDI 环境竞争力的未来发展趋势。

4.2 中国与其他主要引资主体吸引 FDI 流入状况

4.2.1 世界范围内中国的 FDI 流入

从图 4-1 所显示的 2002—2012 年世界、发达国家、发展中国家以及中国 FDI 的流入状况可以看出,伴随着世界经济的走势,各经济体 FDI 流入大体经历了 2002—2007 年的快速增长以及 2008—2012 年的下挫、复苏与波动性增长两个阶段。2002 年,世界 FDI 的流入总量为 6 260.8 亿美元,2007 年已增至 20 026.9 亿美元,这一阶段世界 FDI 的大幅增长主要得益于发达国家强劲的引资势头,尽管在此阶段发展中国家的引资数量也表现出较高的增长速度,但是直到危机爆发前的 2007 年,发展中国家 FDI 流入量也仅占世界 FDI 流入总量的 29%。进入 2008 年之后,随着美国次贷危机与欧元区主权债务危机的相继爆发,发达国家 FDI 流入量在经济遭受重创的背景之下大幅下挫,并于 2009 年跌至谷底,6 134.3 亿美元的外资流入量相比 2007 年下降将近一半。与发达国家处于危机的源头有所不同,在此阶段发展中国家尽管也受到危机的影响,但宏观经济运行良好,对外资仍然保持着较强的吸引力,在经历 2009 年引资规模的小幅下降之后,发展中国家的 FDI 流入又继而恢复快速增长的势头。可以看出,作为世界经济领域一次重要的结构性调整,危机的爆发使得世界经济重心开始向发展中国家移动,发展中国家的 FDI 流入与发达国家之间的差距开始逐步缩小。2012 年,发展中国家实现了引资历史上的一次突破性转变,7 028.2 亿美元的 FDI 流入量首次超过发达国家 5 607.1 亿美元的 FDI 流入量,占世界吸收 FDI 总量的 52%,这无疑进一步显示了全球经济增长的动力和活力正逐步向发展中国家集聚。

作为发展中国家的引资大户,中国加入 WTO 以来随着"入世"承诺的逐步履行,与更宽领域、更深层次的贸易与投资自由化相伴随的是引资规模的持续高涨,2002 年中国的 FDI 流入量为 527.4 亿美元,2007 年增至 835.2 亿美元,2008 年突破千亿美元大关,引资规模达 1 083.1 亿美元。受全球经济危机的影响,2009 年中国的引资数量稍有下降,但 950 亿美元的外资流入量仍高于 2007

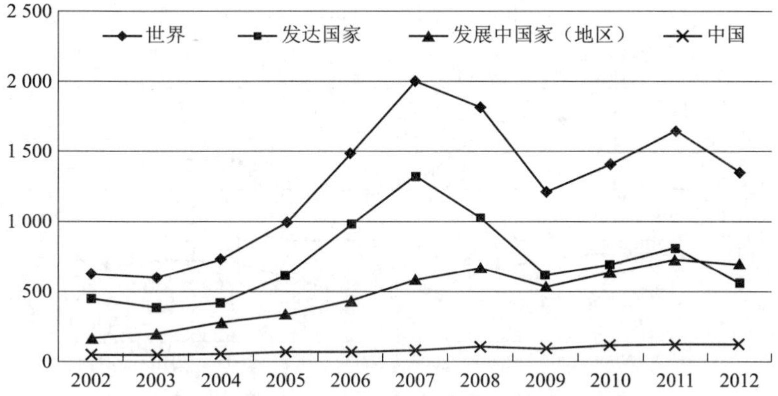

图 4-1　2002—2012 年世界、发达国家、发展中国家、中国 FDI 流入规模（单位：10 亿美元）

资料来源：根据历年《世界投资报告》相关数据整理所得。

年的水平，并于 2010 年和 2011 年两年迎来了引资历史上的高峰，2012 年流入中国的 FDI 较上年下降了 2%，但保持在 1 210. 8 亿美元的水平，引资规模仅次于美国位居全球第二。危机发生前 FDI 的大规模流入、遭受危机时引资规模的小幅下调以及危机过后引资能力的快速恢复，都说明了中国具备较强的规避外界风险的能力，具有相对稳定的引资竞争力。然而尽管如此，当通过对比中国引资金额占全球以及发展中国家外资流入的比重，进而探寻中国在世界以及发展中国家 FDI 流入中的地位时，则发现中国对于外商直接投资企业的吸引力正受到发达国家、其他发展中国家不同程度的影响。如图 4-2 所示，2002 年中国的引资规模占世界以及发展中国家的比重分别为 8. 4% 和 31%，由于发达国家以及其他发展中国家相对中国较快的引资增长速度，中国所占比重持续下降，2007 年比重分别降低至 4. 1% 和 14%。危机爆发后在国际经济形势仍不甚乐观的大环境下，中国在世界以及发展中国家的引资中起到了一定的稳定剂的作用，中国占世界以及发展中国家的引资比重在平稳中有所上升，2010 年这一比重分别升至 8. 1% 和 18%。然而 2011 年开始，中国在世界以及发展中国家吸引 FDI 的比重开始再次出现下滑，比重分别降至 7. 5% 和 16. 8%，尽管 2012 年这一比重又出现了小幅的上调，但不难看出，除中国之外的其他发展中国以及个别发达经济体在引资增长速度方面正表现出与中国相当甚至更强的竞争力。

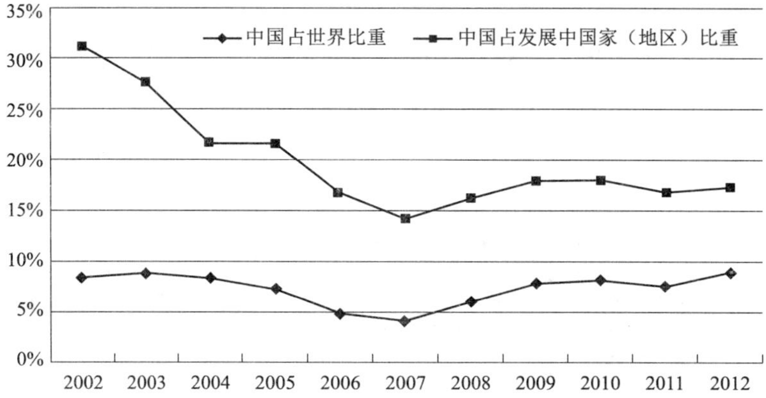

图 4-2　2002—2012 年中国 FDI 流入规模占世界与发展中国家的比重

资料来源：根据历年《世界投资报告》相关数据整理所得。

4.2.2　25 个样本国家（地区）中中国的 FDI 流入

为了进一步分析中国吸引 FDI 流入过程中可能受到的来自其他发展中国家和发达国家引资的影响，我们选取了 25 个有代表性的国家和地区进行深入考察，分别是美国、中国、中国香港、比利时、巴西、新加坡、英国、澳大利亚、俄罗斯、加拿大、德国、法国、西班牙、卢森堡、爱尔兰、印度、智利、沙特阿拉伯、韩国、南非、印度尼西亚、马来西亚、泰国、越南和菲律宾①。这 25 个样本国家和地区既包括了 2010—2012 年 FDI 年平均流入量最多的 18 个国家和地区，也包括了发展中国家近年来经济增长迅速，引资势头强劲的东盟主要五国以及新兴市场国家的典型代表。在具体分析时，我们将除中国之外的 24 个经济体按照各经济体的地域特征以及经济发展特征划分为三个组别，分别是东盟主要五国，包括印度尼西亚、马来西亚、泰国、越南和菲律宾；新兴市场国家，包括巴西、俄罗斯、印度、智利、沙特阿拉伯、韩国和南非；发达国家和地区，包括美国、中国香港、比利时、新加坡、英国、澳大利亚、加拿大、德国、法国、西班牙、卢森堡和爱尔兰。按组别对其他 24 个经济体进行区分，并考察中国在引资过程中受不同组别经济体的竞争效应，有助于从整体上对比和把握不同特征的经济体

① 为了分析的连贯性与统一性，这里选取的样本国家和地区与《中国外商投资发展报告》（2013）第 6 部分“2012 年 FDI 环境竞争力”中的样本国家和地区保持一致。

对中国引资的不同影响。

包括中国在内的 25 个样本国家和地区的 FDI 流入量占全球 FDI 流入总量的比重在 2002—2012 年间始终介于 65% ~75% 之间，这说明我们选取的 25 个代表性国家和地区的引资状况基本上能够反映出全球 FDI 的流入特征。图 4-3 所示为 2002、2007、2012 年 25 个经济体中不同组别吸引全球 FDI 的数量以及不同组别的 FDI 流量占 25 个经济体吸引 FDI 总量的比重。从 FDI 的流入规模来看，可以发现包括中国、东盟五国和新兴市场国家在内的发展中国家（地区）的引资数量近些年不断上升，而发达国家（地区）的 FDI 流入量则在经历了 2007 年以前的大幅上涨之后，于近期受经济危机的影响出现了明显的下滑。这与前文分析的世界、发达国家以及发展中国家（地区）的 FDI 流入状况基本一致，此外，通过考察图 4-3 我们不仅能够得到与前文相似的结论，不同组别经济体的划分也让我们可以在对比中发现一些更为具体的特征。2002 年，东盟五国和新兴市场国家的 FDI 流入量分别只有 96.4 亿美元和 326.5 亿美元，均低于中国的引资水平，然而到了 2007 年，东盟五国和新兴市场国家利用 FDI 的规模显著增长，分别达到 364.9 亿美元和 1 684.7 亿美元，是 2002 年水平的 3.7 倍和 5.1 倍，这一阶段的增长速度显著高于中国 158% 的增长率，而由此带来的结果便是中国占 25 个经济体引资比重的下降，东盟五国和新兴市场国家引资地位的上升。在此阶段，发达国家的引资规模得到了大幅度的提升，在 25 个经济体中的比重始终保持在 78% 左右。2007 年过后直到 2012 年的这一阶段，发达国家在 25 个经济体中的引资比重出现下滑，降至 60.9%，与发达国家引资数量大比例下降相伴随的是中国、东盟五国和新兴市场国家 FDI 的大规模流入，中国的引资比重转而升至 12.7%，东盟五国 FDI 流入数量占比继续上升达到 5%，而新兴市场国家的引资地位则进一步得到了巩固，引资比重突破了 20%。由此可以看出，尽管经历了引资比重下降之后的反弹，但与中国引资地位的起伏变化相比，东盟五国和新兴市场国家的引资比重则一直稳中有升，这说明从引资地位的变化来看，中国可能正受到来自新兴市场国家的挑战和东盟五国的追赶。

4.2.3　吸收来自中国主要引资国（地区）的 FDI 流入

在前文对 25 个经济体不同组别国家和地区吸收全球外商直接投资流入的状况进行分析的基础上，为进一步研究中国所受到的引资竞争效应，有必要从中国

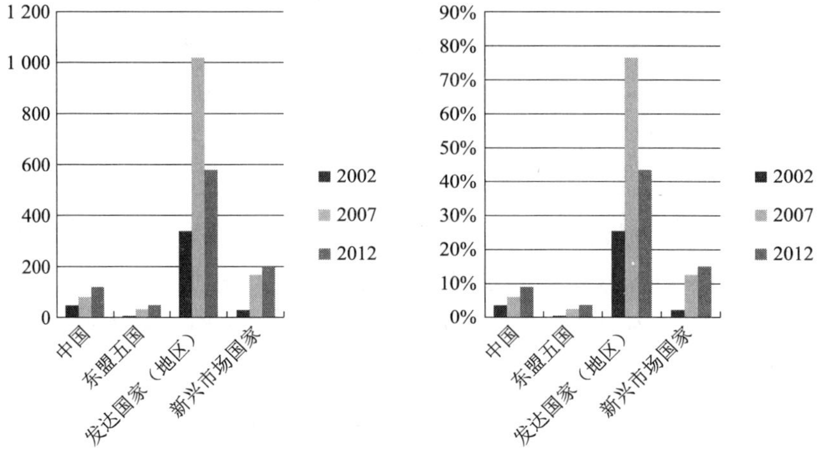

图 4-3　2002、2007、2012 年 25 个经济体分组别 FDI 流入及占比（单位：10 亿美元）

资料来源：根据历年《世界投资报告》相关数据整理所得。

主要的引资来源地这一角度，继续对来自不同 FDI 来源地的外资流向进行考察。截至 2012 年，中国最重要的引资来源地主要集中在中国香港、美国、日本、韩国、新加坡、欧盟等。其中中国香港地区始终是中国吸引外商直接投资非常重要的来源地，截至 2012 年中国香港地区占中国吸引 FDI 总量的 43%，与此同时中国香港地区的对外直接投资 40% 以上也主要集中在中国内地，而另有 40% 以上则流向了英属维尔京群岛，这说明作为中国的特别行政区，中国香港地区对中国的外商直接投资受到其他国家引资竞争的可能性很小。因此，基于考察中国引资竞争效应这一目的，也基于数据的可得性，我们这里选择了美国、日本和韩国这三个主要的引资来源地来进行分析，而对中国香港则予以了舍弃。截至 2012 年，日本、美国、韩国三个国家分别位列对华投资金额最多国家中的第三、四、七位，占中国吸引 FDI 总量的 16%，而如果将中国香港地区以及英属维尔京群岛、开曼群岛、萨摩亚这些开放的自由港排除在外，则这三个国家对中国的外商直接投资总额将占到中国引资规模的 36%①。图 4-4、4-5、4-6 所示为 2002、2007、2012 年 25 个经济体分组别吸收来自美国、日本和韩国的 FDI 流入以及分别占三

① 相关数据来自中国商务部外资统计。

个国家对外直接投资的比重①。

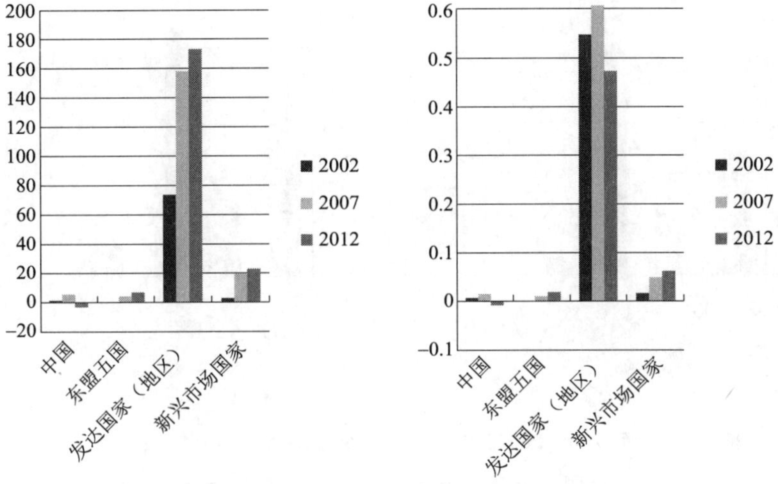

图 4-4 2002、2007、2012 年 25 个经济体分组别吸收美国 FDI 流入及占比（单位：10 亿美元）

资料来源：根据 OECD 数据库相关数据整理所得。

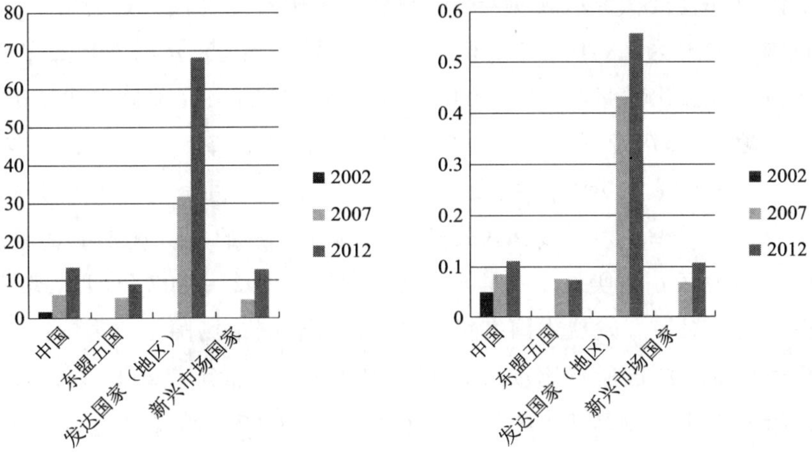

图 4-5 2002、2007、2012 年 25 个经济体分组别吸收日本 FDI 流入及占比（单位：10 亿美元）

资料来源：根据 OECD 数据库相关数据整理所得。

① 相关数据来自 OECD 数据库。

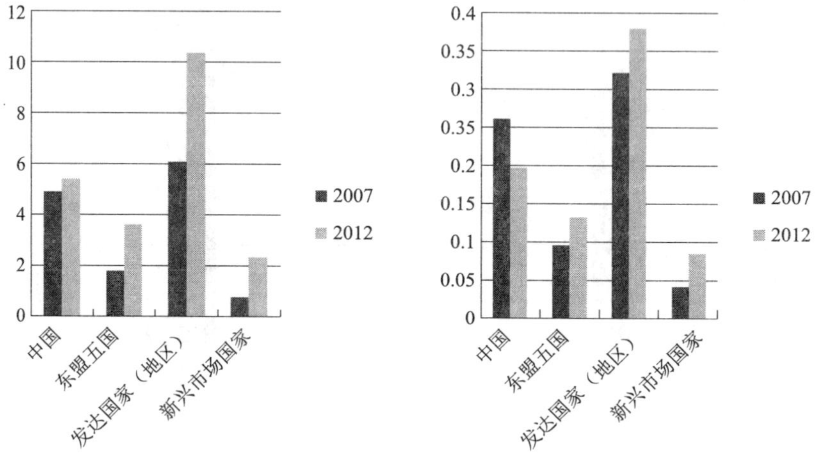

图 4-6　2007、2012 年 25 个经济体分组别吸收
韩国 FDI 流入及占比（单位：10 亿美元）

资料来源：根据 OECD 数据库相关数据整理所得。

从来自美国的 FDI 流入来看，除美国之外的 24 个经济体在 2002—2012 年间吸收了美国对外直接投资总额的 40%—56%。美国对外直接投资的目的地主要集中在发达国家（地区），2002 年美国流向发达国家（地区）的 FDI 数量为 734.9 亿美元，占 FDI 流出总量的 54%，2007 年流向发达国家（地区）的 FDI 数量增长了 1 倍，达到 1 579 亿美元，但此时的外资占比却下降到了 40%，2012 年美国向发达国家（地区）的对外直接投资继续保持增长，占全部对外投资的比重也有所上升，达到 47%。尽管美国对发达国家（地区）的投资规模一直保持增长，但发达国家（地区）占美国对外投资的比重却在 2002—2007 年间出现了一定程度的下滑，与此对应，发展中国家特别是中国和新兴市场国家所占美国对外投资的比重显著增加，中国所占比重从 2002 年的 0.6% 增加到了 2007 年的 1.3%，新兴市场国家所占比重则从 1.6% 大幅增至 4.8%。2007—2012 年间，美国对外投资的重心进一步向发达国家（地区）转移，2012 年向发达国家（地区）的投资规模相比 2007 年增长了 153 亿美元，与此同时向东盟五国和新兴市场国家的 FDI 流入也分别增长了 26.5 亿美元和 35 亿美元。然而在此期间美国对中国的 FDI 流入却呈现了负向增长，34.8 亿美元的外资回流说明，作为中国曾经重要的投资来源地，美国对中国的外商直接投资可能正发生着撤离，而与这种投资撤离相伴随的美国向东盟与新兴市场国家投资的增长，则也很有可能是美资企业正从中国向东盟与新兴市场国家发生区位转移的结果。

从来自日本的 FDI 流入来看，25 个经济体在 2002—2012 年间吸收了日本对外直接投资总额的 65%~84%。发达国家（地区）仍然是日本对外直接投资的主体，2007 年和 2012 年日本对发达国家的投资总额分别为 317.7 亿美元和 681.7 亿美元，与此同时占日本对外直接投资总额的比重也分别达到 43%和 55%。与美国对外直接投资现象有所不同的是，日本向发达国家（地区）的投资不断增加的同时，其向中国、东盟五国以及新兴市场国家的投资规模也均呈现不同程度的上涨。2002 年，日本对中国的 FDI 流入为 17.1 亿美元，2007 年外资流入增长至 62 亿美元，而到了 2012 年外资流入规模继续增至 134.8 亿美元，中国占日本对外直接投资总额的比重也由 2002 年 4.8%，经过 2007 年的 8.4%进一步增至 2012 年的 11%。与中国相比，新兴市场国家吸收日本 FDI 流入的速度也相对较快，2012 年新兴市场国家的引资规模相比 2007 年增长了 79.2 亿美元，其占日本对外直接投资总额的比重也由 2007 年的 6.8%增长至 10.6%，所占比重几乎与中国相当。东盟五国在吸收日本 FDI 流入过程中，表现出的引资能力与势头要略显逊色，尽管引资规模在不断上升，但其占日本对外直接投资的比重在 2007—2012 年间并未发生显著的变化，仍保持在 7%左右。

从来自韩国的 FDI 流入来看，除韩国之外的 24 个经济体在 2007—2012 年间吸收了韩国对外直接投资总额的 71%~86%。从图 4-6 可以看出，韩国的对外直接投资在发达国家（地区）和发展中国家（地区）的分布要相对均匀一些，尽管发达国家（地区）仍然占据韩国对外直接投资的较大份额，但尤其以中国为主的发展中国家（地区）在吸收韩国 FDI 的过程中也扮演着非常重要的角色。2007 年韩国对发达国家（地区）的投资额为 60.7 亿美元，仅比中国 49.1 亿美元的引资规模高出 11.6 亿美元，但随着 2007—2012 年间韩国向发达国家（地区）投资的大幅度增加，2012 年韩国对发达国家（地区）的投资已占到韩国对外直接投资总额的 37.8%，而中国占韩国对外直接投资的比重则有所下降，由 2007 年的 25.9%降至 19.7%。中国作为吸收韩国 FDI 流入数量最大的单个国家，近几年在韩国对外直接投资的比重出现下滑，部分原因可能来自发达国家（地区）引资效果的增加，而更为重要的原因可能在于韩国加强了对东盟以及新兴市场国家的投资。2007 年东盟五国和新兴市场国家吸收韩国 FDI 流入规模分别为 18.1 亿美元和 8 亿美元，2012 年已分别增长至 2007 年的 2 倍和 2.9 倍，达到 36.4 亿美元和 23.5 亿美元，占韩国对外直接投资的比重也分别上升至 13.3% 和 8.5%。由此可见，与中国相比，韩国正表现出向发达国家（地区）、东盟以及新兴市场国家更为强劲的投资势头。

4.3 中国引资的竞争效应——一个简单的实证检验

由前文的统计性分析可知，无论从世界范围内以及 25 个样本国家（地区）中中国引资地位的波动，还是从吸引美国、日本、韩国 FDI 流入中所表现出来的引资比重的相对变化来看，2002—2012 年中国的 FDI 流入整体上可能正受到东盟五国、新兴市场国家以及发达国家（地区）的影响。然而正如我们所知，统计性描述尽管能够直观地呈现两者之间的变化趋势，但对于两者之间是否存在确定的相关关系却并不能加以证明，因此这里我们进行了一个简单的实证检验，以进一步对中国引资过程中所可能受到样本国家（地区）的竞争效应加以验证。

4.3.1 样本国家（地区）对中国 FDI 流入的整体竞争效应

首先讨论 25 个样本国家（地区）除中国之外的 24 国（地区）FDI 流入对中国引资的整体竞争效应。借鉴如前文所述的以往相关研究基础，采用的计量模型如（1）式所示。

$$FDI_{ict} = a + X_t\beta + \delta FDI_{iot} + \varepsilon_{it} \qquad (1)$$

这里我们采用的是国别 FDI 数据，而非整体的 FDI 流量，为了更为准确地衡量 FDI 的竞争效应，实证分析时我们并没有将 FDI 规模直接纳入回归方程，而是采用了 FDI 相对量的形式。其中 FDI_{ict} 表示的是 i 国第 t 年流入中国的外商直接投资（FDI）占 i 国第 t 年对外直接投资总额的比重，FDI_{iot} 则表示的是 i 国第 t 年流入除中国之外的其他样本国家（地区）的 FDI 占 i 国第 t 年对外直接投资总额的比重。ε_{it} 为误差项。

X 代表一组控制变量，这里控制变量的选择基于引力模型的基本框架，主要选取投资国（地区）与投资目的地（即中国）的经济规模，二者之间的地理距离以及双边汇率，具体说明如下：

（1）i 国 GDP，以 i 国相应年份以美元计价的国内生产总值的对数值加以表示，主要衡量投资国经济规模所带来的影响。

（2）中国 GDP，以中国相应年份以美元计价的国内生产总值的对数值加以表示，主要衡量中国的经济总量对于吸引 FDI 流入的影响。

（3）地理距离，以 i 国与中国主要城市地理距离的加权平均值的对数值加以表示[①]，引力模型的经典变量主要用以衡量投资成本对于投资区位选择的影响。

（4）双边汇率，衡量了 i 国与中国的相对价格水平，根据每个国家对美元的年平均汇率推算出来，具体的计算公式为：$Exchange_{ict} = Exchange_{it}/Exchange_{ct}$。其中，$Exchang_{it}$和 $Exchange_{ct}$分别为 i 国以及中国第 t 年对美元的名义汇率，通过公式可知，当 $Exchange_{ict}$增大时，意味着人民币对 i 国双边汇率升值。

核心数据国别 FDI 数据来自经济合作与发展组织（OECD）数据库，OECD 数据库提供了 OECD 国家向世界各国对外直接投资的数据，之所以选择 OECD 国家作为投资来源国，一方面是囿于数据的可得性，另一方面也是因为中国的主要引资来源国大部分都是 OECD 国家。根据本部分的研究目的，这里投资国 i 国共涉及 33 个 OECD 国家[②]，投资目的国（地区）则主要关注包括中国在内的 25 个样本国家和地区。i 国与中国 GDP 数据以及双边汇率数据来源于世界银行发展指数数据库，地理距离数据来源于 CEPII 数据库。样本的时间跨度为 2002—2012 年。

实证分析时，为检验估计结果的稳健性，我们采用随机效应模型、分别控制住时间固定效应以及时间与国家固定效应的固定效应模型对（1）式进行回归，最终的回归结果如表 4-1 所示。从表 4-1 可以看出，除个别控制变量的符号和统计显著性在不同估计方法的方程中有所变动之外，包括关键变量在内的大部分回归结果在统计上都是稳健的。FDI 是我们关注的核心变量，在所有的回归方程中，FDI 变量的符号均为正值，并且在统计上非常显著，这说明除中国之外的其他 24 个样本国家和地区吸收 FDI 流入并没有抑制或是挤出投资国对中国 FDI 的流入，前者对后者反而呈现了一种正向的促进作用。这一结果说明尽管可能有一部分国家对中国的 FDI 流入存在一定的竞争效应，但就 24 个样本国家（地区）整体而言，可能对中国引资起促进作用的国家（地区）仍然占据多数。考察控制变量的符号以及统计显著性，发现在随机效应与控制住时间的固定效应方程

① 更为详细的计算过程参见 Mayer 和 Zignago（2011）。

② 由于墨西哥的数据严重缺失，故样本并未将其纳入在内。

中，投资国 GDP 与双边汇率的回归系数均显著为正，表明伴随着投资国经济总量的增加，以及中国相对投资国双边汇率的升值，投资国越倾向于增加向中国的投资，这在验证了市场规模效应存在的同时，也说明货币升值虽然带来了 FDI 企业生产和经营成本的上升，但在考虑长期的经营利润的背景下，货币升值对 FDI 流入的积极效应反而更为明显。最后，地理距离的回归系数显著为负，则表明以地理距离所表征的两国间的投资成本的增加确实不利于投资活动的开展。

表 4-1　　2002—2012 年 24 国（地区）FDI 流入对中国引资的竞争效应

解释变量	(1)	(2)	(3)
FDI_{iot}	0.052 8***	0.053 3***	0.054 8***
	(0.002 9)	(0.003 1)	(0.003 4)
双边汇率	0.000 8**	0.000 7**	-0.003 3
	(0.000 3)	(0.000 3)	(0.002 1)
投资国 GDP	0.018 5**	0.018 6**	0.374 0
	(0.007 8)	(0.008 0)	(0.311 0)
地理距离	-0.048 5**	-0.048 4**	
	(0.024 0)	(0.024 5)	
中国 GDP	-0.095 8**		
	(0.044 9)		
常数项	2.666 0**	-0.087 7	-4.137 0
	(1.273 0)	(0.370 0)	(5.867 0)
时间固定效应	No	Yes	Yes
国家固定效应	No	No	Yes
观测值	117	117	117
R^2	0.745 1	0.758 8	0.771 7

说明：括号中数字为相应变量的稳健标准差。*、** 和 *** 分别代表变量在 10%、5% 和 1% 的显著性水平上显著。

正如前文所述，以 2008 年全球金融危机爆发为转折，2002—2012 年间世界投资形势经历了两个完全不同的发展阶段，在此期间中国吸引 FDI 流入的进程也相应呈现出了不同特征。基于此，我们进一步将整个样本按照时间维度划分为两个子样本，来探讨全球金融危机前后，OECD 国家流入 24 个样本国家和地区的 FDI 对中国吸引 FDI 流入的影响。表 4-2 分别给出了 2002—2007 年以及 2008—2012 年两个子样本的回归结果。

表 4-2　　2002—2012 年 24 国（地区）FDI 流入对中国引资的竞争效应（不同时间段的分解）

解释变量	2002—2007			2008—2012		
	(1)	(2)	(3)	(4)	(5)	(6)
24 国（地区）FDI	-0.001 2	0.001 3	-0.001 2	0.053 3 ***	0.053 8 ***	0.055 5 ***
	(0.006 4)	(0.006 6)	(0.006 3)	(0.003 8)	(0.004 0)	(0.004 8)
双边汇率	0.001 3 ***	0.001 3 ***	0.004 9 ***	0.000 8	0.000 7	-0.005 1
	(0.000 2)	(0.000 2)	(0.000 9)	(0.000 5)	(0.000 5)	(0.008 4)
投资国 GDP	0.006 8 **	0.006 8 **	-0.001 1	0.031 9 **	0.032 1 **	0.936 0
	(0.003 0)	(0.003 3)	(0.066 2)	(0.014 0)	(0.014 1)	(0.838 0)
地理距离	-0.069 3 ***	-0.068 5 ***		-0.025 0	-0.025 5	
	(0.010 2)	(0.011 3)		(0.039 9)	(0.040 1)	
中国 GDP	-0.016 5			-0.132 0		
	(0.013 9)			(0.178 0)		
常数项	0.913 0 **	0.431 0 ***	-1.295	3.133	-0.650 0	-13.96
	(0.406 0)	(0.154 0)	(1.343)	(5.180)	(0.618 0)	(17.90)
时间固定效应	No	Yes	Yes	No	Yes	Yes
国家固定效应	No	No	Yes	No	No	Yes
观测值	53	53	53	64	64	64
R^2	0.365 5	0.369 5	0.551 8	0.757 1	0.769 8	0.779 2

说明：括号中数字为相应变量的稳健标准差。* 、** 和 *** 分别代表变量在 10%、5% 和 1% 的显著性水平上显著。

结合表 4-2，我们可以看出，大部分控制变量的符号和统计显著性与上文分析的结果保持一致，这进一步印证了我们回归分析结果的稳定性。具体到 24 个国家和地区 FDI 变量的符号和统计显著性，我们发现，在 2002—2007 年期间，

24国（地区）FDI变量的系数在所有的回归方程中都不显著，变量的符号在不同的回归方程中也有所不同，这说明至少在2002—2007年之间，没有明显的证据表明OECD国家对文中所研究的24个国家（地区）的FDI显著影响了中国FDI的流入。而与之相对应，在以2008—2012年为子样本的回归方程中，所有24国（地区）FDI变量的符号都显著为正，并在统计上非常显著，这说明整体上24国（地区）FDI流入对中国FDI流入的正向促进作用主要是在危机以后这段时间产生的。这一点，可能与金融危机发生以后，吸引外资流入的样本国家（地区）与中国之间的经济联系趋于增强有关。也就是说，伴随着金融危机的发生，在发达国家经济增长乏力的背景下，以中国为代表的发展中国家特别是新兴市场国家成为世界经济增长的主要动力，而在此过程中在全球专业分工协作程度普遍加深的情况下不同国家经济结构的互补性可能带来了这些国家之间经济联系的相互加强，进而呈现出FDI流入相互促进的态势。

4.3.2 样本国家（地区）分组别对中国FDI流入的竞争效应

在前文的分析中，我们在整体上考察了OECD国家流入我们所重点考察的24个国家（地区）的FDI对中国吸引FDI流入的影响，这样的一个分析虽然可以在整体上就中国和其他国家（地区）FDI流入的相互影响进行讨论，但是却忽略了不同经济发展特征的国家（地区）对中国引资影响的差异。也就是说，由于不同国家（地区）在经济发展阶段和经济结构上的差异，其FDI流入对中国吸引外资的影响也是不同的。因此，为了对这一结论进行验证，也为了与前文的统计性分析相对应，这里我们进一步将除中国之外的24个样本国家（地区）分为三个组别：东盟五国、新兴市场国家以及发达国家和地区。实证分析时，我们将流入这三组国家（地区）的FDI占某一个FDI输出国全部对外直接投资的比重同时引入回归方程，以替代整体样本的24国（地区）FDI变量。仍然采用随机效应、单向固定效应以及双向固定效应模型进行分析。回归分析的结果见表4-3。

从表4-3可以看出，相对于整体样本的回归分析结果，将样本国家（地区）进行分组之后，回归结果所显示的结论要更为丰富。具体而言，在所有的回归方程中，东盟五国FDI变量和发达国家和地区FDI变量的符号为负，并在统计上非常显著。同时，在所有的回归方程中，新兴市场国家FDI变量的符号在统计上显著为正。这说明，对于中国的FDI流入而言，其与东盟五国以及发达国家和地区的 FDI 流入呈现出较强的竞争替代效应，而与主要新兴市场国家之间则呈现出较强的互补效应。结合前文我们整体样本的回归分析结果可以看出，尽管中国与 24 个样本国家和地区在总体上就吸引 FDI 而言呈现出相互促进的作用机制，但这种相互加强的引资特征主要还是表现在中国与新兴市场国家的 FDI 引入上。

表 4-3　　2002—2012 年分组别 FDI 流入对中国引资的竞争效应

解释变量	(1)	(2)	(3)
东盟五国 FDI	-1.170 0**	-1.160 0**	-0.917 0
	(0.472 0)	(0.497 0)	(0.579 0)
新兴市场国家 FDI	0.784 0***	0.783 0***	0.917 0***
	(0.078 3)	(0.083 3)	(0.098 2)
发达国家和地区 FDI	-0.017 0**	-0.016 7*	-0.029 4***
	(0.008 0)	(0.008 5)	(0.010 1)
双边汇率	0.000 5**	0.000 5*	-0.002 2
	(0.000 2)	(0.000 3)	(0.001 5)
投资国 GDP	0.009 7	0.009 7	0.105 0
	(0.006 4)	(0.006 7)	(0.225 0)
地理距离	-0.122 0***	-0.122 0***	
	(0.023 8)	(0.024 8)	
中国 GDP	-0.069 7**		
	(0.034 1)		
常数项	2.815 0***	0.848 0***	0.726 0
	(0.953 0)	(0.297 0)	(4.240)
时间固定效应	No	Yes	Yes
国家固定效应	No	No	Yes
观测值	117	117	117
R^2	0.874 6	0.878 2	0.885 2

说明：括号中数字为相应变量的稳健标准差。*、** 和 *** 分别代表变量在 10%、5% 和 1% 的显著性水平上显著。

结合前文分析的逻辑，我们进一步分析在不同的时间段，OECD 国家流入这三组国家和地区的 FDI 对中国吸引 FDI 流入的影响。具体的回归结果见表 4-4。从表 4-4 可以看出，与上文分析的结论相似，在 2002—2007 年期间，不同组别国家和地区的 FDI 流入变量在统计上都不显著，而在 2008—2012 年期间，无论东盟五国、新兴市场国家还是发达国家和地区，其 FDI 流入变量均表现出了十分显著的统计显著性，这再次印证了样本国家引资对中国吸引 FDI 流入的影响在全球金融危机爆发前后的差异性。此外，与整体样本期间 2002—2012 年的检验结果类似，2008—2012 年期间，东盟五国以及发达国家和地区的 FDI 流入在一定程度上抑制了中国对 FDI 的吸收利用，而新兴市场国家 FDI 流入与中国的 FDI 流入则存在相互加强的投资互补效应。

表 4-4　2002—2012 年分组别 FDI 流入对中国引资的竞争效应（不同时间段的分解）

解释变量	2002—2007			2008—2012		
	(1)	(2)	(3)	(4)	(5)	(6)
东盟五国 FDI	−0.250 0	−0.322 0	0.202 0	−1.036 0*	−1.026 0	−1.625*
	(0.232 0)	(0.248 0)	(0.303 0)	(0.611 0)	(0.632 0)	(0.865 0)
新兴市场国家 FDI	0.011 4	0.017 6	0.021 2	1.004***	0.999 0***	1.182***
	(0.037 4)	(0.036 8)	(0.036 7)	(0.102 0)	(0.107 0)	(0.134 0)
发达国家和地区 FDI	−0.004 1	−0.003 3	−0.007 5	−0.038 1***	−0.037 5***	−0.054 0***
	(0.011 8)	(0.012 0)	(0.012 4)	(0.010 4)	(0.010 9)	(0.013 9)
双边汇率	0.001 3***	0.001 3***	0.005 2***	0.000 4	0.000 4	−0.006 5
	(0.000 1)	(0.000 2)	(0.001 1)	(0.000 3)	(0.000 4)	(0.005 3)
投资国 GDP	0.008 0***	0.008 4**	0.001 1	0.007 4	0.007 5	−0.043 2
	(0.003 0)	(0.003 4)	(0.067 9)	(0.010 1)	(0.010 4)	(0.505 0)
地理距离	−0.079 7***	−0.081 6***		−0.105 0***	−0.104 0***	
	(0.012 8)	(0.014 5)		(0.031 4)	(0.032 3)	
中国 GDP	−0.014 6			−0.024 4		
	(0.015 4)			(0.113 0)		
常数项	0.923 0**	0.508 0***	−1.578	1.412	0.699 0*	6.971
	(0.444 0)	(0.158 0)	(1.469)	(3.259)	(0.419 0)	(10.97)
时间固定效应	No	Yes	Yes	No	Yes	Yes

续表

解释变量	2002—2007			2008—2012		
	(1)	(2)	(3)	(4)	(5)	(6)
国家固定效应	No	No	Yes	No	No	Yes
观测值	53	53	53	64	64	64
R^2	0.324 5	0.378 2	0.570 0	0.869 5	0.869 7	0.927 3

说明：括号中数字为相应变量的稳健标准差。*、** 和 *** 分别代表变量在 10%、5% 和 1% 的显著性水平上显著。

4.3.3　样本国家（地区）分国别（地区）对中国 FDI 流入的竞争效应

对 FDI 流入国（地区）按照不同组别加以区分虽然能在一定程度上解决国家（地区）同质性假定的问题，但尽管如此，处于同一发展阶段的国家（地区）在经济结构、引资政策、外资环境等层面仍然会存在一定程度的差异。因此，为了更为具体地就样本中各国（地区）FDI 流入对中国引资的影响加以分析，接下来我们构建了单个国家（地区）层面的 FDI 流入变量，探讨 24 个样本国家（地区）对中国 FDI 流入的竞争效应。具体分析的结果见表 4-5。

表 4-5　2002—2012 年分国别（地区）FDI 流入对中国引资的竞争效应（不同时间段的分解）

组别	国家(地区)	2002—2012	2002—2007	2008—2012
东盟五国	印度尼西亚	-9.857 *** (1.644)	1.413 ** (0.605 0)	-10.86 *** (2.484)
	马来西亚	-7.140 *** (0.666 0)	0.770 0 *** (0.123 0)	-10.76 *** (0.905 0)
	菲律宾	-6.246 *** (2.279)	-0.450 0(0.684 0)	-7.158 ** (3.587)
	泰国	11.03 *** (0.452 0)	1.731 *** (0.291 0)	12.00 *** (0.544 0)
	越南	19.71 *** (1.442)	0.380 0(0.606 0)	24.30 *** (1.883)
新兴市场国家	印度	1.360 *** (0.079 9)	0.036 6(0.024 2)	1.990 *** (0.056 8)
	巴西	2.230 *** (0.114 0)	0.029 9(0.052 4)	2.762 *** (0.119 0)
	俄罗斯	0.775 0 *** (0.086 5)	0.039 0 * (0.022 5)	0.994 0 *** (0.134 0)
	南非	5.068 *** (0.459 0)	0.169 0(0.216 0)	6.315 *** (0.658 0)
	韩国	6.853 *** (0.881 0)	0.829 0 *** (0.157 0)	10.58 *** (1.432)
	沙特阿拉伯	26.73 *** (1.250)	-3.049 *** (0.786 0)	30.04 *** (1.376)
	智利	13.51 *** (1.827)	-0.502 0(0.357 0)	23.42 *** (3.068)

续表

组别	国家（地区）	2002—2012	2002—2007	2008—2012
发达国家和地区	中国香港	0.714 0*** (0.012 3)	0.220 0*** (0.056 6)	0.720 0*** (0.013 8)
	新加坡	0.188 0*** (0.003 3)	0.221 0*** (0.062 9)	0.188*** (0.004 1)
	澳大利亚	-0.262*** (0.005 0)	0.036 1(0.030 2)	-0.263 0*** (0.006 5)
	比利时	0.649 0*** (0.037 0)	0.022 2(0.017 2)	0.785 0*** (0.047 7)
	加拿大	0.055 4(0.168 0)	0.135 0*** (0.021 4)	0.016 9(0.347 0)
	法国	-0.652 0*** (0.014 3)	-0.024 1(0.038 4)	-0.667 0*** (0.015 8)
	德国	0.204 0*** (0.005 6)	0.016 6** (0.007 4)	0.214 0*** (0.006 0)
	爱尔兰	-0.436 0*** (0.007 7)	-0.105 0*** (0.016 9)	-0.447 0*** (0.006 9)
	卢森堡	-0.013 1(0.023 6)	-0.005 9* (0.003 0)	-0.019 7(0.047 9)
	西班牙	-1.558*** (0.067 3)	0.326 0*** (0.061 6)	-1.654*** (0.085 8)
	英国	0.144 0*** (0.006 2)	0.015 2(0.011 9)	0.147 0*** (0.008 7)
	美国	0.227 0*** (0.009 3)	-0.000 9(0.011 1)	0.238 0*** (0.012 3)

说明：括号中数字为相应变量的稳健标准差。*、** 和 *** 分别代表变量在 10%、5% 和 1% 的显著性水平上显著。

从表 4-5 可以看出，由于不同时期不同国家（地区）在国别经济特征上的差异，各国（地区）FDI 流入与中国吸引外资流入之间的关系也呈现出较大的不同。整体而言，在整个样本时期的 2002—2012 年，东盟五国中的印度尼西亚、马来西亚、菲律宾以及发达国家中的澳大利亚、法国、爱尔兰和西班牙这些国家的 FDI 流入与中国的 FDI 流入之间存在着显著的负相关关系，说明了这些国家与中国的 FDI 流入存在一定的竞争关系。这可能的原因在于东盟国家相对较低的工资水平、生产成本使得原本投资于中国的效率寻求型 FDI 开始向印度尼西亚、马来西亚、菲律宾等国进行转移，而与此同时，随着近些年中国技术水平的不断提高以及产业结构的优化升级，中国在一些产品研发、技术承接与创新领域也开始呈现出与发达国家（地区）相竞争的引资吸引力。样本中所有的新兴市场国家印度、巴西、俄罗斯、南非、韩国、沙特阿拉伯、智利，东盟国家中的泰国、越南以及发达经济体中的美国、英国、中国香港、新加坡这些国家（地区）的 FDI 流入与中国的 FDI 流入之间存在着显著的正相关关系，这说明这些国家（地区）

与中国之间的经济结构存在着一定程度的互补性，FDI 的跨国流入可能是这些国家（地区）与中国在全球范围内协同分工的重要方式和途径。

在对整个样本期间进行分析的基础上，通过不同时间段的分解可以发现，在不同的时期，即便是同一国家，由于其国内的经济特征发生了动态变化，其 FDI 流入与中国 FDI 流入之间的关系也会有所不同，这一点，在印度尼西亚、马来西亚、西班牙和沙特阿拉伯等国表现得尤为突出，印度尼西亚、马来西亚、西班牙在 2002—2007 年间对中国吸引 FDI 流入起到了一定的正向促进作用，而 2008—2012 年间这三个国家对中国引资的挤出效应则表现得更为明显，与此相对，尽管沙特阿拉伯 2002—2007 年的引资过程常伴随着与中国的竞争，但全球金融危机发生之后的近几年当外资加速向沙特阿拉伯流入的同时却也进一步带动了外商投资企业对中国 FDI 的流入。不同时间段回归结果的迥然差异在说明了样本期间选择对于实证检验结果的重要性的同时，也为我们下一步的研究开启了方向。如何解释这种引资挤出效应与引资促进作用的相互转换将是未来值得我们深入研究的。

4.4 引资竞争效应与中国 FDI 环境竞争力

FDI 环境竞争力是一国 FDI 吸引力、FDI 潜力与 FDI 贡献力的综合衡量指标，FDI 吸引力作为引资效果的直观体现，与 FDI 潜力以及 FDI 贡献力均有着紧密的联系，是一国 FDI 环境竞争力中非常重要的一环。通过分析其他样本国家（地区）对中国引资的竞争效应，可有助于在 FDI 环境竞争力的框架之下对中国与其他国家（地区）之间借由吸引力竞争力，通过影响潜力竞争力、贡献力竞争力，进而传递到 FDI 环境竞争力的动态变化趋势加以分析和判断。

表 4-6 所示为 2012 年各国的 FDI 环境竞争力排名以及每个国家（地区）在 2002—2012 年间对中国吸引 FDI 流入的影响方向。影响方向符号显示除加拿大和卢森堡两国对中国引资的竞争效应不显著，方向不明确之外，其余不包括中国在内的 22 个国家（地区）中，有 15 个国家（地区）的影响方向为正，7 个国家（地区）的影响方向为负，这说明所考察的样本国家（地区）中仅有少部分国家的引资对中国的 FDI 流入产生了竞争性的挤出效应，整体上中国对于 FDI 的吸引力会随着大多数国家（地区）的引资而得以增强。与此同时这也意味着从 FDI

吸引力的角度来讲，中国未来的FDI环境竞争力也会在全球引资增长的势头中随着中国引资吸引力的增加而有望得以提升。此外考察2012年FDI环境竞争力排名位于中国之前的国家（地区），发现排名位居第三、第六位的爱尔兰和澳大利亚对中国引资的影响为负，尽管位居第十位的中国与这两个国家之间的排名仍有一定的差距，但如果能够充分挖掘中国的引资潜力，转变引资结构，提高中国对于高技术含量FDI的吸引力，则中国也有可能在与发达国家的引资竞争中获益，进而进一步改善FDI的环境竞争力。接下来通过观察FDI环境竞争力排名位于中国之后的国家，发现西班牙、印度尼西亚和菲律宾对中国的引资竞争效应虽然为负，但它们的排名相对靠后，预期对中国FDI环境竞争力的总体影响较小，但马来西亚和法国两个国家，由于排名与中国十分接近，两国引资过程中对中国吸引FDI流入的负向影响，则很有可能通过改变FDI的吸引力进而使得中国FDI环境竞争力的提升受阻。

表4-6　2012年各国（地区）的FDI环境竞争力排名及对中国的引资竞争效应①

排名	国家（地区）	影响方向	排名	国家（地区）	影响方向
1	中国香港	+	14	德国	+
2	新加坡	+	15	智力	+
3	爱尔兰	-	16	泰国	+
4	英国	+	17	西班牙	-
5	美国	+	18	俄罗斯	+
6	澳大利亚	-	19	南非	+
7	加拿大	\	20	印度尼西亚	-
8	比利时	+	21	韩国	+
9	卢森堡	\	22	印度	+
10	中国		23	沙特阿拉伯	+
11	马来西亚	-	24	越南	+
12	巴西	+	25	菲律宾	-
13	法国	-			

① FDI环境竞争力排名来自《中国外商投资发展报告》（2013）第6部分“2012年FDI环境竞争力”。

面临来自以马来西亚为代表的东盟国家以及以澳大利亚、爱尔兰、法国等为代表的发达国家（地区）的引资竞争，为使中国的 FDI 环境竞争力保持现有水平并在平稳中寻求新的突破，根本任务在于转变中国现有的经济结构和产业结构，在新一轮改革开放的背景之下利用产业结构优化调整的契机，转变外资的利用方式，不过分依赖于以成本为导向的效率寻求型 FDI 的流入，避免与东盟国家的直接竞争，转而着力挖掘吸引创造资产寻求型、政策寻求型 FDI 流入的引资潜力，承担发达国家的高端产业转移，并在此过程中逐步培养与发达国家相比的引资竞争优势，最终确保中国的 FDI 环境竞争力实现内部结构升级，向更高层次迈进。

（执笔：王丽丽、李玉梅）

第 5 部分

2013 年外商直接投资企业社会责任状况

——聚焦反腐败问题和合规管理

2013 年，全球对企业社会责任的关注进一步落到实处，反腐败和合规管理的重要性日益提升，无论在联合国层面和各国政府部门及企业层面，反腐败问题被提上意识日程。此外，低碳节能成为主要国家经济社会发展的重点，水资源管理也成为全球性议题，社会责任管理的重要性也得到越来越多的认可。在这样的背景下，在华外商投资企业在社会责任领域也紧随这些全球趋势，但不同企业之间分化较大，不同类型的外资企业侧重的领域也不同。2013 年报告重点将聚焦反腐败问题和合规管理问题。

5.1　2013 年全球及中国企业社会责任发展总体情况

2013 年，全球企业社会责任继续向前发展，各类国际组织也在各自领域内推动社会责任和可持续发展相关工作。随着中国企业社会责任的发展，更多的政府部门和行业组织参与到推动企业承担社会责任的工作中，且关注的问题进一步细化和深入。同时，企业作为社会责任的主体，也更多地关注社会责任，在各类企业社会责任意识不断提升和强化企业社会责任履行的情况下，在华外资企业也面临更多的内外部压力和动力。

5.1.1　2013 年全球企业社会责任发展情况

2013 年，透明度和反腐败成为一些国家关注的重点；水的问题受到更多关注；低碳环保依旧是全球面临的热点问题；可持续性标准成为推动全球迈向可持续发展的重要工具。

1. 透明度和反腐败成为八国集团和二十国集团会议的内容

八国集团自 2007 年以来一直致力于公平税收和提高透明度，并表示支持在采掘行业提高透明度。2013 年，八国集团峰会表示将继续提高政府的透明度，其中特别提出要进一步提高采掘业的透明度，以此来促进资源国的经济发展，在一定程度上也是为了减少腐败的发生。

二十国集团也非常关注透明度和反腐败问题。在 2013 年 9 月 5—6 日举行的圣彼得堡峰会中，二十国集团领导人就全球经济复苏和促进经济增长等问题发表了《二十国集团圣彼得堡峰会领导人声明》，其中也提到了透明度和反腐败问题。对于透明度问题，涉及税收的透明度、自贸协定的透明度、金融的透明度等。而对于反腐败，声明指出“腐败阻碍可持续经济增长和减贫，危害金融稳定和整体经济。我们言出必行，将致力于落实二十国集团反腐败行动计划，打击国内外贿赂，应对高危部门腐败，加强国际合作，增强公共部门诚信和透明度。鉴于对可持续和共同行动的需求，我们核可圣彼得堡反腐败战略框架。”为了进一步加强反腐败工作，二十国集团进一步表明了立场和下一步的工作重点，承诺继续并加强二十国集团反腐败工作组与二十国集团工商峰会、社会峰会的对话，尤其欢迎关于工商界加强反腐败共同行动和促进私营部门反腐败机制性安排的倡议（见专栏内容）。此外，关于采掘业透明度倡议也再次被提出，这一项与透明度和反腐败相关的内容也成为二十国集团峰会期间发达国家对中国施压的内容。

专栏：《二十国集团圣彼得堡峰会领导人声明》中关于反腐败的内容

加强反腐败工作

103. 腐败严重阻碍经济可持续增长和减贫，并对金融稳定和经济构成威胁。腐败具有腐蚀性，损害公众信任，扭曲资源配置并损害法治原则。为便于受腐败影响的国家更好地理解限制经济发展潜力的因素，我们撰写了反腐败和经济增长文件，并鼓励经合组织与世界银行加强合作，继续推进该领域的工作。

104. 作为世界上最大的经济体集团，二十国集团有潜力形成对腐败零容忍的势不可挡的全球文化。我们将通过提高透明度、弥合政策制定与执行的差距等方式，加倍努力实现该目标。

为此：

105. 我们热烈欢迎沙特批准《联合国反腐败公约》，将继续鼓励二十国集团所有成员批准并执行《联合国反腐败公约》，鼓励与经合组织反贿赂工作组加强接触，并视情况探讨遵守《经合组织反贿赂公约》的可行性。我们承诺率先垂范，在自愿基础上利用《联合国反腐败公约》审议机制的参考条款，提高《联合国反腐败公约》审议的透明度和包容性。

106. 我们重申打击国内外贿赂和索贿的决心，并核准不具约束力的《打击国外贿赂执行指导原则》和《打击索贿行为指导原则》。

107. 我们将继续发展并强化促进二十国集团成员间反腐败合作的框架。我们已经根据国内法规建立了二十国集团网络，分享信息并加强合作，以拒绝腐败官员和贿赂者入境。为了加强在调查、指控腐败行为及腐败收益返还方面的国际合作，我们核准《司法互助高级原则》。

108. 我们重申保障司法独立、分享最佳实践和加强保护举报人立法的承诺，确保反腐败机构的有效性免受不当影响，确保政府官员廉洁。

109. 我们对执行有效的反腐败教育计划并提高对该计划的认识给予高度评价，该计划旨在建立并强化对腐败的零容忍文化。

110. 我们对金融行动特别工作组在反腐败领域开展的工作表示支持。通过反洗钱/反恐融资等手段打击腐败将一直是二十国集团与金融行动特别工作组专家们可以加深合作，以及在打击税收犯罪和防范避税天堂风险方面加强合作的重要领域。

111. 我们将对高风险领域的反腐败保持特别关注，赞赏在组织体育、文化领域及其他主要国际活动反腐败工作中作出的努力，欢迎设立体育诚信全球联盟的倡议。我们承诺提高政府与私人部门间买卖关系诚信度，包括政府采购与国有资产私有化。我们欢迎提高采掘业透明度的倡议，包括自愿参与“采掘业透明度倡议”，并注意到已有的进展。我们邀请二十国集团反腐败工作组继续了解上述工作。

112. 我们认识到，只有工商界和公民社会共同努力，才能形成对于腐败的零容忍文化。我们承诺继续并加强二十国集团反腐败工作组与二十国集团工商峰会、社会峰会的对话，并注意到这两个峰会提出的建议。我们尤其欢迎关于工商界加强反腐败共同行动和促进私营部门反腐败机制性安排的倡议。

113. 我们欢迎二十国集团反腐败工作组在执行2013—2014年行动计划上取得的进展。我们认识到打击腐败需要持续性的协调努力，核可《圣彼得堡战略框架》以指导反腐败工作组的工作，并为行动计划提供基础。2014年，我们将推进落实现有承诺并考虑在二十国集团内就全球反腐败采取进一步行动。

资料来源：外交部网站，2013年9月11日，http://www.fmprc.gov.cn/mfa_chn/zyxw_602251/t1075597.shtml。

2. 联合国全球契约继续在全球推进社会责任

2013年，联合国全球契约采取了一系列措施来强化全球契约核心原则，加强制度建设，并通过与其他国际机构和组织合作等方式来推广其核心理念；具体来说，反腐败问题、供应链问题、儿童权利、妇女授权等问题都是2013年联合国全球契约组织关注的内容，并已出台或者着手制定相关指南，其中反腐败问题被提到了一个新的高度。

与八国集团和二十国集团高度重视反腐败问题相类似，联合国全球契约也非常重视反腐败问题。为了把反腐败纳入2015年后发展日程，全球契约已经收集了企业观点，即呼吁行动声明。该声明强烈呼吁政府扩大反腐败措施并实行有关政策来建立良好的监管制度。在2013年12月举行的全球契约反腐败第十原则工作组第13次会议上，来自企业、民间组织、联合国和学术界的近100名高级代表，呼吁把反腐败和良好治理作为2015年后发展日程的基本支柱。会议再次呼吁建立能容许更好披露、更高透明度和更有效执行机制的环境。此外，一个高级专家组会议专门讨论了体育赞助和体育相关接待的反腐败问题，并就该议题推出了一个新指南。

从具体议题看，联合国全球契约供应链可持续性顾问组反腐败特别小组在2013年开始着手制定“供应链反腐败指南”，主要是为缺乏经验的中小企业在自己及供应商内建立多层次的反腐败程序和政策提供简洁、实用、可操作的指导。

全球契约和国际公路运输联盟携手推出全球反腐败倡议（GACI），打击跨越国境的敲诈和腐败行为，推动全球公路运输反腐败。

除反腐败问题之外，联合国全球契约还加大与其他机构的合作，共同推动企业承担社会责任。例如，全球契约与联合国开发计划署共同推出了一项新的供应商宣传工作，以改进企业的采购可持续性，旨在确保联合国开发计划署采购的产品和服务是可持续的，在最小化环境影响的同时增加正面的社会成果。与此同时，联合国开发计划署也出台了新的可持续采购政策以及相伴的可持续采购从业者指南。全球契约还与全球报告倡议（GRI）加强合作，指出企业可以通过GRI指南来报告其全球契约实施情况。

3. 欧盟出台有关透明度和反腐败的立法

2013年4月，欧盟成员国、欧洲议会和欧盟委员会同意批准《会计指令》

及《透明度指令》，并于 2013 年 6 月由欧洲议会通过。指令要求石油、天然气、采矿及林业采伐企业每年披露在其有经营活动的所有国家里为获得自然资源而向当地政府做出的支付活动。指令要求企业披露支付金额在 10 万欧元及以上的资源项目的资金支付情况。指令与美国证券交易委员会（SEC）2012 年下半年通过的《多德—弗兰克法案》（第 1504 节）中的实施规则类似，并且有意向美国趋同；后者也要求石油、天然气和采矿企业按照国家和项目逐一披露其对各国政府的支付细节。与美国法律不同的是，欧盟将适用企业范围扩展到林业采伐企业，应用范围更广泛。

新批准的欧盟指令适用于以下几类公司：一是在属于欧盟管辖内的证券交易市场上从事采掘业或原始森林采伐的所有上市公司；二是在欧盟注册的大型未上市采矿和林业企业；三是拥有采掘和采伐业子公司的、在欧盟上市及大型的未上市母公司，无论其从事何种行业。需披露的支付活动类型包括以下几类：一是由于企业的收入、生产或利润而需缴纳的税项；二是矿区土地使用费；三是包括许可证费、租金和准入费在内的各种费用；四是合同签字费、发现定金和超定额生产奖金；五是生产权利；六是红利；七是为改善基础设施而支付的费用。

可以看出，欧盟指令涉及企业种类较多，不仅报告在欧盟注册的大型采掘业或林业采伐企业，也包括在欧盟上市的企业，还有拥有采掘和采伐业子公司的上市公司或大型企业，无论其母公司是否从事上述行业，只要子公司有相关业务，也需要披露相关信息。从披露的信息内容看，涉及企业获得项目的一些关键费用支付情况，如土地使用费、许可费、租金、准入费、合同签字费、红利及税费等一些企业视为商业秘密的信息。

据 Global Witness 相关资料显示[①]，综合美国和欧盟的法令，其管辖范围已经覆盖了石油、天然气和采矿企业在世界最主要证券交易所市场资本总额的 70%左右。欧美法令范围内的企业已经占据了采掘类市场资本的大部分，将影响全球采掘业的规则和标准。

4. 其他组织也在不断推动企业社会责任向前发展

2013 年，社会责任投资进一步向前发展。全球契约推出“全球契约 100”指

① 欧盟会计及透明度新指令概要 . http：//www. globalwitness. org/sites/default/files/library/Summary%2520of%2520EU%2520Directives%2520April%25202013%2520CH. pdf.

数。负责任的投资原则受到更多投资机构的关注，一个管理着大约 33 000 万亿美元资产的 34 家机构投资者联盟，鼓励 44 个国家的 1 900 家企业考虑加入全球契约，推动负责任的投资。投资者的加入将极大地推动企业社会责任的发展。

2013 年，国际综合报告委员会（IIRC）发布了《国际综合报告框架》征求意见稿，鼓励企业将财务报告与社会责任或可持续发展部分相结合，这是社会责任报告领域的新趋势，也是将企业社会责任与企业运营结合起来的重要表现。

5.1.2 2013 年中国企业社会责任发展总体情况

中国企业社会责任发展离不开全球化背景，也离不开国内经济社会发展的背景及未来发展的需求，呈现出新的特点：政府部门和行业协会的社会责任推动力度不断增强；社会责任报告数量进一步增长；反腐败引发更多关注。

1. 社会责任相关法律法规不断完善

2013 年，中国出台或修订了多部与社会责任相关的政策和法律法规，从消费者权益保护、反腐败、人权等多个方面进行了规范。

2013 年 10 月 25 日经第十二届全国人大常委会第五次会议通过了《消费者权益保护法》修正案，修正案对实践中侵害消费者权益的各项情形予以明确规定，修改并新增相应条款，强化了对消费者权益的保护。如进一步规范和保护“网购时代”消费，加强对消费者的信息安全保护，理清退换货规则，降低消费者维权举证困难等。

2013 年 12 月，国家卫计委正式印发《关于建立医药购销领域商业贿赂不良记录的规定》，明确我国将正式建立医药购销领域商业贿赂不良记录，对列入商业贿赂不良记录的医药生产经营企业及其代理人生产或销售的产品，不得被公立医疗机构或接受财政资金的医疗卫生机构购入，并将影响其在招标、采购过程中的评分。此外，还进一步明确了对入榜企业的“禁入”规定——对 5 年内 2 次及以上登入“黑榜”的企业，全国所有公立医疗机构将在 2 年内不得购入其药品、医用设备和医用耗材，该项规定于 2014 年 3 月 1 日起施行。

2013 年 5 月 14 日，中国国务院新闻办发布的《2012 年中国人权事业的进展》白皮书首次写入“生态文明建设中的人权保障”。

2. 越来越多的政府部门和行业协会参与到推动企业社会责任发展过程中

随着社会责任在中国的推广，越来越多的政府部门、企业、行业协会和地方政府参与到推动企业社会责任的过程中，其中地方政府和行业协会是重要力量。

2013 年，国家发展和改革委员会和国家认证认可监督管理委员会印发《低碳产品认证管理暂行办法》，建立统一的低碳产品认证制度；银监会公布《银行业消费者权益保护工作指引》；上海市文明办、市教卫党委、市教委发布《上海高校市级文明单位社会责任报告框架》；山东济南市精神文明建设委员会办公室在济南市 60 家文明单位中试点开展文明单位社会责任报告制度；上海浦东新区金桥经济技术开发区和康桥工业区在全国率先发布区域责任竞争力指数报告。这些中央和地方政府出台的社会责任管理制度和做法进一步推动了地方社会责任理念的推广和意识的提升，但可能也会带来各地社会责任规章的重复建设和交叉，造成浪费。

从行业协会的层面看，2013 年多家行业协会在社会责任领域有所行动。中国电子工业标准化技术协会社会责任工作委员会发布了《中国电子信息行业社会责任指南》，指导电子信息行业企业承担社会责任；中国银行业协会首次面向全行业发布了《中国银行业公益慈善自律约定》；五矿化工商会出台《中国对外矿业投资社会责任指引》；中小企业合作发展促进中心、中小企业全国理事会发布《中国中小企业社会责任指南》；中国信托业协会编制完成中国信托业首份行业社会责任报告《中国信托业 2012 年度行业社会责任报告》；中国零售业可持续发展圆桌会议在原则上通过了《中国零售业可持续发展圆桌章程》；安徽工业经济联合会出台《安徽省工业企业社会责任指南》。这些行业协会出台的指南和规定对于推动企业承担社会责任发挥了积极作用。

3. 社会责任报告数量进一步增长

根据《WTO 经济导刊》2013 年年底发布的《金蜜蜂中国企业社会责任报告研究 2013》，2013 年，中国企业社会责任报告数量继续增加，但增速已经放缓。2013 年前十个月共有 1 525 份社会责任报告发布，其中企业发布报告 1 397 份，非企业组织发布报告 128 份，比上年同期略有增加。报告研究发现，从地区分布看，东部地区共发布企业社会责任报告 841 份，占比 67.8%；中部地区发布 162 份，占比 13.1%；西部地区发布 128 份，占比 10.3%。从报告发布主体的性质看，国有和国有控股企业比重之和超过 50%，但比重趋于降低；民营和外资及港澳台资企业发布报告的数量总体呈现增长趋势，其中民营企业发布报告数量占

25.2%，同比增长41%。[1]

4. 反腐败引发更多关注

2013年7月11日，公安部对葛兰素史克分部高管涉嫌严重商业贿赂和涉税犯罪进行立案调查，葛兰素史克利用贿赂手段谋求不正当的竞争环境，导致药品行业价格不断上涨。包括葛兰素史克中国4名高管在内，超过20名药企和旅行社工作人员被警方立案侦查。公安部有关部门负责人指出，葛兰素史克中国公司部分高管人员为推高药价、扩大销售、牟取不当利益，勾结关联企业大肆实施贿赂犯罪活动，不仅严重违反中国法律，而且严重扰乱市场秩序，严重侵害中国广大患者切身利益。这是中国针对跨国公司商业贿赂开展的反腐败第一案，也掀起了国内对医药行业反腐败的浪潮，具有重要警示意义。

葛兰素史克事件并非外企涉嫌在华行贿的第一案，之前包括辉瑞制药、摩根士丹利、IBM、朗讯、沃尔玛、德普、艾利·丹尼森等诸多知名跨国公司都曾在华涉嫌商业贿赂，只是这些商业贿赂问题是由美国证券交易委员会依据美国的《海外反腐败法案》开展的调查而非中国开展的调查。

葛兰素史克案件发生后，又有几家外资医药企业被爆出接受调查。法国制药巨头赛诺菲被曝“行贿”500余医生，瑞士诺华被爆借“推广费”之名行贿医生。

为了进一步促进医药行业反腐败力度，规范医药行业的竞争行为，国家工商总局决定自2013年8月15日至11月底，在全国范围内开展不正当竞争专项治理行动。各级工商机关以商业贿赂、限制竞争、商业欺诈、侵权假冒等民众反映强烈的不正当竞争行为为重点，开展专项治理。首先，突出重点领域，保持治理商业贿赂的高压态势，以医药购销、医疗服务、择校升学等关乎民众切身利益的行业和领域为重点，加强对招投标行为的监督，严厉查处招投标过程中的商业贿赂行为。

其次，加强对限制竞争行为的查处。近年来，公用企业和依法具有独占地位企业限制竞争的行为有所抬头，阻碍了资源的合理配置和市场优势的发挥，严重损害经营者和消费者的合法权益。工商机关将对滥用优势地位损害其他经营者和消费者权益的不正当竞争行为，依法予以查处。同时，以打破地区封锁和行业垄

---

① WTO经济导刊.金蜜蜂中国企业社会责任报告研究2013. http://www.csr-china.net/templates/node/index.aspx?nodeid=0ed932b0-db43-45a9-ad3a-ddb6ac82007f&page=contentpage&contentid=6646d36d-9817-434c-b62f-31b8a70316b5.

断为重点，依法制止行政机关和法律法规授权的具有管理公共事务职能的组织滥用行政权力排除、限制竞争的行为。

再次，加强中介服务行业监管，查处虚假宣传等热点问题。以汽车4S店、房地产中介、职业介绍、加盟连锁等领域中的虚假宣传、欺骗性有奖销售等为重点，查处虚假宣传、商业欺诈等不正当竞争行为，大力清除社会服务领域不正当竞争乱象。

最后，继续推进打击“傍名牌”工作。加大对仿冒知名产品及侵犯原创知识产权生产销售“山寨”产品等违法行为的打击力度，进一步推动专项执法行动深入开展；加强对案件的分析梳理，追根溯源，努力从根源上清除“傍名牌”行为。

此外，随着国家反腐败力度的加大，除了政府层面反腐败之外，企业层面的反腐败问题也受到越来越多的关注，从国有企业到外商投资企业的商业贿赂和腐败问题都引起了越来越多的重视，合规管理也成为新的议题。

5.2 2013年外商投资企业社会责任状况及其评价

2013年，在华外商投资企业在延续其一贯特点的基础上，也呈现出新的特点，一是合规管理成为外资企业社会责任的重要组成部分；二是将社会责任与中国经济社会问题的解决相结合，引领行业社会责任发展；三是社会责任融入管理运营之中，融入其相关业务活动之中，通过社会责任来改进管理，提升自身竞争力。

5.2.1 2013年在华外商投资企业社会责任实践及主要特点

2013年，在华外商投资企业社会责任所涉及的主要内容与以往相比差别不大，主要涉及环境保护问题、员工权益保护的问题、公平竞争与反腐败问题、消费者权益保护问题、支持公益事业和支持社区发展等方面，其中反腐败和合规管理成为2013年外资企业社会责任的重要内容，外资企业越来越多地利用社会责任参与到实际经济社会问题的解决方案提供中，创造出更多的经济发展机会和商业利益。

1. 遵守法律依旧是在华外资企业首先应关注的问题，合规管理成为重要组成部分

遵守法律法规是企业社会责任的最基本体现，是企业承担社会责任必不可少

的部分。社会责任国际标准 ISO26000 的基本原则之一是“尊重法治”，无论是企业所在国的法律还是运营所在地的法律都是企业应该遵守的。

从当前社会责任发展现状和趋势看，遵守法律也是企业社会责任的最重要内容之一。对跨国公司来说，违反法律的成本会越来越高，而这种成本在商业贿赂领域尤为突出。包括中国在内的发展中国家，有关反商业贿赂的法律还不完备，处罚力度也相对较低，对在华跨国公司一直没构成严重的威胁，这客观上给跨国公司进行商业贿赂提供了可乘之机。2013 年葛兰素史克的商业贿赂案，是中国针对跨国公司发起的第一起商业贿赂调查，也开启了中国反对商业贿赂的新篇章，值得在华外资企业关注和重视。

在华外商投资企业除了要遵守东道国法律法规外，还要遵守母国的法律及一些国际规范。在反腐败领域，发达国家有很严格的法律法规，并且可以对域外适用。例如，美国的《海外反贿赂法》、德国的《反不正当竞争法》等，都有效地打击了商业贿赂，从近年来美国证券交易委员会依据《海外反贿赂法》而开展的调查和惩罚情况看，企业违规成本越来越高，合规管理成为跨国公司必须面对的一个客观问题。反腐败和合规管理成为影响企业可持续发展的重要组成部分，也成为企业社会责任的重要组成部分。

西门子商业贿赂事件和葛兰素史克商业贿赂事件很好地说明了反腐败和合规管理对现代企业的重要性（见案例 1 和案例 2）。

案例 1：葛兰素史克商业贿赂案

葛兰素史克是英国最大制药公司，葛兰素史克中国是在华规模最大的跨国制药企业之一。

2013 年 7 月 11 日，公安部对葛兰素史克分部高管涉嫌严重商业贿赂和涉税犯罪进行立案调查，指出，葛兰素史克中国公司部分高管人员为推高药价、扩大销售、牟取不当利益，勾结关联企业大肆实施贿赂犯罪活动，不仅严重违反中国法律，而且严重扰乱市场秩序，严重侵害中国广大患者切身利益；包括葛兰素史克中国 4 名高管在内，超过 20 名药企和旅行社工作人员被警方立案侦查。据了解，此前葛兰素史克曾在美国、意大利、新西兰等国涉嫌违规行为被处以高额罚款。

公安部消息称，葛兰素史克中国为达到打开药品销售渠道、提高药品售价等目的，利用旅行社等渠道，向政府部门官员、医药行业协会和基金会、医院、医生等行贿。涉案的葛兰素史克中国高管涉嫌职务侵占、非国家工作人员受贿等经济犯罪。旅行社相关工作人员则涉嫌行贿并协助上述高管进行职务侵占。截至 2013 年 7 月 14 日，包括上海临江国际旅行社有限公司在内，至少 4 家旅行社涉案，一些政府官员和医院亦卷入。

随后，公安部有关部门负责人在北京约见了葛兰素史克总公司分管国际事务的总裁 Abbas Hussain 一行，要求葛兰素史克总公司正视所承担的义务和责任，认真履行致歉声明中的承诺，全面配合中国警方的调查行动。Abbas Hussain 代表葛兰素史克总公司致歉，并表示葛兰素史克总公司完全支持中国政府反腐败的决心和行动，将全力支持和配合中国警方的调查，并将积极改进原有的业务和操作模式，为中国患者得到更好的救治作出努力。会见后，葛兰素史克总公司再次发表声明称，葛兰素史克中国公司的部分高管熟悉公司的运作体系，可能会通过逃避公司流程和监管进行不当操作，触犯中国法律。葛兰素史克总公司绝不能容忍此类行为。葛兰素史克总公司全力支持中国政府的医疗改革，并已准备好与中国政府合作；正在积极研究在中国的运营模式，希望为中国经济、医疗和环保目标以及满足人们的需求作出贡献；此外，计划通过调整运营模式，降低药品价格中的运营成本。①

2013 年 10 月 23 日晚间，涉嫌在华贿赂案发 4 个月后，葛兰素史克方面首次公开承认该事件对中国业绩造成的直接损失，从公司公布的 2013 年三季报显示，公司当期营收同比增长 1%，净利润同比下降 12%。其中，从主营的处方药和疫苗两部分核心业务销售来看，葛兰素史克中国区则暴跌 61%。

2013 年 12 月 17 日，因行贿医生接受中国警方调查 5 个月，葛兰素史克终于下定决心，开始调整在华药品销售模式。而这一转变距离 2011 年葛兰素史克因行贿收到美国政府 30 亿美元天价罚单，率先在美国调整医药代表薪酬评估体系已过去两年时间。葛兰素史克在其官方文件中表示，自 2014 年 1 月

① 公安部约见葛兰素史克高层，见 http://www.jkb.com.cn/htmlpage/37/376616.htm? docid = 376616&cat = 0I&sKeyWord = null.

起，公司将对直接面向处方医生的销售员工的评估和薪酬体系进行根本性调整。在新体系下，销售员工的奖金计算不再以个人销售指标的完成情况为基础。取而代之的是，公司将根据专业知识、服务质量、对公司价值观的践行程度、公司整体业务表现对销售员工进行考核。

“葛兰素史克是中国第一家进行这项调整的医药企业。新的薪酬体系将适用于葛兰素史克中国所有和处方医生联系的销售员工，包括医药代表和销售经理。该体系将于2015年初在葛兰素史克全球所有运营的国家全面执行。”葛兰素史克中国方面表示。

资料来源：根据新浪财经网信息和百度百科资料整理。

案例2：西门子加强合规管理来应对贿赂案影响

西门子是全球电子电气工程领域的领先企业，主要业务集中在工业、能源、医疗、基础设施与城市建设四大业务领域。

2006年，德国公共检察机关接到举报，对西门子公司展开腐败调查，并于2006年11月15日，对西门子在德国的总部进行了突击检查，此事被公之于众。当时通信业务集团的管理人员被指控为了赢得订单贿赂外国商业伙伴和政府官员。2007年年初，美国证券交易委员会披露，西门子涉嫌商业腐败，其行贿的政府官员分布在10个国家，涉及4 283个项目，金额高达14亿美元。2008年年底，西门子被美、德两国政府罚款16亿美元，创有史以来最大商业贿赂罚单，另外，还有20多名高层管理人员被解除职务，有的甚至被追究刑事责任。

贿赂丑闻给具有160多年历史的西门子带来了前所未有的打击。时任公司CEO柯菲德（Klaus Kleinfeld）和监事会主席、曾于1992年至2005年担任CEO的冯毕乐（Heinrich von Pierer）被迫在2007年黯然离开公司，并被外部人士替换。蒂森克虏伯（ThyssenKrupp）监事会主席克罗默成为西门子监事会主席；时任默克公司总裁罗旭德成为公司CEO。

“贿赂门”事件后，西门子信誉和业务受到极大影响，面对严峻的信任危机和财务危机，为了从根本上防止腐败的发生，西门子投资了超过 20 亿欧元重建合规体系：在公司董事会内新设立了一个职位专门负责法律与合规事务；聘用独立的调查机构和外部顾问聘请大量外部调查人员，彻底清查公司内部所有可能遗留的问题；指派全球特派调查员采取积极的行动调查舞弊情况；同时西门子从上到下都开始进行合规理念的培训；暂停或更加严格地限制对于高风险环节如聘用商业顾问行为；对付款和银行账户采取集中化管理；在全球所有的大型项目批复中，都要加上一个关于合规风险评估，合规官也参与其中，如果合规官认为项目中存在不合规的风险，有权停止该项目的进行等。

西门子自上而下地要求从各级管理层做起，不仅要采取严肃认真的态度统一执行合规要求，宣传合规文化，还要以身作则，与合规部门一起推行道德的行为规范。通过员工大会，CEO 邮件，以及其他任何合适的机会，高层管理人员都会表达对合规的支持以及对于腐败的零容忍态度。

截至 2008 年年底，西门子全球公司共有 7 万多名员工接受了 4~8 小时的反腐败培训。西门子还建立了“合规帮助平台”，以便员工更好地学习合规理念，如果管理层在所管区域内没有落实合规培训或是出现违规现象，将影响他们年终奖金的 17% 左右。

经过艰苦卓绝的努力，在三年内，西门子完成了脱胎换骨的合规经营体系重建任务，被美国司法部评价为“以异乎寻常的努力，实施了亡羊补牢和自我清理的措施，建立了最先进的、超一流的合规体系”。从 2007 年道琼斯可持续发展指数合规领域为 0 分到 2009 年的 100 分，2010 年 99 分，2011 年和 2012 年的 100 分，西门子已经连续四年在“合规”类别居于榜首。如今，西门子已经成为业界公认的合规管理标杆。

资料来源：西门子，只有廉洁的业务才是西门子的业务，2012 年 12 月。

2. 注重将社会责任与中国经济社会发展需求相结合，创新业务发展

英特尔作为一家科技企业，注重将其业务发展与中国当前面临的经济社会问题相结合，通过提供专业解决方案来解决社会问题，在创造自身价值的同时也给

社会创造价值。如英特尔近年来一直关心老龄化问题，并通过业务创新，在帮助中国解决老龄化问题的过程中实现自身业务发展。

亚太森博是新加坡金鹰集团旗下世界领先的浆纸生产商，在中国山东和广东投资生产纸浆、文化用纸、纸板等产品。亚太森博集团秉承“利民、利国、利业”的经营理念，将经济效益和社会效益相结合。响应国家节能减排要求，通过在环保方面富于前瞻性的投入，绿色制浆，环保造纸，实践循环经济，保持各项环保指标在制浆造纸业领先，成为行业的标杆；通过一系列创新做法，帮助解决水资源的循环利用问题。如为了进一步节约清水资源，提高城市水利用率，森博集团山东公司进行了一系列“城市污水膜法回用制浆”的高新技术研究，把日照市第一污水处理厂外排污水做深度处理回用于浆纸生产，实现水资源的综合利用。2012 年和 2013 年，山东公司投入 6 000 万元用于城市污水回用项目，既可以有效解决当地污水处理能力不足的问题，也可以解决企业用水需求，将企业自身发展与国家的需求相结合，有效地实现经济效益与社会环境效益的有机集合。

3. 通过社会责任报告来改进管理，提升自身竞争力

外资企业往往会将社会责任作为其企业战略的一部分加以运营，为最终实现商业利益服务，在全球对企业社会责任信息披露的要求下，很多外资企业利用这样的一个契机，有效地将社会责任工作与公司的业务发展相结合，通过社会责任来促进管理，改善经营绩效。玫琳凯（中国）化妆品有限公司作为一家化妆品直销企业，将企业社会责任与公司文化相结合，将社会责任报告任务与企业各部门实现公司价值的做法相结合，将社会责任真正融入企业的日常运营之中，将原来一个社会责任部门的事情变成全公司集体参与的事情，是将社会责任融入整个组织的典范。玫琳凯公司在编制社会责任报告的同时，也实现了社会责任管理理念和绩效的提升。

5.2.2 2013 年在华外商投资企业社会责任存在的主要问题

2013 年在华外商投资企业社会责任总体在向前发展，社会责任意识和能力都有了进一步的提高，但问题依旧存在。概括地说，食品安全问题频发，沃尔玛以狐狸肉假冒牛肉造成了极其恶劣的影响；环境问题依旧存在，可口可乐虽然在水资源保护方面开展了很多工作，但依旧被认为环境破坏严重；双重标准问题没

有得到解决，个别部门存在的垄断和不公平竞争依旧存在；遵守法律、合规经营还有很长的路要走。

5.3　外商投资企业社会责任发展趋势及政策建议

综观当前全球和中国经济社会发展形势和趋势，反腐败是全球关注的焦点，也是我国当前重拳出击解决的问题，并且提高透明度和反腐败将成为联合国2015年之后新的时代议题，是八国集团和二十国集团关注的热门话题，所以毫无疑问，提高透明度和反腐败也将成为未来很长一段时间跨国公司承担社会责任的宏观背景。在这样的情况下，企业如何提高决策和活动的透明度，通过合规经营来实现反腐败，就成为跨国公司不得不面临的一个问题。从另一个角度讲，合规经营也有助于跨国公司进行风险控制，避免重大损失。

就合规经营而言，最重要的就是遵守法律法规和各项规章制度。我国应进一步完善社会责任相关立法，严格法律的执行，学习借鉴外国跨国公司的先进经验，提升中国企业合规经营的能力和水平。

1. 完善社会责任相关立法，严格法律法规的执行

遵守法律、合规经营是企业社会责任的底线，也是当前国情下企业首先应当做到的，因此完善相关立法、加强社会责任相关法律的执行应成为政府推动社会责任发展的首选。我国与社会责任相关的法律法规很多，无论是环境保护、劳工权益都有法可依，但在执法上还存在漏洞，执法不严也是造成一些外商投资企业违规经营的原因。未来我国可考虑通过提高企业经营活动的透明度，来规范外资企业的合规经营。同时，通过培育中国企业合规理念，促进中国企业的国际化运营。

2. 学习借鉴跨国公司先进经验，提升中国企业合规经营能力和水平

跨国公司由于受到母国、东道国和国际社会的更多约束，因此不得不综合考虑，符合各方相关的要求，在合规经营方面走在前列，我国应总结跨国公司的先进经验，如西门子加强合规经营的做法，积极学习借鉴外资企业在管理理念和管理手段方面的优势，提高中国企业守法意识和合规经营能力。在水资源管理和环境管理方面，学习借鉴国际领先企业的做法，并鼓励中国企业在该领域的创新。

3. 跟踪研究国际经验，积极探讨中国企业合规经营的发展道路

在欧美相继出台关于透明度和反腐败的法律后，占采掘业全球资本大部分的企业被纳入这一体系。随着欧美发达国家通过国际组织、民间机构、社会组织在不断地对中国施压，中国应主动研究关于透明度问题的国际经验，趋利避害，为我所用。一方面，要研究欧美将采掘业透明度这一做法推广为国际标准的可能性；另一方面，要加强与其他发展中国家的联系，共同探讨适合发展中国情的相关标准和做法。

4. 积极利用外资企业的优势为我所用，促进公共资源和私营资源之间的合作

当前，越来越多的企业广泛参与到全球治理中，并成为公共部门和私营部门紧密合作的典范。外资企业在该领域具备一定的优势，因此，我国可以设定相应的制度，鼓励更多的外资企业加入到公共私营部门合作的队伍中，和中国其他利益相关方一道，致力于相关问题的解决。

（执笔：李丽）

第 6 部分

2013 年 FDI 与全球价值链

6.1　全球价值链理论的主要内容

6.1.1　全球价值链理论的理论根源

全球价值链理论有两个理论根源。一是依赖理论，指的是国家之间在经济发展上（包括经济行为和政策）所发生的双向作用和影响过程。另一理论根源是价值链分析，但在组织边界和地理区域两个方面，全球价值链理论突破了以单个企业为对象的、局限于较小区域的价值链分析，而正是这种突破将企业的国际化战略置于一个新的背景之下。典型的情况是：跨国公司将研发设计或核心部件置于发达国家，将组织协调部门置于国际边缘地区，将生产制造置于劳动力成本较低的发展中国家。

6.1.2　全球价值链理论内涵

全球价值链指为实现商品或服务价值而连接生产、销售、回收处理等过程的全球性跨企业网络组织，涉及从原料采集和运输、半产品和成品的生产和分销，甚至包括最终消费和回收处理的整个过程。它包括所有以上一系列活动的组织及其价值、利润分配。斯特恩从组织规模、地理分布和生产性主体三个维度来界定全球价值链。从组织规模看，全球价值链包括参与了某种产品或服务的生产性活动的全部主体；从地理分布来看，全球价值链必须具有全球性；从参与的主体看，有一体化企业、零售商、领导厂商、交钥匙供应商和零部件供应商。联合国工业发展组织的定义最有代表性：全球价值链是指为实现商品或服务价值而连接生产、销售、回收处理等过程的全球性跨企业网络组织，涉及从原料采购和运输，半成品和成品的生产和分销，直至最终消费和回收处理的整个过程。包括所有参与者和生产销售等活动的组织及其价值、利润分配，当前散布于全球的处于价值链上的企业进行着从设计、产品开发、生产制造、营销、交货、消费、售后服务、最后循环利用等各种增值活动。

6.1.3　全球价值链理论的发展历程

与全球价值链理论相关的早期研究从 20 世纪 80 年代开始，主要有价值链、商品链等理论，经过多年的演化，这些内容逐渐被全球价值链理论吸纳和整合。

波特提出公司的价值创造过程主要由基本活动（生产、营销、运输和售后服务等）和支持性活动（原料供应、技术、人力、财务等）两部分完成，这些活动在公司价值创造过程中相互联系，构成公司价值创造的链条，称之为价值链。但波特并未从经济全球化的角度对价值链理论作出较好的解释。价值链理论在形成初期往往只关注产业的空间分离，并未对经济全球化背景下的产业转移和分工给予足够关注。

格里菲在价值链理论的基础上提出了全球商品链理论，在全球产业转移和分工的研究方面给出了更加清晰的研究思路。他认为，全球商品链是通过一系列国际网络围绕某商品或产品而发生关系的诸多企业和政府等紧密地联系到世界经济体系中去，这些网络具备一定的社会属性。

Humphrey 和 Schmitz 提出了全球价值链上领导企业和供应商的四种合作关系(1) 公平交易；(2) 网络关系：供需双方基于互惠联系；(3) 准等级制：为首的企业控制质量和流程，供应商负责生产符合质量的产品；(4) 等级制：为首的企业直接控制整个产业链。在全球价值链中，高附加值和最大利润份额往往都流向了海外设计和销售环节，而一般由发展中国家地方产业所占据的生产加工环节的附加值和利润份额很薄弱。全球价值链理论更重视价值环节在地理空间上的片段化、价值链的重组、协调、治理和动力等方面的分析和研究。

6.1.4 全球价值链和全球生产网络的区别和联系

全球价值链和全球生产网络是两个容易混淆的概念。斯恩特对其进行了区分：价值链主要描述了某种商品或服务从生产到交货、消费和服务的一系列过程，而生产网络强调的是一群相关企业之间关系的本质和程度。全球价值链主要从纵向维度来研究全球经济组织，而全球生产网络则更倾向从纵、横两个维度来研究经济组织。产品越复杂，产品生产工序越多，其纵向维度更长；产业越庞大，专业化分工越有可能获得规模经济，其横向维度也会更发达，因而也更有可能形成规模宏大、结构复杂的生产网络。全球生产网络可以被认为是全球价值链发展的高级形式，而全球价值链既可以看做是生产网络的初级形式，也可以认为是对全球生产网络的抽象和简化。

6.2 价值链视角下产业升级的含义

6.2.1 产业升级的含义

产业经济学中一般认为，产业升级是指产业由低层次向高层次的转换过程，它不仅包括产业产出总量的增长，而且包括产业结构的高度化。具体来讲，就是产业由低技术水平、低附加值状态向高新技术、高附加值状态的演变过程。

产业升级主要包括两种形态的资源配置趋势：一是在等量资本取得等量利润的导向下，资源在国民经济各产业之间的移动；二是在竞争导向下，资源在同一产业内部从低效率企业向高效率企业移动。经济全球化背景下，资源的跨国流动为发达国家产业转移提供了便利。发达国家将产业价值链上的低附加值环节剥离出来，在全球范围内进行布局。这种超越国界的要素流动改变了传统价值链的地域分布，进而为承接产业转移的发展中国家提供了产业升级的机会。

6.2.2　价值链视角下的产业升级

1. 参与价值链对发展中国家实现产业升级的积极影响

从全球价值链视角研究产业升级开始于 20 世纪 90 年代中期，也就是源于格里芬等人所作的东亚服装产业研究。更具影响力的研究是西方学者 Kaplinsky 和 Morris 将产业升级类型分为四种，即工艺流程升级、产品升级、功能升级和价值链升级，并认为在一般情况下，产业升级是从工艺流程升级开始，然后逐步实现产品升级和功能升级，最终达到价值链的升级。西方产业升级研究的视角较为微观，实质上是直接把企业的生产能力以及竞争力的提高视为产业升级的本源。因此，从全球价值链理论来看，产业升级就直接表现为企业在全球价值链中顺着价值阶梯逐步提升的过程。国内相关学者的研究，也大多沿袭了这种思路。

加入全球价值链会迅速提高集群的生产制造能力，提高产品质量，改进生产工艺。随着跨国采购商对产品档次和种类不断提出新的要求，集群内的生产商有机会从生产初级产品转向生产高档产品，提高产品的附加值。在发展中国家，平均来看，增值贸易对各国 GDP 的贡献率约为 30%，而在发达国家，这一比例为 18%。参与全球价值链与人均 GDP 增长率呈正相关。全球价值链对增加值、就业和收入有着直接的经济影响。全球价值链可以成为发展中国家建设生产能力（包括通过技术传播和技能培养）的一个重要途径，从而为长期产业升级创造机会。①

2. 参与全球价值链对发展中国家实现产业升级的消极影响

第一，生产商的功能可能会被锁定在单一的生产环节：一方面，集群原有的

① 2013 年世界投资报告.

其他功能（设计、产品开发、品牌等）会逐步消失；另一方面，集群要想从生产向设计和营销等环节升级会面临种种障碍。这种锁定效应使得集群的竞争力变得非常脆弱。随着竞争的不断加剧，其所生产的产品的单位价格会持续下降，形成恶性循环，使集群陷入了不可持续的发展轨迹当中。第二，如果一些国家只获得价值链产生的一小部分增加值，那么全球价值链对 GDP 的贡献会较为有限。第三，技术传播及技能开发和升级不会自动发生。发展中国家面临着局限于从事增加值相对较低的活动的风险。第四，参与全球价值链可能会产生不利的环境影响和社会影响，包括对工作条件、职业安全与健康及就业保障的影响。全球价值链活动可能会“飘忽不定”以及易受外部冲击的程度上升等因素，会带来更多风险。因此，区域产业发展问题需要从区域内的经济合作和全球范围的经济互动两者的相互作用来讨论，要回答的核心问题是，区域产业加入全球化生产体系后会面临怎样的机遇和风险，如何根据自身的资源和优势找准最佳切入点，在此基础上不断实现产业升级。

6.2.3 企业嵌入全球价值链寻求产业升级

嵌入全球价值链是产业升级的前提。但是企业不能为达到产业升级的目标就盲目地进入全球价值链体系，这样反而可能弄巧成拙。企业应该全面客观地分析全球价值链规则和自身竞争力，再选择嵌入的合适的位置和时机。

首先要熟悉全球价值链上的利润分配规则。企业要融入全球生产体系，必须参与或控制全球价值链上的若干环节，即嵌入全球价值链。企业在全球价值链的位置直接决定了其获得附加价值的大小，因此在嵌入全球价值链之前，有必要熟悉全球价值链上的利润分配原则，以便找准嵌入位置与时机。其次是寻找嵌入全球价值链的机会。随着技术的高度复杂化与产品生命周期的缩短，每一企业只能根据自身拥有的核心能力和关键资源，从事价值链上的某一个或几个环节。在熟悉了全球价值链利润分配规则之后，企业必然希望直接跻身于高附加值环节。但全球产业转移的历史经验告诉我们，嵌入全球价值链，必须符合自身的经济发展水平与技术能力。一旦企业自身技术积累有限，创新能力不足，在参与全球价值分工过程中，很难直接步入高附加值环节。在这种情况下，企业必须认清自身技术发展阶段，积极寻找适当的时机，嵌入全球价值链的适当位置。

6.2.4　嵌入全球价值链的三种方式

低端嵌入——适用于大多数发展中国家。跨国公司在全球配置资源，实现利润最大化的过程中，发展中国家因缺乏资金以及核心技术，可以充分利用自身的劳动力优势、资源优势以及市场优势，承接发达国家的产业转移，大力吸引外资，采取诸如加工贸易、建立合资企业甚至被跨国公司并购的方式，纳入他们的国际生产体系和销售体系，由此进入国际市场，嵌入全球价值链。在此过程中，发展中国家的企业一般处于价值链的最低端，即加工组装、生产制造阶段。20 世纪 50 年代的日本、西德，60—70 年代的“亚洲四小龙”以及 80 年代的一些发展中国家（包括改革开放之初的中国），积极承接由美国、日本等依次转移的劳动密集型产业，低端嵌入全球价值链，对发展国民经济起到了积极的推动作用。值得注意的是，嵌入全球价值链的最低端，是手段而不是目的。通过“引进来”，充分利用国外的资金、技术和销售网络等，享受技术外溢带来的好处，以此进行技术积累和提高创新能力，避免出现贫困化增长的结果，最终为提高竞争力做准备。

中端嵌入——适用于新兴工业体与发展中国家部分产业。经过一段时间的技术积累，一些产业具备了一定的生产制造与创新能力，此时可以发展资本密集型与技术密集型产业，承接具有较高技术含量的国际产业转移。20 世纪 60—70 年代的日本、西德等国，80 年代的一些新兴工业化国家和地区以及 90 年代以后的一些发展中国家，转向发展集成电路、精密机械、精细化工、家用电器、汽车等耗能耗材少、附加价值高的资金、技术密集型产业，再次承接国际产业转移，嵌入全球价值链，对它们的经济腾飞奠定了重要的基础。在大力吸引跨国投资、引进技术的同时，具备一定资金和技术实力的企业，可以通过在其他国家进行直接投资将产品打入其市场，或者收购跨国公司的业务，购买其技术性资产，以成熟的产品、品牌、销售渠道参与全球产业分工，通过实施“走出去”战略，也可以实现中端嵌入全球价值链的目的。联想收购 IBM 个人电脑事业部，便是通过“走出去”实现中端嵌入全球价值链的成功案例。

高端嵌入——适用于发达国家与部分新兴工业体，持续的全球产业转移，为后进国家的赶超提供了机遇。经过较长时间的技术引进、消化吸收与再创新，一些经济体逐渐培育了自己的创新能力、核心技术与品牌优势，在此基础上，跨国企业可以集中力量控制优势环节，如概念设计、标准与专利管理、服务、品牌运作等，即控制高附加值环节。对于组装、生产制造，甚至已经模块化的知识、技术密集型产品的研发、营销、物流等业务环节，逐渐外包或转移出去，达到控制整条价值链的目的。美国、日本及德国等部分欧洲国家目前在标准、专利、品牌、服务等环节的出色表现，即实现了高端嵌入全球价值链。如IBM出售个人电脑业务之后，专注于IT咨询、芯片设计、服务业等环节，这是企业高端嵌入全球价值链的成功案例。从目前来看，这种全球价值链的高端嵌入，主要是发达国家及部分新兴经济体所采用的模式。对于大多数发展中国家乃至一些新兴工业化国家，应该是其发展方向，但它们暂时还不具备这种能力。

6.3 从价值链的角度分析FDI与产业升级

6.3.1 FDI推动全球价值链的形成和产业升级

随着生产和贸易全球化的不断深入，世界价值创造体系出现前所未有的垂直分离和重构。跨国公司开始将一些非核心的生产和服务环节外包给发展中国家和地区，从而得以把资源集中于自己的核心业务，提高自己的竞争力，巩固自己在国际市场上的地位，同时，这一举措也使得发展中国家和地区有了融入全球价值链条的机会。一方面，发达国家专注于核心竞争力，从生产制造功能转向创新、设计、市场营销、服务和制造业中高附加值环节的生产；另一方面，发展中国家和地区接受大量从发达国家转移出来的生产制造环节，获得前所未有的发展机遇和挑战。在全球经济变化中，全球分包网络的形成和海外直接投资的快速增长造就了世界经济的新的经济结构。

6.3.2 从价值链的角度分析FDI

1. FDI的知识溢出效应

FDI带来了非凡的经济效应，随之而来的还有先进的技术、管理知识，这为发展中国家和地区的生产力发展提供了便捷的路径。通过FDI，发展中国家的技术人员吸收了发达国家先进的技术，同时外企中的先进管理知识、研发模式、运营模式都可以被发展中国家的人力资本吸收。如发展经济学家所阐述的基本看法一样，工业发达国家开发出来的新技术具有全球的可得性。由于新技术和新发明主要集中在发达国家，新技术在市场上的应用也往往从发达国家开始，因此，发展中国家企业要获得创新性技术，了解新技术在市场上的应用情况，最为有效的办法就是采取技术寻求型 FDI，在新技术的发源地建立自己的分支机构。

与其他引进技术的方法相比，通过对外直接投资获取技术具有以下独特的优势：第一，对于资本短缺的国家来讲，将资金投入到资本国际流动机制特别发达的国家进行相应科研、生产、贸易等活动，可以避免包括成本较高、利益竞争冲突、消化吸收能力不足等技术知识转移壁垒，其技术获取的成本较低，技术获取的速度也较快；第二，假设技术水平相同，与国内的跨国公司相比，毋庸置疑，发展中国家母公司会从自己海外子公司那里得到更多的技术转移，这就是主动对外投资的企业获取核心技术效率较高的原因；第三，在基础配套资源较为丰富，技术知识吸收机制成熟的发达国家环境中，发展中国家可以发挥投资乘数的作用获取更大数量的技术；第四，技术获取型 FDI 不仅可以帮助企业引起先进技术、新生产工艺、新产品设计，同时也可以收集国外最新技术发展情报，培养技术和管理人才。现代科学技术的高速发展已经成为各国经济增长的主要手段，当今，不仅发达国家通过相互间对外直接投资获得高精尖技术，而且不少发展中国家也在积极到发达国家投资设厂，技术获取型 FDI 为发展中国家的技术进步提供了契机。

但是，学到并不代表可以溢出，这里涉及两个问题：第一，核心技术始终是在国外研究开发，并且核心部件的生产也在国外完成，这表示，发展中国家始终无法接触到行业的核心领域。第二，为完成产品的生产，达到认证的标准，企业就要进行技术转移，这一部分就是 FDI 的最大好处。那么国内的人力资本吸收到的知识能不能外溢？一般来说，这涉及知识产权的保护，如果是该企业的专利技术，那么相关的技术人员是不可以对外泄露该项技术的，但是发展中国家的人力资本经过外企的培训确实提高了本身的技能，能够达到国际标准所要求的专业素质，那么这些获得的隐形知识即发展中国家得到的知识外溢。

通过上面的分析可知：第一，在 FDI 的方式下，发展中国家还是不可能接触到行业的核心技术，更不可能通过这种方式获得行业的核心技术；第二，虽然外资企业的一些人力资本获得了隐形知识和显性知识，但是如何使这些知识从人力资本身上外溢出来以便本土企业吸收是一个需要思考解决的问题。

2. FDI 的经济效应

第一，我们用来衡量经济发展的官方统计数据是 GDP，它是一个地区在一段时间内所生产的全部最终产品的市场价值，但是它并不能衡量真正属于负责生产制造环节的发展中国家的财富。外资企业创造的高额GDP，发展中国家获得的可能只是很小的一部分。事实上。发展中国家实际得到的只有员工薪酬和政府税收部分。

第二，以外企为中心，一些本土的中小型企业为外企提供配件而得以发展的“繁荣”景象并不真实。外资企业衍生出许多为之提供生产服务的中下游企业，如一些基础材料，或者简单配件的生产。在这样一个产业集群中，通常有一个以上的核心企业，以此为中心，辐射产生很多下游企业。这些为核心企业服务的下游小企业，处于产业链的低附加值环节，其生产所需要的技术含量较低，易模仿程度高，进入退出壁垒较小，因此企业的数目较多，类似于卖方完全竞争市场，面对的却是完全垄断的买方市场，这样企业基本以 P = MC 的价格销售产品，利润微薄，竞争惨烈。由于零配件的生产具有特殊性，即为指定厂商服务，所以这类小企业的销售市场很有限，只能为其上游的大企业服务，市场势力难以构建，同时由于数目众多，利润微薄，技术简单，前景很不乐观。

第三，这类本土中小企业完全依托外部联系，即与国外市场联系，与国内市场联系不足，没有构建本土市场势力，风险较大。如果这些核心企业撤资或者缩小在发展中国家的产量，那么周围的小企业就只能接受倒闭关门的现实。本土市场开发不足，过度依赖国外市场埋下的隐患在2008年的金融危机中暴露无遗。在集聚效应的高额利润诱导下，大量外资在同一地区注资生产，追求规模经济与集聚效应带来的丰厚收益。在这种趋势下，核心企业规模越来越大，充分利用地方产业集群的集聚效应，以低成本、多层次合作快速发展，与此同时，行业进入与退出壁垒也在不断增加，由于区域集中带来的巨大经济利益，以及市场集中造成的巨大压力，使产业的进入和退出壁垒都相应提高，各地在主导产业的调整和培育上可能丧失部分主导权。这样一来，由该行业的龙头企业所构建的市场壁垒，将完全封锁国内市场，本土企业面对外企的技术屏障、市场屏障、人力资源屏障，很难在该行业的高附加值环节争得一席之地。

6.3.3 从价值链的角度看产业升级

产业升级是企业创新并提高产品或流程附加值的能力。全球价值环节在地方集聚，一国或地区的产业能否充分利用本地的比较优势将决定其长期的发展绩效。从全球价值链的角度研究地方产业基本是围绕地方产业集群如何在全球价值链上升级而展开的。Humphrey 和 Schmitz 认为升级的类型包括流程升级、产品升级、功能升级、产业链条升级。流程升级指通过提升价值链条中某环节的生产加工工艺流程的效益而进行的升级；产品升级指通过引进新产品或改进产品效率从而超越对手；功能升级指通过重新组合价值链的环节来超越竞争对手；产业链条升级指从一个产业链条转换成另一个产业链条的升级。产业升级一般遵循从工艺流程升级到产品升级再到产业功能升级，最后是产业链条升级的过程。而且随着产业升级的深化，价值链中的实体经济环节越来越稀少。流程和产品升级通常是通过国际购买商推动的。国际购买商制定生产标准、规范，将需求信息编码化，本地生产商从国际购买商那里学习如何使产品和流程符合国际标准，他们尽力使产品质量符合需求，并提高对订单的反应效率，这种由买方支持的升级活动可能和国际领导企业本身的发展战略有关，而不是主动为地方生产者提供创新的机会。领导企业往往会压制功能升级和价值链升级。Gereff 和 Gereffi 等以东亚的服装的生产为例认为全球价值链上的功能升级经历四步：

（1）进口组装（Original Equipment Assembling，OEA）；（2）委托加工（Original Equipment Manufacturing，OEM）；（3）自主设计加工（Own Designing and Manufacturing，ODM）；（4）自有品牌产品生产（Own Brand Manufacturing，OBM）。

前两步并不能自行过渡到后两步，因为跨国企业会采取种种措施阻碍东道国的功能升级。尽管 Gereffi 和 Gereffi 给出了价值链上产业升级的步骤，这种升级过程能否推广到其他产业或其他地区仍然未知。产业升级还存在部门间差异。Giuliani 等认为价值链治理对不同部门的产业升级存在不同的影响，国际领导企业在流程升级上，对传统制造业和资源型集群有积极作用，但是对复杂产业集群作用很小。尽管多数研究认为价值链上的领头企业会压制本地企业的功能升级。但 Giuliani 等的研究发现软件业集群的功能升级往往较为常见。这可能是因为软件业更需要外包商和承包商之间的频繁交流。此外知识积累、专用性、编码化、知识基础的复杂化都影响升级的能力和方式。

不同层次产业升级所要求的技术水平不同，创新人员涉及的综合素质要求不同，要求其为实现该层次创新的投入不同，面临的风险系数也大相径庭，因此升级的空间和带来的附加值差别也很大。工艺流程升级可以通过员工的短期技术培训，更换新设备，提高各工厂车间的生产配合等简单方式（也可以通过技术创新，如福特的汽车流水线）来实现，因此带来的附加价值最少；产品升级对技术的要求稍高，它需要研发更新的、更便利的、更实用的和更加高档的产品，他获得的附加值要高于产品工艺流程升级所带来的附加价值；功能升级要改变自身在价值链中的位置，从附加值低的部分向附加值高的部分转移，从而获得更高的附加值；价值链条升级要求离开原来的价值链，寻求新的价值链。

6.4 外商直接投资对中国价值链（或产业）升级的影响

6.4.1 外商直接投资对中国产业升级的影响

1. 外商直接投资对中国产业升级的促进作用

从全球价值链角度出发，大致有四种不同层次的产业升级模式，从低到高、迭次推进的工艺流程升级、产品升级、产业功能升级和链条升级四种方式：工艺流程升级，通过对生产体系进行重组或采用新技术来提高投入产出率，使自己的生产比竞争对手更有竞争力，生产过程变得更加有效率。产品升级，提高产品的档次和品种，加大新产品的研发，不断推出新功能和新款式，以更好的质量、更低的价格与对手进行竞争。功能升级，从生产环节向设计和营销等利润丰厚的环节跨越，改变集群自身在价值链中各个环节所处位置。价值链条升级，指的是从一条价值链跨越到另一条新的、价值量高的相关产业价值链。

外商直接投资促进中国产业工艺流程升级。在领导型和科层制的全球价值链治理模式下，通过发达国家跨国公司的 FDI 及人才培训，FDI 目的地的生产技术，生产硬件设备，生产管理方法，企业组织形式，市场化融资方式得到改进，不断投入各种来源的技术，实施对生产制造系统的改造升级、更新换代，产业将实现工艺流程升级。

外商直接投资促进中国产业产品升级。产业内企业具备了先进制造能力并逐步掌握关键、核心技术，能够实现从低级、辅助环节向较高附加值价值生产环节的转化，从而得以降低产品成本、提高产品质量和提升竞争力，取代和超越竞争对手。随着对关键核心技术的掌握以及对较高附加值价值环节的占有，产业实力不断增强从而必然大力推动产品研究与开发，一方面逐步发展自己的产品设计、研发能力，提高产品等级和档次，另一方面也力图培育出具有自主知识产权的产品来，从而获得超过竞争对手的产品优势，稳固自己的较高价值生产环节地位，实现产品升级。

进入 21 世纪以来，贸易与投资已经成为了全球价值链发展的两大推动力。而据联合国贸发会议秘书长穆希撒·基图伊介绍，"全球价值链贸易中，发展中国家的占比在 1990 年只有 20%，现在占到了 40%。现在许多发展中国家已经越来越多地参与到了价值链当中，这也就意味着这个世界越来越多地紧密联系在一起"。投资同样表现出类似趋势。根据《2013 年世界投资报告》，2012 年全球外国直接投资（FDI）总量同比下降了 18%，而发展中国家吸引的 FDI 首次超过发达国家，占全球 FDI 流量的 52%。对外投资方面，2012 年发展中国家的对外直接投资达 4 260 亿美元，占世界总量的 31%，亚洲成为发展中国家对外投资的最大的地区之一，占到发展中国家的 75%，非洲、拉美等一些国家的对外直接投资也呈现快速增长态势。①

中国在这方面早已表现非凡。目前，中国国民生产总值和货物进出口总额均已居世界第二位，中国吸引外资规模连续 21 年居发展中国家首位，并连续三年稳定在 1 000 亿美元以上。同时，中国已经不是简单的投资吸收国，而是已经成为重要的投资输出国。有关数据显示，2012 年，中国对外直接投资创下 878 亿美元的新纪录，成为世界第三大对外投资国。

FDI 和随之而来的价值链管理模式的转变对我国产业升级具有积极影响。由于大量资金涌入，在一定程度上弥补了我国资金的不足，也同时带来了先进的生产技术和管理方法，我国企业的竞争能力提高，自主研发投资加大，再加上跨国公司外围研发技术的传入，我国掌握了部分核心技术，逐步实现工艺流程升级和产品升级。

2. 外商直接投资对中国产业升级的抑制作用

外商直接投资抑制中国产业功能升级。在领导型和科层制的全球价值链治理模式下，企业由水平一体化向垂直一体化方向发展。跨国企业对子公司的生产产品有严格的控制，同时垂直一体化使得当地企业与周边企业的联系紧密度下降。功能升级的中心是产业依托自主品牌重构价值链，以此获得价值链领导地位。在领导型和科层制的全球价值链治理模式下，目的地国企业很难掌握核心技术，自

① 王培伟，康逸梅．中国应积极参与全球价值链新格局．

主品牌经营能力难以提高，无法取代原有领导企业，推翻原有价值链治理层级结构，围绕自主品牌实施对全球价值链环节的重新组合。

外商直接投资抑制中国产业价值链升级。由于缺乏核心技术，企业全球范围寻找新的合作企业的风险巨大，无法重构或组建自己领导下的价值链系统。链条升级是全球价值链产业升级的最高形式，是建立全新的、价值量更高的价值链。在领导型和科层制的全球价值链治理模式下，国内企业成为跨国公司的子公司，在生产经营上缺乏自主决策权，同时由于企业成为跨国公司生产链的一部分，加工组装后出口，或生产元件出口，与国内企业联系疏远，不利于企业创新，阻碍链条升级。

FDI不利于我国产业功能升级和链条升级。第一，FDI使我国企业成为跨国公司全球战略的一部分，影响到我国企业的自主经营决策的能力和企业的创新能力，减少我国在全球价值链上获得的附加值，阻碍了产业升级。第二，价值链治理模式的转变不利于创新型、学习型产业集群的形成，阻碍了产业链的升级。第三，随着价值链治理模式的转变，使得一经济区域内生产链断裂，甚至是企业完全独立于本地经济环境，导致上下游企业联系松散，不利于信息和技术的交流与扩散，阻碍了创新，减少了产业链升级的外在条件和内在动力。

中国从整体上仍处于国际分工体系的低端环节，应该通过开展国际投资参与到全球价值链重塑中，实现产业升级和技术进步，实现经济的持续稳步发展。虽然GDP总量位居前列，但中国目前从全球价值链中获取的实际利益依然远远低于发达国家，表现为中国很多出口产品科技含量不高，附加值较低，多数企业缺乏核心技术和自主品牌。同时，中国企业对外投资还处于探索和起步阶段，国际化经验不足，参与全球价值链的能力有限。①

中国需要转型，需要提升在国际价值链中的地位。今天，中国经济被称作“世界工厂”，这意味着中国需要生产更加精密和复杂的产品，需要创新，要成为解决方案的提供者，要能够提供高质量的产品和服务，以一种高效低价的方式提供。发达国家处于全球技术产业链的前沿，它的创新、升级只能靠自己发明，要承担很高的研发成本和风险。而发展中国家的技术创新、产业升级有一个后发优势，如果能够利用好后发优势，那么它经济增长的速度可以高于发达国家一倍甚至两倍。

① 联合国贸发会议（UNCTAD）. 2013年世界投资报告——全球价值链投资和贸易促进发展（概述）.

6.4.2 外商直接投资对中国价值链升级的影响

从世界产业转移的经验来看，各国产业结构的层次顺序大致是，根据技术密集度的差别，先转移低附加值的劳动密集型产业，而后转移高附加值的资本密集型和技术密集型产业。劳动密集型产业在发达的工业化国家一般属于夕阳产业，为了延续这些产业的利润保有期，并考虑降低成本和产业升级的问题，发达国家通常会采用对外直接投资的方式，将相关产业转移到劳动力资源密集的发展中国家。除了转移劳动密集型产业外，发达国家还将资本和技术密集型产业内部的一些非核心的劳动密集型生产环节向外转移，以期在保持产业控制权的基础上降低工序成本，优化产业利润，使优势产业得到更多的发展资源。

从正面效应来看，发达国家以对外直接投资形式进行的产业转移以及由此导致的产业价值链分割，一方面，可以在一定程度上解决发展中国家发展资金短缺的问题，加快发展中国家的工业化进程；另一方面，由于对外直接投资式的产业转移具有一定的技术溢出效应和技术转移效应，我国的相关行业通过模仿、学习等途径，可以提高行业的技术水平和竞争力，为后期的自主创新提供技术支持，加快对发达国家技术追赶的速度。

从负面效应来看，FDI 对我国产业转移造成的产业价值链分割，强化了当前的国际分工模式，使我国与投资国之间的产业价值链双向分割不均等，这对我国的贸易发展有极大的限制作用。一方面，从产业间价值链的角度看，在发达国家以 FDI 形式将其劳动密集型产业整体向我国转移的同时，产业价值链外向分割的局面也出现了。由于流入我国的 FDI 大多是投资国劣势产业的转移，这在表面上虽然使我国相对优势的产业得以强化，但实际上是为投资国提供了更好地发展其优势产业的机会，强化了我国在国际分工体系中的地位。另一方面，从产业内价值链的角度看，投资国以 FDI 形式将产业内部非技术性生产环节向我国转移，使得发达国家处于价值链的顶端，主要从事产品设计、研发、销售和服务等高附加值环节的工作，而我国处于价值链的低端，主要从事低附加值环节的生产。这种价值链的分割会直接导致我国与投资国贸易利益分割的不平等，并进一步加剧国家间国际分工地位的不平等。例如，我国的家电制造、通信设备、纺织、医药、机械装备、化工等 10 多个行业的部分产品出口数量都处于世界前列，但仍存在产品档次低、附加价值不高的问题。

6.4.3 中国在FDI推动下的发展战略选择

第一，随着我国经济的发展，出口贸易额的增加，目前国内资金流通性过剩的情况下，在建立出口园区，高新技术园区，吸引外资进入的同时，要注意改变FDI导致的“粗放型”经营方式，对投资完全加工、低端产品输出的FDI进行适当的控制，如在长三角、珠三角等经济相对发达的地区应适当控制低端产品、低端技术的外商直接投资，对FDI投资中西部仍给予支持。

第二，要加大本国的研发（Research & Development，R&D）投入，为本国企业提供资金、技术、人才上的支持，鼓励本国企业进行自主研发。完善风险投资市场和知识产权保护，加强基础设施建设，促进企业之间的技术交流，培养创新环境，最终实现产业的全面升级。

第三，在外资大量进入的条件下，我们要利用外资构建的全球经济网络来带动区域和本地经济网络的发展。提高企业的根植性，利用企业的前后向联系来带动相关产业的发展，同时提高企业技术、管理等无形资产的外溢，这在某种程度上要求有完善的劳动力市场和相关配套设施，完善本地产业链，加强本地企业的合作与交流，鼓励创新，促进产业的全面升级。

6.5 吸引FDI，促进中国价值链升级的相关建议

中国从20世纪90年代开始，开始通过承接全球价值链中的劳动密集型环节，成为具有全球竞争力的制造业基地和代工平台，但中国并未实现根本上的产业升级，核心的技术和价值环节仍然受制于人。鉴于此，中国提出转变经济发展方式，从依靠资源和资本的投入转变为主要依靠技术进步和生产率的提高，还提出建设创新性国家的目标，经济转型必然伴随产业结构变化，但更重要的是产业经济活动性质的转变，即从低附加值经济活动转向高附加值经济活动。

推动产业升级，中国需要注意以下几个方面：

第一，注重企业内生能力的培养。一些研究过分强调全球因素在产业升级的作用，对国内企业在产业升级中的角色没有给予足够的重视。事实上，最重要的竞争力往往是本地产生的，企业要顺利实现在全球价值链上的产业升级，必须首先注意企业自身内生能力的建设。要实现产业链上的升级，本地企业需要与跨国企业建立持续的联系，另一方面，进入全球价值链并不能保证发展中国家的创新

和产业绩效提升。升级不只是向价值链阶梯的高端爬升，还包括在价值链原有环节上能力的提升。已有的研究表明，企业的技术选择、适应和提升不是嵌入价值链后水到渠成的结果，还需要企业和政府明确的活动和投资。郭熙保和文礼朋指出：边干边学是后发国家术进步的主要手段，在发展初期，后发国家的技术水平在一定程度上可以依靠外国直接投资得到较快的提升，然而过渡到创新阶段，则只能依靠内资企业的努力。中国台湾笔记本电脑产业的成功升级就是本地企业通过嵌入全球价值链并积极学习各种技术资源，最终成功从代工企业升级成为自由品牌企业。中国台湾在产业升级过程中已有的和建立起来的技能和设计能力是进行功能升级的关键。

第二，创造保护内资企业产业升级的制度环境。要顺利实现价值链升级，政府需要从制度和基础设施方面为本土企业升级创造必要的条件。Humphrey 和 Schmitz 在分析中国台湾产业链升级的成功经验时，指出产业在价值链上的升级跳得越远，越难以利用现有价值链的资源，而中国台湾企业的产业链升级严重依赖地方和国家创新系统。目前，中国各地政府在招商引资的过程中，尽管本土民营企业的地位有了很大的提升，制度环境仍然是偏向外资的，如苏州在资源配置过程中，政府的政策重心基本向外资倾斜，给外资以土地、税收等各方面的优惠，弱小的民营企业实际上是在不平等状态下与实力强大的外资企业竞争。这种偏向外资的制度环境严重影响本土创新能力的培养。中国的产业升级和经济转型意味着中国企业能够更多地参与国际高端市场的竞争，不可避免地触犯到发达国家的利益，所以将会产生更多的矛盾和冲突，所以中国不能完全依靠现有的市场机制实现产业转型和升级，必须要有国家力量的支持和政府的领导。以产业升级和经济转型为总目标的产业政策，应该以鼓励和支持中国企业的技术学习和创新为核心内容，而不是热衷于上新项目，更要摒弃重外资轻民营经济的对内资歧视的制度。

第三，培育基于本地市场的产业升级。一些研究认为，基于本地领导企业和本地市场的价值链更有利于推动功能升级。Bazan 和 Navas-Aleman、Rabellotti 等人在对巴西、墨西哥的集群研究中认为，那些销售本地品牌到本地市场的企业能够根据本地市场反应制造产品，更容易实现功能升级。本地价值链往往对推动功能升级提供更持续、可靠的机会。全球经济形势的变化也使得一些发展中国家将目标转向国内市场，Gereffi 和 Frederick 提出金融危机后发达国家的购买力下降，中国等发展中国家的纺织业需要更关注国内市场。但另一方面，如果只专注于本地市场，往往使发展中国家失去庞大的购买商市场，不利于产业升级。中国的本土企业在全球价值链的产业升级中，不但要积极吸收国外技术，还需要更重视国内市场，若能把技术创新嵌入到本土的市场规模中去，就有可能使创新的技术内生于自身企业，而不是简单地接受一种外源性的技术。

第四，创造条件提升跨国企业的根植性。研究表明：跨国企业在本地需要具备一定的根植性才更有利于知识转移和本地区的产业升级，即本地企业和跨国企业需要有一定的技术邻近性才能够有效吸收跨国企业的知识转移并提升本国产业。其次，当跨国企业的本地根植性提高，根据本地需求调整产品和流程时，也有利于知识转移。Gunzenhausera 和 Bongu-lielmib 认为，面对本地市场的全球化产品必须适应本地需求，需要根据本地的经济水平、市场需求、教育和风俗习惯制造出相应的产品。因此，地方政府或非政府组织需要发挥地方特色，创造良好的软硬件环境，并引导价值链上的领导企业适应本地市场和本地产业环境，提高跨国企业的根植性。

第五，平衡招商引资。这里的平衡有两层含义：其一，地理区域上的平衡，目前的 FDI 集中在长三角、珠三角等经济发达地区，我国的西南、东北、西北等地区 FDI 投资量太少，这样就会使原本就不平衡的经济发展趋势进一步分化，所以，我国的中西部地区在招商引资上要更加努力，这样也可以使外企的技术转移扩散到中国的更多区域，而不是集中在少数几个发达地区；其二，已有大量 FDI 的区域，应注意避免吸收过多同类 FDI 的进入，这样会给本土企业的生存造成巨大的压力，而且外资企业之间利用集聚效应发展自身的同时会构建更高的行业壁垒，对本国企业的发展非常不利。过度引入会导致本地政府丧失有机选择自主产业的主导权，因此需要冷静地面对目前火热的招商引资，多给本土企业一些发展机会。

第六，中下游企业努力拓展国际市场和国内市场，加强与本土企业的联系，构建内部网络，降低对外企过高的依赖，分散风险，也同时为自身的发展争取更多的机会。对外依存度甚高的经济发展模式使我国的产业发展一直以来主要依靠国外市场，国内的市场开发不足，随着金融危机导致外企不断倒闭，我国的相关企业也相继倒闭，经济陷入低迷。因此降低外贸依存度，开拓国内市场是一个理性的选择。处于中下游的诸多中小企业，应量力而行，优胜劣汰，重组兼并，增强竞争力，争取为更多的企业服务，摆脱被单一企业俘获的局面，同时提升自己的技术水平，向两端延伸自己的价值链，增强灵活性和风险应对能力。产业集群可以通过合作发展，充分利用集聚效应，研究行业的核心技术，开拓本国的内部市场，构建属于自己的市场势力。因地制宜，通过形成市场需求与企业研发的良性互动，了解市场动向，生产出满足不同层次的消费需求的产品。

第七，依托自身特点，发展比较优势。以化妆品行业为例，外国品牌凭借高技术、品牌效应等比较优势垄断了整个化妆品行业，占据了 90% 以上的市场，在如此艰难的环境中，我国的自主品牌佰草集成功进入化妆品的顶级市场法国，通过分析其成功经验，归纳如下：首先，发掘比较优势，我国是一个有着悠久中药文化的国度，本草文化深入人心，这就是我国得天独厚的一个文化条件，佰草集利用这个比较优势，研究草本植物的化妆品，以纯天然、植物性建立自己的竞争优势；其次，构建市场势力，佰草集选择首先发展本土市场，按照严格的质量标准控制生产，在国内建立良好的市场基础，然后拓展外部市场；最后，开拓创新，将中国千年的太极文化融入到化妆品的生产和包装中，凭借与众不同的产品特色，借助法国最大的化妆品经销商丝芙兰从世界化妆品博览会进入法国市场。

第八，根据进入价值链的不同，选择合适的路径，培养企业的核心竞争力。在不同的驱动力下，产业升级面对的压力和壁垒是不同的。对于生产者驱动的价值链，高利润环节为产品的研发和生产技术，核心竞争力的培养来自于先进的技术和研发实力；而由采购者驱动的价值链，其核心竞争力来自于强大的市场销售渠道和品牌效应，比如耐克，所有的商品都是由代工厂制造，它们依靠的核心是设计环节和遍布全球的销售网络，因此对于这类价值链，升级的方向应该是设计环节和市场营销环节，核心竞争力的培养重在设计领域；混合驱动的价值链兼具生产者和采购者的特点，价值链领导者同时占据了研发、设计、市场营销、品牌等战略环节，进入这种价值链，升级的方向是双向的，既需要提高技术能力，也需要构建市场实力。

（执笔：汤碧、王思齐）

第 7 部分

2013 年高新技术产业 FDI

邓小平同志早在 1988 年就提出过“科学技术是第一生产力”的基本观点。科学技术对生产生活的重要影响，对一国经济发展的重要作用已经越来越突出。随着中国经济总量的不断扩大，经济结构的优化与质量提高逐渐成为政府和民众关注的重要问题，而保障经济健康、持续、稳定发展的重要条件之一，在于科学技术的全面、持续发展，这也直接促成了我国高新技术产业的诞生、发展和重要性的提升。

7.1　高新技术产业的含义与特点

所谓高新技术产业，指的是以高新技术为基础，从事一种或多种高新技术及其产品的研究、开发、生产和技术服务的企业集合。高新技术产业与国民经济其他行业不同之处在于：首先，高新技术产业能否成功实现发展很大程度上取决于国家科技发展水平的高低。国民经济绝大多数产业和行业，其发展虽然离不开科技进步，但是更多地依赖劳动力规模与质量的提升、管理与组织能力的进步和企业资本的运作，当然也包括国家政策或资金的支持，换言之在这些产业和行业的发展因素当中，劳动、资本与管理水平可以很大程度上与科学技术水平相互替代。但是高新技术产业的发展则在很大程度上依赖科学技术的水平，甚至其发展成败往往取决于国家现有科技存量水平与科学技术发展的速率，在高新技术产业的产品生产中，技术往往是不能被其他要素替代的，是“水桶的短边”①。其次，高新技术产业所需要的关键技术往往开发难度很大。制造业和服务业虽然也需要技术进步，但是其关键技术往往基于以往生产、管理技术改进而成，一般“渐进式”的技术发展即可满足生产管理需要，但是高新技术产业所需要的关键技术往往是跨越式的技术发明，甚至是原创性技术成果的直接运用，这在客观上大大增加了关键技术开发的难度要求。再次，高新技术产业所需要的关键技术一旦开发成功，具有远远高于一般产业的经济效益和社会效益，这是其他产业和行业技术发展难以产生的效果，但是高新技术产业所需技术的开发难度很大，因而往往在开发前期投入巨大，经济收益风险也较大。最后，高新技术产业是知识密集、技术密集的产业。高新技术产业的发展不可能仅仅依靠几个或者少量独立的技术发

① 水桶能够装多少水取决于水桶的短边，这就是著名的“箍桶原理”，实质上这是对完全互补生产函数形式的生动描述。

明来支撑，而需要高技术人才和优秀技术发明成果的大量集聚才能形成，因而高新技术产业常常表现出整个产业、所有企业、所有生产过程中的大量人才和技术的集中，这是其他行业所难以展现的。

正是由于高新技术产业存在以上显著异于国民经济其他行业的特点，因而并不能够仅仅因为某个产业存在技术发明和创新，就被认定为高新技术产业。政府部门和学术界对高新技术产业的认定标准主要分为以下几种：一种是经济合作与发展组织（OECD）于 1994 年提出的用于学术研究的标准，即选用研发（R&D）总费用（直接 R&D 费用加上间接 R&D 费用）占总产值比重、直接 R&D 经费占产值比重和直接 R&D 占增加值比重 3 个指标得出的高新技术产业的 4 分类法，具体地将航空航天制造业、计算机与办公设备制造业、电子与通信设备制造业、医药品制造业等认定为高新技术产业。这一分法为世界大多数国家所接受，尤其值得一提的是，学术界进行的相关研究基本按照此类分法进行。另一种是美国商务部提出的，他们认为判定高新技术产业的主要指标有两个，一是研发与开发强度，即研究与开发费用在销售收入中所占比重；二是研发人员（包括科学家、工程师、技术工人）占总员工数的比重。按照这种认定标准，高新技术产业主要包括信息技术、生物技术、新材料技术三大领域。此外，加拿大和澳大利亚也明确提出过高新技术产业划分标准。

中国目前还没有关于高新技术产业的明确定义和界定标准，通常是按照产业的技术密集度和复杂程度作为衡量标准。根据 2002 年 7 月国家统计局印发的《高技术产业统计分类目录的通知》，中国高技术产业的统计范围包括航天航空器制造业、电子及通信设备制造业、电子计算机及办公设备制造业、医药制造业和医疗设备及仪器仪表制造业等行业。这一划分标准与经济合作与发展组织所提出的可用于科研的划分标准十分接近，因而本章后文内容若无特殊说明，均以此划分标准下的产业作为高新技术产业。另外值得一提的是，本部分只考虑“引进来”而暂不讨论“走出去”，即本章出现的 FDI 均代表外商进入中国高新技术行业进行直接投资。

7.2 促进高新技术产业 FDI 发展的理论基础

高新技术产业与制造业、服务业中绝大多数产业一样，需要依靠对外开放来进一步提高产业发展水平、提升产业竞争力、优化产业结构。对高新技术产业而言，对外开放的主要手段有两种：国际贸易与国际直接投资。通过货物进出口促进高新技术产业发展是比较困难的，因为很难希望欧美国家会向中国出口最先进的技术产品，且产品分解成技术的难度较大，因此近年来国家相关部门及学术界都开始更加关注高新技术产业引进外商直接投资的情况，并将吸引 FDI 进入作为促进高新技术产业发展的重要手段。

促进高新技术产业 FDI 发展的理论基础主要分为两部分：一部分是内生经济增长理论，它阐述了促进高新技术产业发展的必要性；另一部分是 FDI 技术外溢效应理论，它论证了通过吸引 FDI 进入促进高新技术产业发展的可能性。

7.2.1 内生经济增长理论

Romer（1986）和 Lucas（1988）发表的经典论文开创了内生经济增长理论的先河①。内生经济增长理论的核心思想包括三个方面：第一，技术进步不是外生的，而是经济生产过程中内生的“产品”，它的生产同样基于厂商最大化利润的选择；第二，相比劳动和资本规模的扩大，技术进步是更能维持经济增长的永恒动力，且能够提高劳动和资本的生产效率；第三，人力资本是内生技术的重要组成部分，是促进经济发展的重要动力。内生经济增长理论克服了传统经济增长理论对技术进步无法描述的局限性，从微观企业的运行角度揭示了技术进步实现的基础路径，从而论证了技术进步对国民经济发展所起的重要作用。

内生经济增长理论的相关研究表明，技术进步和原创性科学研究成果的产生会大幅度提高劳动与资本的生产效率，从而显著提高整个国民经济的发展水平，因而在一国劳动、资本总量短期内无法快速显著提高且存在边际收益递减的条件下，推进技术进步成为维持经济长远快速发展的决定性因素。正是内生经济增长理论的基本观点，提醒国家应该大力发展科学技术，而高新技术产业实际上就是通过最直接的生产渠道促使科学技术应用于生产过程的产业，因而发展高新技术产业对于促进国家经济全面持续发展意义重大。

7.2.2 FDI 的技术外溢效应理论

学术界常常用技术外溢效应来描述 FDI 通过技术共享与流出影响东道国技术

---

① 严格来说，Arrow（1964）的“干中学”模型已经初显内生增长理论的基本观点，但是学术界普遍认为系统的内生经济增长理论起源于 Romer 和 Lucas。

进步的机制。根据 Kokko（1994）的归纳，FDI 的技术外溢效应可以概括为四种情况：一是外资企业带来的竞争压力会促使东道国企业充分发挥现有技术的效率，提高产品质量；二是外资企业带来的市场竞争压力迫使东道国企业增加技术投入，提高技术水平，进行技术创新；三是外资企业将相关技术提供给上游或下游的企业；四是外资企业培训的工人和管理人员进人东道国内资企业①。

事实上，无论 FDI 的技术外溢效应通过哪种方式表现出来，其对东道国相关行业的根本影响都在于促进行业技术发展与进步，但是最为有效和常见的促进机制，往往是 FDI 为东道国行业和企业提供技术支持，这种技术存量的获取方式不仅方便快捷，而且成本很低，因而成为许多后发国家行业和企业技术发展乐于选择的途径。高新技术产业存在大量的技术集聚需求，因而吸引 FDI 进入高新技术产业，形成的技术外溢效应可能更加显著，对产业技术发展的促进作用也更加明显，这就为国家通过吸引 FDI 进入来促进高新技术产业发展提供了可能性。

值得一提的是，由于 FDI 的技术外溢效应的作用机制和产生条件非常复杂，至今为止这种技术外溢效应更多的是在理论模型层面得到学术界的广泛认同，还没有被经验研究完全证实，表现在不同国家对不同行业进行的实证研究结论差异很大：如 Blomstrom 和 wolff（1989）的研究证明当地企业的生产力水平与跨国公司子公司的生产率水平存在趋同现象；Basant 和 Fikkert（1996）的研究也表明技术外溢是当地厂商进行研究与开发（R&D）的一个非常重要的补充。此外，从行业的视角来看，FDI 能够通过行业内水平外溢效应和行业间的前后向关联效应影响东道国企业的生产率（Liu，2008）。然而另一方面也存在一些相反的研究结论，如 Aitken 与 Harrison（1999）的研究就表明委内瑞拉本地企业的全要素生产率（TFP）与外国直接投资流量负相关；而 Djankov 和 Hoekan（2000）则发现如果外资份额由独资企业所构成，则溢出效应在统计上并不明显。国内学者的相关研究也存在较大分歧：如何洁（2000）、包群与赖明勇（2003）、沈坤荣和耿强（2001）、潘文卿（2003）、亓朋等（2008）等学者论证了外资企业对内资工业部门的技术外溢效应的现实存在性；与此同时，也有部分学者如陈国宏等（2003）、张海洋与刘海云（2004）、李广众和任佳慧（2005）、马天毅等（2006）则认为

① 蒋殿春、张宇．行业特征与外商直接投资的技术溢出效应：基于高新技术产业的经验分析［J］．世界经济，2006（10）．

外资进入中国主要是为了占领国内市场，或者是仅仅为了利用中国廉价劳动力的比较优势，因此无助于中国工业企业引进先进的技术。即便如此，绝大多数学者依然愿意相信，技术溢出效应使得 FDI 的进入拥有了提升东道国技术水平和生产效率的意义。

7.3　高新技术产业 FDI 发展状况

改革开放尤其是邓小平南行讲话以来，中国确立了社会主义市场经济体制，从而更加重视科学技术发展对经济建设的积极作用。随着对外开放程度的进一步加深，政府更加意识到国内生产与西方发达国家存在的技术差距，因而也更加重视大力发展国内高新技术产业。高新技术产业中既有国有及国有控股企业，也有民营企业，但是更加引起我们高度重视的是港澳台资企业和外资企业。我国近年来高技术产业生产经营状况如表 7-1 所示，可以看出 2000 年以来高技术产业发展态势良好，从业人数、主营业务收入和利润总额持续增长，出口交货值的规模更是显著扩大。值得注意的是，在 2011 年高技术产业的企业数出现了较大幅度的降低，但是与此同时相关的经营指标却依然理想，这或许足以表明 2011 年后高技术产业的企业生产效率有了进一步提高，获利能力大幅度增强。

表 7-1　　2000 年以来我国高新技术产业生产经营状况

指标	2000 年	2005 年	2009 年	2010 年	2011 年	2012 年
企业数（个）	9 758	17 527	27 218	28 189	21 682	24 636
从业人数（万人）	390	663	958	1 092	1 147	1 269
主营业务收入（亿元）	10 034	33 922	59 567	74 483	87 527	102 284
利润总额（亿元）	673	1 423	3 279	4 880	5 245	6 186
利税（亿元）	1 033	2 090	4 660	6 753	7 814	9 494
出口交货值（亿元）	3 396	17 636	29 500	37 002	40 600	46 701

数据来源：《2013 中国高技术产业统计年鉴》。

根据《中国高技术产业统计年鉴》的分类标准，中国高新技术产业的统计范围包括医药制造业，航空、航天器及设备制造业，电子及通信设备制造业，计算机及办公设备制造业，医疗仪器设备及仪器仪表制造业，信息化学品制造业六大类，而这些行业又可以进一步划分为许多细小行业，如医药制造业可以细分为化学药品制造、中药饮片加工、中成药生产、兽用药品制造、生物药品制造、卫生科技及医药用品制造，航空、航天器及设备制造业可以细分为飞机制造、航天器制造、航空航天相关设备制造、其他航空航天器制造、航空航天器修理，等等。具体划分的行业类型和分类代码见表 7-2。

表 7-2　　　　高新技术产业（制造业）分类表

名　　称	国民经济行业分类代码
一、医药制造业	27
（一）化学药品制造	2710、2720
（二）中药饮片加工	2730
（三）中成药生产	2740
（四）兽用药品制造	2750
（五）生物药品制造	2760
（六）卫生材料及医药用品制造	2770
二、航空、航天器及设备制造业	
（一）飞机制造	3741
（二）航天器制造	3742
（三）航空、航天相关设备制造	3743
（四）其他航空航天器制造	3749
（五）航空航天器修理	4343
三、电子及通信设备制造业	
（一）电子工业专用设备制造	3562
（二）光纤、光缆制造	3832
（三）锂离子电池制造	3841
（四）通信设备制造	392
（五）广播电视设备制造	393
（六）雷达及配套设备制造	3940
（七）视听设备制造	395
（八）电子器件制造	396
（九）电子元件制造	397
（十）其他电子设备制造	3990

续表

名 称	国民经济行业分类代码
四、计算机及办公设备制造业	
（一）计算机整机制造	3911
（二）计算机零部件制造	3912
（三）计算机外围设备制造	3913
（四）其他计算机制造	3919
（五）办公设备制造	3474、3475
五、医疗仪器设备及仪器仪表制造业	
（一）医疗仪器设备及器械制造	358
（二）仪器仪表制造	4011-4015、4019、4021-4029、4041、4090
六、信息化学品制造业	
（一）信息化学品制造	2664

资料来源：《2013 中国高技术产业统计年鉴》。

表 7-3　　分行业高新技术产业生产经营状况

行业	企业数（个）					主营业务收入（亿元）				
	2000	2005	2010	2011	2012	2000	2005	2010	2011	2012
医药制造	3 533	4 971	7 039	5 926	6 387	1 683	4 020	11 417	14 484	17 338
航空、航天器及设备制造	176	167	237	224	304	378	781	1 592	1 934	2 330
电子及通信设备制造	3 996	7 781	13 425	10 220	12 215	5 875	16 646	35 984	43 206	52 799
计算机及办公设备制造	506	1 267	1 642	1 313	1 387	1 607	10 717	19 958	21 164	22 045
医疗仪器仪器仪表	1 624	3 341	5 846	3 999	4 343	508	1 752	5 531	6 739	7 772

续表

行业	从业人员年平均人数（万人）					利润总额（亿元）				
	2000	2005	2010	2011	2012	2000	2005	2010	2011	2012
医药制造	105	123	173	179	197	139	338	1 331	1 606	1 866
航空、航天器及设备制造	176	167	237	224	304	3.8	32.4	81.3	104.0	121.8
电子及通信设备制造	174	347	602	636	731	426	651	2 234	2 162	2 680
计算机及办公设备制造	24.7	101	181	195	198	76	262.7	690.5	710.4	790.5
医疗仪器仪器仪表	43.5	61.6	102.4	103.1	107.1	28.2	139.1	543.2	662.6	728.7
行业	利税（亿元）					出口交货值（亿元）				
	2000	2005	2010	2011	2012	2000	2005	2010	2011	2012
医药制造	268	584	1 956	2 375	2 857	190	439.3	948.6	1 031	1 165
航空、航天器及设备制造	17.2	44.5	107.0	139.7	181.7	31.2	77.8	202.5	274.9	358.7
电子及通信设备制造	592	927	3 019	3 357	4 287	2 158	9 410	19 589	22 240	27 049
计算机及办公设备制造	104	331	918.3	1 018	1 116	911	7 195	15 178	15 880	16 926
医疗仪器仪器仪表	51.9	202	752.7	925.0	1 054	106	514.4	1 084	1 175	1 202

数据来源:《2013 中国高技术产业统计年鉴》。

高新技术产业不同行业的企业发展状况是存在显著差异的，表 7-3 报告了分行业的高新技术产业企业经营状况。我们发现在高新技术产业的各个行业中，电子及通信设备制造业的企业数量最多，利润总额最高且出口交货值远远领先，表明当前我国高新技术产业中，电子及通信设备制造业最具规模，发展态势也非常理想，且产品的国际竞争力值得期待。航空、航天器及设备制造业相对其他高新技术产业的行业而言则获利能力较弱，企业数量也最少。

本节接下来将首先从分行业的统计数据中观察分析高新技术产业 FDI 近年来的变化趋势，而后重点介绍当前外资性质的高新技术产业在国内的发展状况。因为在国家整体高新技术产业迅速发展的大背景下，政府也在努力吸引外资进入高新技术产业，以支持国内生产技术的提升，表现在高新技术产业中的外资企业生产经营状况一直保持良好，且外资企业在国家高新技术产业发展中扮演越来越重要的角色，所以对外资性质的高新技术企业有必要进行专门的介绍和分析。

7.3.1 中国高新技术产业 FDI 的整体发展状况

2008 年的全球性金融危机对中国各行业引资带来了较大困难，高新技术产业也不例外，但是经过近几年的调整，2011 年以来中国高新技术产业 FDI 发展趋于良好，主要表现在以下几个方面：第一，大量高新技术产业跨国公司在华设立战略研发中心。据商务部不完全统计，截至 2011 年年底跨国公司在华设立各类研发中心超过 1 200 家，这些跨国公司大多数属于高新技术产业。2012 年以来许多跨国公司在华的“研发中心”已经升格为战略研发总部，表明高新技术产业跨国公司更加重视在华投资。第二，外资加大了对高科技产品的投资，产品科技含量进一步提升。例如，扬子石化—巴斯夫有限责任公司是两个世界五百强企业中国石化和巴斯夫以 50∶50 的股比强强合作的成果，是中德企业合资合作的成功典范。2001 年 9 月公司开始一体化石化基地的建设，一期项目总投资 29 亿美元，2005 年 6 月全面投入商业运营。一期项目以年产 60 万吨乙烯的蒸汽裂解装置为核心，共建有十套世界级规模的工艺装置。2009 年 9 月公司启动对一体化石化基地进行扩能的二期项目建设，总投资约 14 亿美元，2012 年 1 月投入商业运营。蒸汽裂解装置扩建至年产 74 万吨乙烯。同时，扩建了原有的环氧乙烷装置，并新建了环氧乙烷精制单元。2010 年 9 月，中国石化和巴斯夫决定将扬子巴斯夫苯乙烯系列有限公司并入扬子石化—巴斯夫有限责任公司，扬子巴斯夫苯乙烯系列有限公司成立于 1994 年，由扬子石化和巴斯夫共同投资建设，总投资约 22 亿元人民币，拥有乙苯/苯乙烯、聚苯乙烯以及可发性聚苯乙烯三套装置。该公司所生产的产品都是其科学技术水平位于世界前列的产品，生产线也非常先进。第三，中国的战略性新兴产业成为外资关注的对象。例如，西门子公司在潍坊进军新能源汽车领域，美国霍尼韦尔与山东当地企业合作太阳能内胆生产，美国中电通公司专门发展数字电视产业，包括获得数字电视、宽带上网、IP 电话三网合一的终端产品专利。这些高新技术产业产品正是当今一国战略性新兴产业的主打产品，因而受到外资的重点关注。第四，外资在信息技术产业和生物产业发展迅速。例如，2012 年 4 月 10 日三星开始落户西安高新区，本项目预计一期投资 70 亿美元，2013 年年底达产后，每月可生产芯片 10 万片，可聚集 160 余家配套企业入驻，将解决万余人就业，成为我国西部地区目前引进的最大外商投资高新技术项目。至今为止，西安已经吸引了 NEC、美光、应用材料、华新丽华、特变电工等诸多电子信息企业进驻。2011 年 5 月德国勃林格殷格翰宣布进军中国肿瘤药市场，首款抗肿瘤药物将于 2014 年上市。2011 年 6 月美国辉瑞投资 5 000 万美元参股上海医药，7 月默克与先声药业签署框架合作协议，将在中国成立合资公司，业务涉及产品研发、注册、制造和销售多个方面，10 月英国制药巨头阿斯利康斥资 2 亿美元在泰州打造其全球投资最大的独立生产基地，生产静脉注射产品和口服固体片剂，以推动公司在中国的业务发展。第五，高端装备制造业和新材料产业逐渐受到外资青睐。2012 年以来，博世、通用、西门子等一批欧美企业开始在成都投资建设高端制造工厂，生产电子信息、精密机械等领域的先进产品。2012 年拜耳材料科技公司在上海投资已达 21 亿欧元，加上已宣布的扩能，拜耳材料科技公司在中国的投资总额已逾 30 亿欧元。截至 2012 年 4 月，道康宁分别在上海、北京、广州、深圳、成都、香港和台北设有 7 个办事处，并在张家港和上海等地建有 3 个生产基地和 1 个应用技术服务中心，等等。

表 7-4 和图 7-1 报告了 2010—2012 年高新技术产业分行业 FDI 的实际使用金额。需要说明的是，完全与高新技术产业行业划分相对应的 FDI 数据，迄今为止在公开统计数据中还很难找到，但是接近该行业划分的 FDI 数据是充足的，这基本能够反映分行业 FDI 的发展情况。对精确分行业 FDI 分析的不足将通过接下来对高新技术产业 FDI 发展案例的讨论加以弥补。

从图 7-1 可以清晰地看到近年来我国高新技术产业 FDI 的发展情况：首先，2010 年以来通信设备、计算机及其他电子设备制造业的 FDI 持续降低，这也是高新技术产业中唯一一个 FDI 规模持续降低的行业，其中 2011 年同比下降 13.34%，2012 年同比下降 9.89%。这可能是因为我国国内企业生产的通信设备等相关产品已经具备较高的质量和较强的国际竞争力，逐渐不再需要大规模的外资进入以支持行业发展。其次，通用设备制造业 FDI 在 2011 年出现显著下降，而在 2012 年又大幅度回升，专用设备制造业 FDI 则在 2012 年出现显著下降。总之，通信、通用设备制造业 FDI 近年来出现了显著而频繁的波动。最后，其他高新技术产业的行业 FDI 持续增长，包括化学原料及化学制品制造业年均增长 6%以上，交通运输设备制造业年均增长近 17%，科学研究、技术服务和地质勘查业 FDI 实际使用金额甚至年均增长率可以超过 25%，这些行业已经成为我国高新技术产业吸引外资的主要力量。

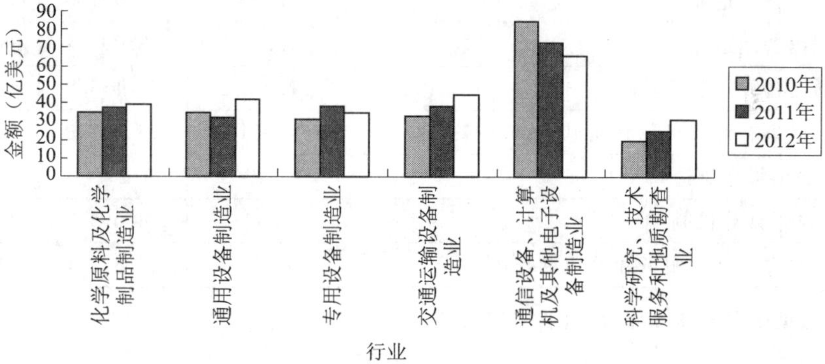

图 7-1　2010—2012 年高新技术产业分行业 FDI 实际使用金额

7.3.2　高新技术产业外资企业在华生产经营状况

高新技术产业能否继续保持吸引外资进入的发展趋势，很大程度上取决于已经在华进行高新技术产业生产的外资企业究竟是否拥有理想的生产经营状况。表 7-3 虽然报告了高新技术产业企业 2000 年以来的经营状况，但其中包含了许多内地高新技术企业的数据，这还不足以准确反映高新技术产业中外资企业的经营状况。

表 7-5、7-6 分别报告了港澳台资和外资企业在华的生产经营状况。有以下几个特点：第一，大多数行业的港澳台资企业数量在 2010 年都达到了最高峰，然后有所降低，主营业务收入也体现出这一发展特点；第二，电子及通信设备行业同样是港澳台资高新技术企业最愿意进入的行业，表现在企业数量最多且利润最高，当然如前所述这与我国经济贸易发展的特点有关；第三，高新技术产业中的尖端行业——航空、航天器制造业依然是港澳台资企业进入的薄弱行业，2010

年以来的发展进步也并不显著；第四，高新技术产业的港澳台资企业近年来出口交货值普遍大幅度提高，表明外资企业的高新技术产品竞争力显著增加，这也从侧面反映出高新技术产业FDI近年来质量显著提升。这些特点在除港澳台资以外的外资企业相关数据中也能得到体现。

表7-4　　2010—2012年高新技术产业分行业FDI实际使用金额　单位：亿美元

行　　业	2010年	2011年	2012年
一、化学原料及化学制品制造业	34.365 5	37.366 5	39.029 3
（一）合成材料制造	6.974 2	8.386 9	9.919 1
二、通用设备制造业	34.576 2	31.991 6	42.171 0
三、专用设备制造业	31.287 4	38.097 4	34.626 5
四、交通运输设备制造业	32.799 2	38.153 6	44.695 2
五、通信设备、计算机及其他电子设备制造业	84.321 0	73.075 3	65.851 5
（一）通信设备制造	4.319 3	3.297 1	4.267 7
（二）电子计算机制造	8.802 5	14.095 0	8.275 8
六、科学研究、技术服务和地质勘查业	19.669 2	24.578 1	30.955 4

注：数据来源于商务部《中国外资统计》。

表7-5　　分行业港澳台资企业生产经营状况

行业	企业数（个）					主营业务收入（亿元）				
	2000	2005	2010	2011	2012	2000	2005	2010	2011	2012
医药制造	276	356	444	392	381	134.3	254.7	1 056.2	1 194.0	1 377.5
航空、航天器及设备制造	2	4	9	11	11	6.4	24.9	30.8	72.1	94.1
电子及通信设备制造	1 045	1 830	2 644	2 151	2 280	1 125	3 542	7 741.3	9 690.8	12 441
计算机及办公设备制造	184	390	408	334	339	563.6	2 462	5 028.8	5 959.8	6 576.8
医疗仪器仪器仪表	120	276	386	285	300	42.8	256.3	488.9	618.0	567.0

续表

行业	从业人员年平均人数（万人）					利润总额（亿元）				
	2000	2005	2010	2011	2012	2000	2005	2010	2011	2012
医药制造	5.53	7.77	14.75	15.20	16.50	11.3	22.5	147.4	154.2	174.6
航空、航天器及设备制造	0.16	0.35	0.61	1.18	1.04	1.7	2.6	1.7	3.7	3.4
电子及通信设备制造	41.7	105	174.2	198.7	226.8	49.4	101.9	398.8	446.5	521.1
计算机及办公设备制造	9.67	30.0	48.2	57.5	63.1	19.2	44.4	139.4	194.9	233.3
医疗仪器仪器仪表	2.51	8.56	11.17	12.18	11.43	2.8	14.4	48.1	62.9	54.2
行业	利税（亿元）					出口交货值（亿元）				
	2000	2005	2010	2011	2012	2000	2005	2010	2011	2012
医药制造	21.6	39.7	197.9	231.2	262.1	18.1	34.8	151.0	150.5	171.1
航空、航天器及设备制造	1.8	3.0	1.9	5.6	6.0	5.6	23.4	23.5	49.5	71.7
电子及通信设备制造	71.6	141	503.0	597.1	814.9	516.9	2 347	5 213.4	6 212.9	8 429.2
计算机及办公设备制造	28.0	67.9	180.1	282.8	362.5	309.0	1 730	3 638.6	4 566.2	5 221.7
医疗仪器仪器仪表	4.5	20.1	62.5	82.3	73.6	17.5	166.5	207.0	235.8	214.1

数据来源：《2013 中国高技术产业统计年鉴》。

表 7-6　　分行业外资企业生产经营状况

行业	企业数（个）					主营业务收入（亿元）				
	2000	2005	2010	2011	2012	2000	2005	2010	2011	2012
医药制造	316	534	696	559	565	252.0	712.3	1 974.8	2 357.7	2 678.7
航空、航天器及设备制造	6	26	52	46	54	18.7	51.6	211.9	245.9	291.5
电子及通信设备制造	789	2 117	3 243	2 682	2 961	2 994	9 372	16 906	19 694	21 663
计算机及办公设备制造	121	410	498	427	393	744.1	7 537	13 273	13 466	13 485
医疗仪器仪器仪表	209	548	904	720	711	133.0	571.7	1 504.8	1 677.4	1 754.1
行业	从业人员年平均人数（万人）					利润总额（亿元）				
	2000	2005	2010	2011	2012	2000	2005	2010	2011	2012
医药制造	7.16	14.86	23.46	24.2	25.5	22.6	80.7	263.9	258.4	296.6
航空、航天器及设备制造	0.66	1.06	2.06	1.63	2.14	1.7	5.3	6.3	17.9	21.7
电子及通信设备制造	41.6	13.16	231.1	233	248	243.2	402.7	819.3	772.0	855.4
计算机及办公设备制造	7.25	58.02	110.3	114.1	110	43.4	196.7	404.2	400.0	435.2
医疗仪器仪器仪表	4.46	12.02	22.49	22.5	21.5	11.5	56.7	163.6	180.2	169.1

续表

行业	利税（亿元）					出口交货值（亿元）				
	2000	2005	2010	2011	2012	2000	2005	2010	2011	2012
医药制造	44.8	135.9	403.1	422	484	30.3	83.7	270.6	275.4	320.3
航空、航天器及设备制造	2.8	7.8	10.5	29.0	36.0	1.2	6.7	54.3	54.6	96.5
电子及通信设备制造	308	501.6	1 080	1 066	1 327	1 404	6 208	11 546	12 922	14 874
计算机及办公设备制造	57.8	228.2	553.6	567	570	530.8	5 292	11 121	10 978	11 315
医疗仪器仪器仪表	16.1	70.7	204.6	233	227	51.6	252.9	573.1	573.4	626.1

数据来源：《2013 中国高技术产业统计年鉴》。

港澳台资企业与外资企业的差异也非常明显：首先，大部分行业的外资企业数量远远多于港澳台资企业，这是正常的，但是电子及通信设备制造业的港澳台资企业数量显著多于外资企业，这可以充分表明港澳台资企业在该行业拥有雄厚的实力，当然也可能是由于港澳台资企业在内地具有更高的文化认同度和环境适应性，但是这种文化认同度和环境适应性的优势在其他行业表现得更不明显。其次，外资企业生产产品的国际竞争力显著高于港澳台资企业，这表现在分行业出口交货值的金额上。进一步的政策意义是，在高新技术产业吸引 FDI 方面，应该更加侧重引进港澳台地区以外的外资进入，从而更加显著地提升高新技术产业的发展水平。最后，在我国高新技术产业引资薄弱的航空、航天器制造业，外资企业比港澳台资企业发挥着更大的作用，但是依然没有改变引资薄弱的整体局面，这也是未来我国促进高新技术产业发展所必须重视的问题。

无论二者存在怎样的差别，港澳台资企业和外资企业在高新技术产业的发展都为我国创造了大量的就业岗位，也都为国家财政创造了大量税收，即使仅就这一点来说，国家大力吸引外资进入高新技术产业的战略思路也值得坚持。

7.4　2013 年高新技术产业 FDI 的发展案例

2013 年对于中国的各项事业，尤其是对经济发展来说是不平凡的一年。党的十八届三中全会召开，对未来中国经济发展战略做出了整体部署。十八届三中全会公报明确指出："改革开放是党在新时代条件下带领全国各族人民进行的新的伟大革命，是当代中国最鲜明的特色，是决定当代中国命运的关键抉择，是党和人民事业大踏步赶上时代的重要法宝。面对新形势新任务，全面建成小康社会，进而建成富强民主文明和谐的社会主义现代化国家、实现中华民族伟大复兴的中国梦，必须在新的历史起点上全面深化改革。"对于对外开放的重要性，十八届三中全会公报也在多处反复提到："要紧紧围绕使市场在资源配置中起决定性作用深化经济体制改革，坚持和完善基本经济制度，加快完善现代市场体系、宏观调控体系、开放型经济体系，加快转变经济发展方式，加快建设创新型国家，推动经济更有效率、更加公平、更可持续发展"；"坚持和完善基本经济制度，加快完善现代市场体系，加快转变政府职能，深化财税体制改革，健全城乡发展一体化体制机制，构建开放型经济新体制"；"建设统一开放、竞争有序的市场体系，是使市场在资源配置中起决定性作用的基础"；"适应经济全球化新形势，必须推动对内对外开放相互促进、引进来和走出来更好结合，促进国际国内要素有序自由流动、资源高效配置、市场深度融合，加快培育参与和引领国际经济合作竞争新优势，以开放促改革。要放宽投资准入，加快自由贸易区建设，扩大内陆沿边开放。"公报所体现的基本思想就是在坚持中国共产党领导，坚持中国特色社会主义的原则基础上，加大对外开放力度，提高对外开放质量。高新技术产业 FDI 的引进正是加大对外开放力度，提高对外开放质量的重要方法：首先，高新技术产业是国民经济发展的领先产业，高新技术的重要生产能力使其未来发展潜力巨大，可预期利润高，这有利于吸引外资大量进入；其次，高新技术产业的产品附加值高，科技含量丰富，生产管理先进，生产产品拥有更大的国际销售空间和更强的国际竞争力，出口高新技术产业生产的产品提升了国家整体的对外贸易质量，而 FDI 的进入更能够进一步提高生产管理技术；最后，外资进入高新技术产业，有利于进一步充分鼓励国内外先进技术交流，从而直接提升国家高新技术产业园区的全面发展，为实现高新技术产业集聚奠定基础。正是由于十八届三中全会明确提出加大对外开放力度，提高对外开放质量的要求，2013 年成为高新技术产业 FDI 发展的收获之年。

7.4.1 天津开发区引进高新技术产业 FDI

2013 年 5 月，由 IBM、国际 FDI 咨询机构 ICA 等国际权威组织评选的“全球最佳投资地区”活动揭晓，并刊登在《选址》（Site Selection）杂志。该刊在此次评选揭晓中特别配文报道中国特写，多维度地分析了中国吸引 FDI 保持强劲的动因与趋势。在此次全球最佳投资地区评选揭晓中，中国的北京、上海、天津、苏州等地和新加坡、悉尼、印度钦奈、日本大阪等城市也位列亚太地区最适宜 FDI 投资的 TOP10 城市①。

据不完全统计，天津开发区在 2013 年年初两个季度中，新获的外资项目有：来自美国陶氏化学超过 10 亿美元的化学品和物流项目、美国江森自控 2 亿美元的新能源项目、丹麦托普索公司 2 亿美元的催化剂项目、俊安投资集团超过 5 000 万美元的项目、中工融资租赁公司投资 5 000 万美元、日本应用地质株式会社（OYO Corporation）在开发区创建的 650 万美元合资项目。此外，全球最大的安全技术制造商、英特尔全资子公司迈克菲（McAfee）也落户开发区。除了新落户的投资者之外，天津开发区还喜迎一系列外商投资增资项目，其中有三星集团（1.1 亿美元）、日本宝矿力饮料（6 500 万美元）、壳牌润滑油（4 000 万美元）以及比利时 BETAFENCE NV。我们可以明显看到，天津开发区在 2013 年年初所引进的 FDI 基本上都进入了高新技术产业，而且母国公司生产能力与生产科技水平都非常高。

类似天津开发区这样的经济发展特区，为何能够吸引如此规模巨大且质量领先的 FDI 进入高新技术产业？当然，其优越的国内外交通优势、设施成熟度和越来越显见的“商业友好”的服务体系，以及具备国际水准的酒店、医院、学校等，都展现出了巨大的优势，这些配套设施和服务的完善对于吸引 FDI，尤其是高新技术产业 FDI 具有重要作用。但是更为重要的是，引资地区自身经济发展和市场完善，包括国家给予政策的支持力度，都有助于保障高新技术产业的获利预期，而追求稳定高额利润则是一切理性人的最终目标，高新技术产业的外商投资

① 中国经济网．中产阶层壮大与开发区转型助推 FDI 在中国持续走高，2013 年 5 月．

者当然也不例外。

天津开发区是中国首批建立的，也是连续15年排名第一的国家级开发区。在生产总值、工业总产值、实际使用外资等权重指标中，天津开发区都位列第一。在2012年，天津开发区生产总值达350亿美元，工业增加值超过1 130亿美元，呈现每年稳定增长态势。该开发区现拥有约5 000家跨国公司（其中包括85个财富500强企业投资项目），实际使用外资约790亿美元，另拥有1万多家中国本土企业。这在客观上为高新技术产业FDI的进入提供了良好的设施环境保障。更为重要的是，天津开发区为了吸引高新技术产业外资的进入，于2012年12月6日制定并颁布《天津经济技术开发区促进高新技术产业发展的规定（试行）》，并于2013年6月26日经开发区管委会审议通过，正式颁布《天津经济技术开发区促进高新技术产业发展的规定（试行）实施细则》，为高新技术产业在开发区的发展提供有力的政策扶持，主要包括：第一，开发区管委会每年拨出可支配财政收入的5%，在预算支出中设立“泰达科技发展金”。其中，每年投入2亿元资金，专项用于扶持各类科技型中小企业的发展。科技小巨人企业每年可享受最高300万元的各种资金扶持，其他科技型中小企业每年可享受最高150万元的各种资金扶持。第二，对国家级高新技术企业自首次认定年度起，给予连续五年的财政扶持，对其缴纳的企业所得税开发区留成部分，前两年给予100%返还，后三年给予50%返还。第三，经科技主管部门审核后，对科技型中小企业和高新技术企业在开发区各孵化载体和标准厂房内租用的科研、办公和生产用房，自首次提出的房租扶持申请之日起，给予最长36个月的房租扶持。第四，对新落户开发区的重大高新技术项目，注册资金超过2 000万元，落户两年内销售收入总额超过1亿元，并拥有自主知识产权、创新能力强、成长性高、符合滨海新区产业技术发展方向的，开发区协助其申请并获得滨海新区认定，享受滨海新区最高500万元的资助。

天津开发区引进高新技术产业FDI的案例证明，高新技术产业FDI的进入对于地区经济发展意义重大，需要并且值得当地政府投入较大人力、物力、财力予以支持。当然必须始终明确，吸引FDI进入的最重要因素依然是当地良好的经济发展基础、相关保障环境和完善的市场机制，因此尽早规划长远的经济发展战略，有利于地区实现吸引高新技术产业FDI的目标。

7.4.2　大连双 D 港产业园区引进高新技术产业 FDI

为了拓展大连市高新园区的发展空间，大连市市委、市政府于 1999 年决定在开发区和金石滩旅游度假区之间的黄金地域，建设以数字技术和生命技术及其产业为主导的新兴科技城——大连双 D 港。“双 D”（DIGITAL & DNA）分别代表数字技术和生命技术。2005 年 12 月，双 D 港被国家科技部认定为“国家火炬计划大连双 D 港生物医药产业基地”。

大连双 D 港产业园区规划总面积 28.71 平方公里，是大连市发展高新技术产业的重要组成部分，是未来金州新区一个千亿级产业集群（电子信息）、两个百亿级产业集群（生物医药、LED）建设的支撑区域。产业定位为发展芯片制造、数字技术、生物医药、半导体照明及软件服务外包产业。2007 年，英特尔半导体（大连）芯片项目成功落户大连双 D 港产业园区，一期总投资 25 亿美元，这也是英特尔亚洲首个芯片生产厂。英特尔落户大连的同时，几十家配套企业落户大连，加速带动大连集成电路产业的发展。在这之后，德国林德公司、日本川崎重工、东风日产汽车等一批重大产业项目落户大连，美国固特异、德国大众汽车发动机等一批建成项目陆续增资。其中 2013 年第一季度已落实的有三洋空调增资 1.65 亿美元、道依茨发动机增资 1 亿美元等。

近年来大连双 D 港产业园区吸引高新技术产业 FDI 进入的工作卓有成效，2012 年大连制造业全年利用外资 60.4 亿美元，占全市利用外资总额的 49%，同比增长 63%，其中高端制造业占到 60%。同年，大连战略性新兴产业利用外资约 36 亿美元，约占全市利用外资总额的 29%。这些新兴产业利用外资的成果，很多都得益于大连双 D 港产业园区所处金州新区给予的良好投资政策及创造的良好投资环境。通信方面，目前金州新区可提供 IDD、DDD、ISDN、ADSL、Internet、DDN 专线、Im 数字及帧中继服务，邮电业务通达世界 190 多个国家，通信运营商有中国电信、中国移动、中国联通，联通费率也非常优惠。厂房租售方面，目前大连金州新区内可供投资商租赁使用的工业厂房主要集中在金石工业园、思创产业园、树源科技产业配套园、卧龙工业园、红星工业园、金港工业园/松岚工业园、得胜镇标准厂房、大孤山街道标准厂房、海青工业园、光明工业园及金腾船舶配套工业园 11 个配套工业园区内，面积从 500～10 000 平方米不等，租售价格较之一般商业租售价格更低。土地方面，工业用地以招－拍－挂方式出让，按照七通一平的条件提供50年土地使用权，工业用地基准地价360~560元/平方米；辽宁沿海经济带重点园区产业项目贴息资金管理方法为外资的进入提供了资金支持。服务方面，位于金州新区境内的大连保税区、大连出口加工区比照国际惯例，实行“境内关外”管理模式，享受免税、保税等优惠政策。海关对出、入区的货物实行24小时通关服务，进区货物可以实现“直提直放”。此外，金州新区享有省级政府的项目审批权，1亿美元以下的鼓励类和允许类项目可以直接审批，各项业务可以在区内直接办理，且管委会设有“一站式”办公大厅，为投资商提供高效便捷的审批服务；大连交通和区位优势明显，海陆空运输方便，经济发展区位辐射能力强。

天津和大连是我国高新技术产业FDI集聚的典型地区，它们2013年吸引FDI进入的案例再次表明，对于外商直接投资尤其是高新技术产业外商直接投资而言，市场开放程度、国内流通成本、劳动力素质、社会保障体系、政府的行政透明度等都是最关心的投资决策因素。天津和大连都拥有理想的市场开放程度，交通运输的便利大大降低了产品在国内的流通成本，而两个城市都拥有很多一流的高等学校和专业技术学院，这为外资企业获得低成本、高素质的劳动力提供了条件。最重要的是，两个城市的高新技术产业开发园区都受到当地政府乃至国家的重点关注，因而相应的引资政策也十分优惠，配套的审批、服务和设施完备对于外资进入具有重要的吸引作用。

7.5 高新技术产业FDI的引资策略

高新技术产业FDI引进对国民经济发展与科学技术进步的重要性是不言而喻的，学术界对其进行的理论和实证研究也充分证明了高新技术产业FDI引入的必要性。作为特定产业的引进外资行为，它一方面与其他产业引进外资一样，需要受到较大利润的驱使和东道国政府优惠政策的吸引，另一方面由于高新技术产业的特殊性，该产业的引资策略又较之其他行业会有不同。作为东道国政府而言，需要充分了解并识别这些差异，以制定针对性强且行之有效的高新技术产业FDI引资策略。

第一，创造良好引资环境，重视相关服务设施建设。无论吸引什么产业的外资进入，良好的引资环境是首要和必需的。高新技术产业生产附加值高、科技水平先进的产品，因而更加需要良好的生产环境为之服务。更为重要的是，高新技术产业对上、下游的配套服务设施要求很高，东道国政府应该着力建设优质的与高新技术产业链相关的配套服务，这对于吸引高新技术产业 FDI 至关重要。

第二，建立专门的保税区或出口加工区，为高新技术产品的出入关提供方便。高新技术产业的发展归根到底依赖于产品的竞争力，因而外资进入的时候最为看重的也是产品生产后的销售竞争力。建立保税区或出口加工区有利于降低高新技术产品出入关的成本，因而能够显著提升产品的价格竞争优势，这对于外资的进入无疑有很大的吸引作用。

第三，对急需发展的高新技术行业外资实施恰当的超国民待遇。自“两税合并”以来，国内学术界和政府部门对外资企业不应享受超国民待遇已经形成了共识，但是我们认为对于急需发展的某些特定行业而言，为外资提供恰当的超国民待遇是必要且可能的。例如，在高新技术产业中，航空航天器制造业是我国行业发展的弱项，而这一行业的生产与发展又急需国外先进技术的支持和指导。直接依靠技术购买存在很多困难，通过行业吸引外资进入来间接学习获得技术则往往行之有效。对于这类行业的外资，就可以实施恰当的超国民待遇，如在相关材料审批方面和税收方面提供优惠，以更大程度地鼓励外资企业进入。更重要的是，这类行业本身就是我国行业发展的弱项，本国企业在该行业并没有形成规模性的发展潜力，因而外资企业对本国企业的冲击效应也不会太显著，这为实施恰当的超国民待遇降低了成本。

第四，实施偏向性的就业支持政策，鼓励高学历、高技术人才进入高新技术产业外资企业工作。这一方面符合劳动者个体效用最大化原则，因为一般意义上说高新技术产业的外资企业能够提供较高的报酬，另一方面为高新技术产业的外资企业提供有用的人才，更重要的是能够让高学历、高技术人才学习先进的生产管理技术，最终为本国高新技术产业的发展做出贡献。

（执笔：陈昊）

附录

本书写作之时商务部和国家统计局尚未公布 2013 年高新技术产业 FDI 的详细数据。中经网数据库公布的 2013 年月度分行业 FDI 金额虽然并不能与高新技术产业FDI直接对应，但是从这些数据中依然可以获得2013年高新技术产业FDI的一些间接信息，现选择与高新技术产业相关的部分行业报告如下：

附表　　2013年1—12月我国部分行业实际利用外资金额　单位：百万美元

月份	化学原料及制品	医药	通用设备	专用设备	通信设备	信息传输	科学研究
1月	548.85	124.32	425.79	367.95	504.67	188.38	189.24
2月	907.06	198.73	664.87	573.88	894.99	357.24	366.73
3月	1 350.45	395.69	954.76	1 034.87	1 824.74	579.6	569.89
4月	396.94	144.19	432.23	388.77	562.85	419.85	160.69
5月	2 253.65	634.39	1 546.87	1 709.29	2 862.67	1 125.85	916.88
6月	2 498.9	699.38	1 977.51	2 050.81	3 900.24	1 658.29	1 266.37
7月	2 763.75	737.55	2 197.72	2 258.85	4 342.73	1 892.13	1 445.32
8月	3 036.86	776.94	2 374.05	2 432.49	4 840.64	2 184.31	1 788.98
9月	3 212.35	816.66	2 604.9	2 603.5	5 235.85	2 325.89	1 945.19
10月	3 419.45	830.44	2 764.26	2 877.45	5 606.4	2 524.4	2 157.84
11月	3 600.03	967.16	2 982.67	3 027.64	5 972.43	2 704.64	2 333.14
12月	3 930.39	1 036.23	3 534.79	3 489.33	6 406.36	2 880.56	2 750.26

资料来源：中经网数据库。

第 8 部分

2013 年
金融业 FDI

8.1　金融业 FDI 现状

金融业包括银行业、保险业、证券业和其他金融活动，其他金融活动涵盖金融信托与管理、金融租赁、财务公司、邮政储蓄、典当等。

金融业是外商在华投资的重要行业之一，近年来，无论是项目数还是实际投资额都增长显著。2012 年，金融业外资项目达到 282 个，同比增长 80.8%，实际使用外资金额 21.2 亿美元，同比增长 11%。2001—2012 年，金融业累计外资项目 834 个，实际使用外资总额 75.7 亿美元。2001—2012 年，金融业外资项目数和实际使用外资金额及其在服务业的占比均呈现长期增长态势。2001 年金融业利用外资项目数和实际使用外资金额均较少，分别占服务业外资项目总数的 0.1% 和服务业实际使用外资总额的 0.3%。2012 年金融业利用 FDI 项目数和实际使用外资金额占服务业的比重提高到 2.1% 和 3.9%，分别增长了 20 倍和 12 倍（见图 8-1、图 8-2）。

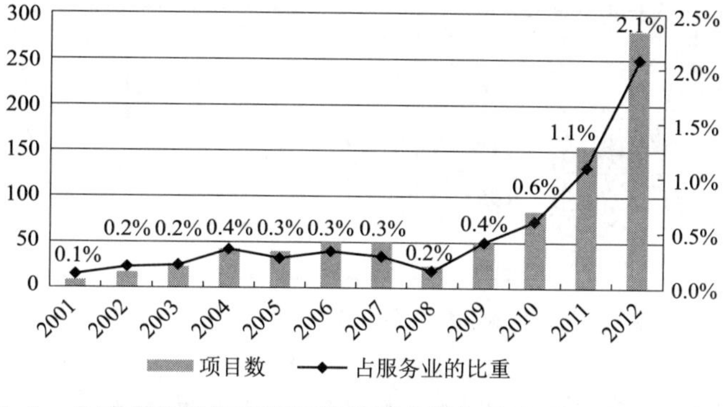

图 8-1　金融业利用 FDI 项目数及所占服务业比重（单位：个，%）

资料来源：《2013 年中国外商投资报告》、2002—2013 年各年度《中国统计年鉴》。

8.1.1　外资银行类金融机构的新设、参股及其经营情况

2012 年，中国银行业对外开放进一步扩大，在华外资银行营业机构资本和拨备充足、资产质量良好，流动性和盈利状况较好。截至 2012 年年底，49 个国家和地区的银行在华设立了 42 家外资法人机构和 197 家代表处；有 15 个国家和地区的银行在华设立了 38 家外商独资银行（下设分行 267 家），3 家合资银行（下设分行及附属机构 8 家）、1 家外商独资财务公司；有 26 个国家和地区的 77

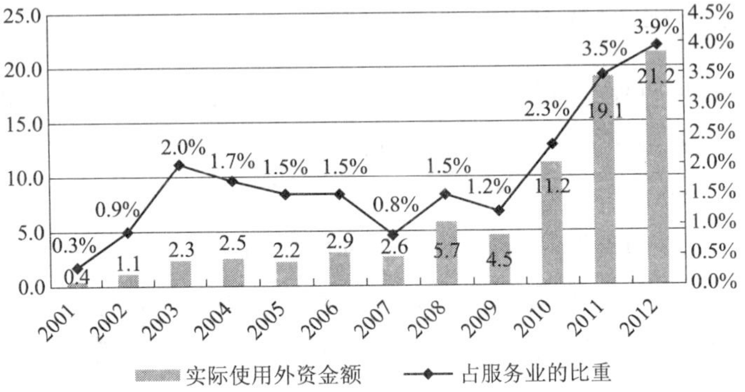

图 8-2　金融业实际使用外资金额及所占服务业比重（单位：亿美元，%）

资料来源：《2013 年中国外商投资报告》、2002—2013 年各年度《中国统计年鉴》。

家银行在华设立了 95 家分行（见表 8-1）。

表 8-1　　在华外资银行业金融机构情况（截至 2012 年年底）　　单位：家

机构/类型	外国银行	独资银行	合资银行	独资财务公司	合计
法人机构总行	0	38	3	1	42
法人机构分行及附属机构	0	267	8	0	275
外国银行分行	95	0	0	0	95
总计	95	305	11	1	412

资料来源：《中国银行业监督管理委员会 2012 年报》。

截至 2012 年年底，37 家外资法人银行、54 家外国银行分行获准经营人民币业务，30 家外资法人银行、25 家外国银行分行获准从事金融衍生产品交易业务，6 家外资法人银行获准发行人民币金融债，3 家外资法人银行获准发行信用卡。

截至 2012 年年底，外资银行在中国 27 个省（市、区）、59 个城市成立了机构，初步形成了具有一定覆盖面和市场深度的总、分、支行服务网络，在提供中小企业特色金融服务、支持中资企业“走出去”，以及促进区域协调发展等方面贡献了力量。

截至 2012 年年底，在华外资银行业营业机构资产总额（含外资法人银行和外国银行分行）为 2.38 万亿元，同比增长 10.66%（见图 8-3）；各项存款余额为 1.43 万亿元，增长 7.74%；各项贷款余额为 1.04 万亿元，增长 6.23%；流动性比例为 68.77%；实现税后利润 163.69 亿元；不良贷款率为 0.52%；外资法人银行资本充足率为 19.74%。核心资本充足率为 19.25%。从总体上看，在华外资银行业营业机构主要指标均高于监管要求，基本面健康。[①]

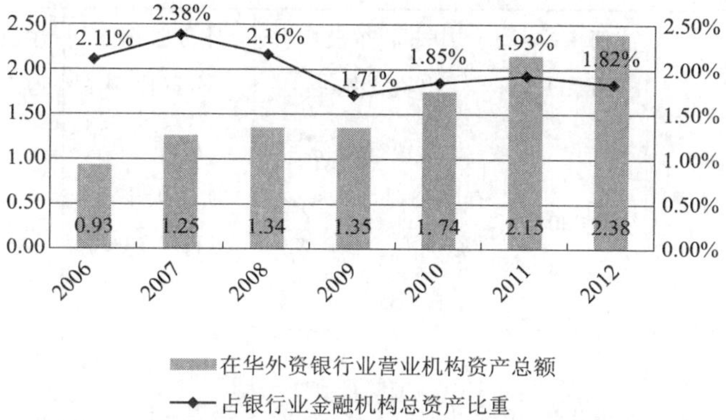

图 8-3　2006—2012 年在华外资银行业营业机构资产情况（单位：万亿元，%）

资料来源：《中国银行业监督管理委员会 2012 年报》。

8.1.2　外资证券类金融机构继续积极参与证券期货市场

截至 2012 年 4 月 30 日，全国开展业务的证券公司共 111 家，其中中外合资证券公司有 12 家，包括瑞信方正、瑞银证券、中金公司、财富里昂等，占比 10.8%。2012 年 10 月 16 日，证监会发布修改后的《外资参股证券公司设立规则》、《证券公司设立子公司试行规定》，将中外合资证券公司中境外股东的持股比例上限由原来的三分之一提高至 49%；证券公司子公司申请扩大业务范围的经营年限，由 5 年缩短至 2 年。新规定的出台将有利于外资进一步参与证券市场。而修改之前的《外资参股证券公司设立规则》对合资券商的经营有诸多限制，包括外方股东控股比例上限较低、经营业务范围过于狭窄等。目前，中外合资证券公司中仅有瑞银证券一家拥有全业务牌照，依照此前的 5 年经营期限扩大业务范围的也仅有财务里昂证券一家。根据新规，2008 年成立的瑞信方正、2009 年

① 资料来源：中国银行业监督管理委员会 2012 年报．

成立的中德证券均可以申请扩大业务范围。

截至2013年年底，共有47家中外合资基金管理公司获准设立，在全部基金管理公司（89家）中占比约52.8%。2013年，有5家中外合资基金管理公司新设成立（见表8-2）。[①]

表8-2　　2013年新建中外合资基金管理公司基本情况

序号	公司名称	注册资本（万元）	中方股东及出资比例	外方股东及出资比例	注册地点	成立时间
1	中加基金管理有限公司	30 000	北京银行股份有限公司（62%） 北京有色金属研究总院（5%）	加拿大丰业银行（33%）	北京	2013年3月
2	道富基金管理有限公司	30 000	中融国际信托有限公司（51%）	道富环球投资管理亚洲有限公司（49%）	北京	2013年5月
3	国开泰富基金管理有限责任公司	20 000	国开证券有限责任公司（66.7%）	国泰证券投资信托股份有限公司（33.3%）	北京	2013年6月
4	永赢基金管理有限公司	15 000	宁波银行（90%）	利安资产管理有限公司（10%）	浙江	2013年10月
5	国寿安保基金管理有限公司	58 800	中国人寿资产管理有限公司（85.03%）	安保资本投资有限公司（14.97%）	上海	2013年10月

资料来源：中国证监会。

① 资料来源：中国证监会.

8.1.3　外资保险类金融机构继续积极参与保险市场

截至 2013 年年底，全国开展业务的保险公司共 175 家。其中，外资保险公司 60 家，占比 34.3%，包括外资人身险公司 34 家、财产险公司 20 家、再保险公司 5 家、保险资产管理公司 1 家。2013 年设立外资保险公司 3 家，分别是德华安顾人寿保险有限公司（人身险公司）、苏黎世财产保险（中国）有限公司（财产险公司）、中意资产管理有限责任公司（保险资产管理公司）。截至 2013 年年底，外资保险公司共在华设立代表处 177 家。截至 2012 年年底，外资保险公司总资产为 3 465.4 亿元，占全部保险公司总资产 73 500 亿元的 4.7%。

2013 年，外资保险公司原保费收入 679.86 亿元，占市场份额 3.9%，较 2012 年上升 0.4 个百分点。其中，外资人身险公司 596.85 亿元，市场份额为 5.6%，较 2012 年上升 0.8 个百分点；外资财产险公司原保费收入 83.01 亿元，市场份额为 1.3%，较 2012 年上升 0.1 个百分点。①

8.1.4　合格境外机构投资者（QFII）继续积极参与境内投资

2013 年，中国证监会稳步推进 QFII 资格审核，加强对 QFII 投资运作的监管。2013 年新批准 45 家境外机构 QFII 资格。QFII 总数达到 251 家，其中资产管理机构、保险资金、捐赠基金等长期投资机构的比例超过 50%。

2013 年，国家外汇管理局共批准 92 家 QFII 机构境内证券投资额度 118.58 亿美元，较 2011 年的 19.2 亿美元实现较大增长。截至 2014 年 2 月 28 日，国家外汇管理局累计批准 237 家 QFII 机构 523.18 亿美元投资额度。

2011 年 12 月 16 日中国证监会、中国人民银行、国家外汇管理局联合推出《基金管理公司、证券公司人民币合格境外机构投资者境内证券投资试点办法》，允许符合一定资格条件的基金管理公司、证券公司的香港子公司，运用其在香港募集的人民币资金，在经批准的人民币投资额度内投资于境内证券市场。试点办法推出以来运作情况良好，对促进人民币国际化、扩大资本市场对外开放、支持国内证券机构拓展境外业务发挥了积极作用。截至 2014 年 2 月 28 日，已有 59 家基金管理公司、证券公司香港子公司从国家外汇管理局合计获批 1 804 亿元人民币的投资额度。

① 资料来源：根据中国保监会相关数据整理.

8.2 金融业 FDI 发展的特点及存在的问题

8.2.1 金融业 FDI 发展的特点

1. 金融业利用 FDI 地区分布不均衡

东部地区是中国对外开放的前沿地区，金融业利用 FDI 也主要集中于此。2002—2012 年东部地区金融业累计吸引 FDI 项目 734 个，占金融业吸引 FDI 总数的 86%，金融业累计实际使用外资金额 66.78 亿美元，占全国金融业实际使用外资总额的 88%；2012 年累计吸引金融业 FDI 项目 267 个，占全国吸引 FDI 项目总数的 95%，累计实际使用外资金额 19.15 亿美元，占全国金融业实际使用外资总额的 90%。中西部地区金融业吸引 FDI 虽有所增长，但与东部地区相比仍存在较大的差距。2002—2012 年中部地区、西部地区金融业累计吸引 FDI 项目 50 个和 67 个，分别占全国金融业吸引 FDI 项目总数的 6% 和 8%，累计实际使用外资金额 3.16 亿美元和 5.60 亿美元，分别占全国金融业实际使用外资总额的 4% 和 8%；2012 年中部地区、西部地区金融业吸引 FDI 项目 11 个和 4 个，分别占全国金融业吸引 FDI 数目的 4% 和 1%，实际使用外资金额 1.10 亿美元和 0.94 亿美元，各占全国金融业利用外资总额的 5%（见图 8-4、图 8-5）。总体来看，西部地区金融业吸引 FDI 情况好于中部地区。

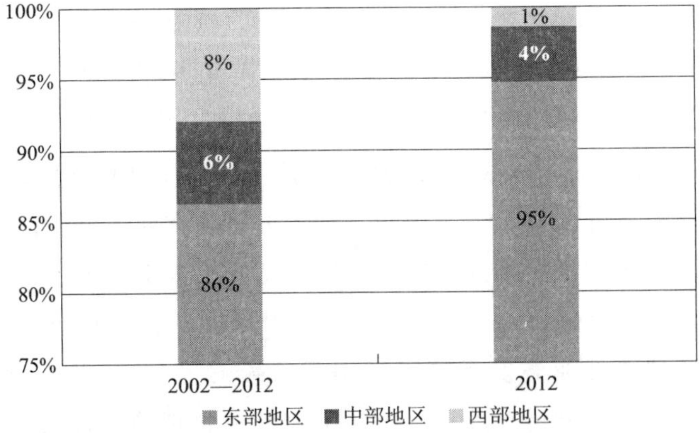

图 8-4 按地区金融业利用 FDI 项目所占比重（单位:%）

资料来源：《2013 年中国外商投资报告》。

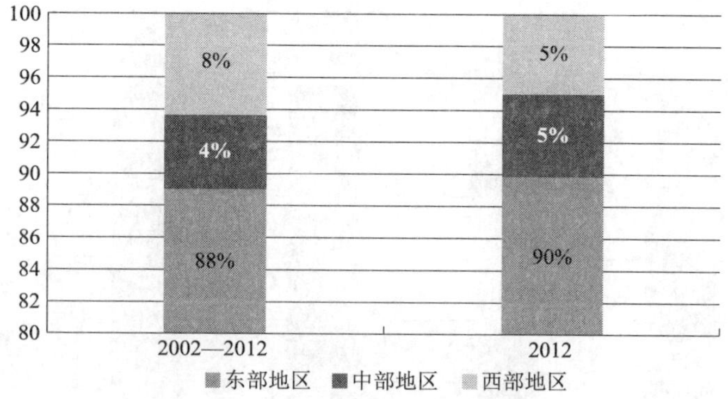

图 8-5　按地区金融业实际利用 FDI 金额所占比重（单位：%）

资料来源：《2013 年中国外商投资报告》。

相应地，金融业外资金融机构的分布也呈现出地区不均的特点。以银行业为例，外资银行营业网点和法人机构主要集中在东部地区。其中，选择机构个数、从业人数和资产总额三个指标反映外资银行营业网点的情况。2011 年东部地区外资银行营业网点 790 个，从业人数 44 162 人，资产总额 22 895 亿元，法人机构 60 个，占据了全国总量的绝大多数，分别为 90%、94%、97% 和 98%。而西部地区外资银行营业网点数量、从业人数、资产总额及法人机构相对较少，在全国总量中的份额尚不足 10%，分别为 7%、4%、2% 和 2%。中部地区外资银行发展水平在三个地区中最低，仅有外资营业网点 27 个，从业人员 810 人，资产总额 247 亿元，分别占全国总量的 3%、2% 和 1%，外资银行法人机构尚未建立（见图 8-6）。

在全国范围内，上海市外资银行发展水平最高，位居第一，广东省紧随其后，北京市居于第三。上海市、广东省、北京市合计的外资银行营业网点数、从业人员数、资产总额和法人机构占到全国总量的 54%、65%、73% 和 79%。

2. 独资企业和中外合资企业是外商在金融业投资的主要方式

独资企业和中外合资企业一直是金融业外商投资企业的主要类型。2002—2012 年，独资企业项目数占行业总量的比重为 44%，中外合资企业的项目数约占行业总量的 55% 左右；实际使用外资金额独资企业所占比重和中外合资企业所占比重分别维持在 70% 和 25% 左右（2004 年除外）（见图 8-7）。

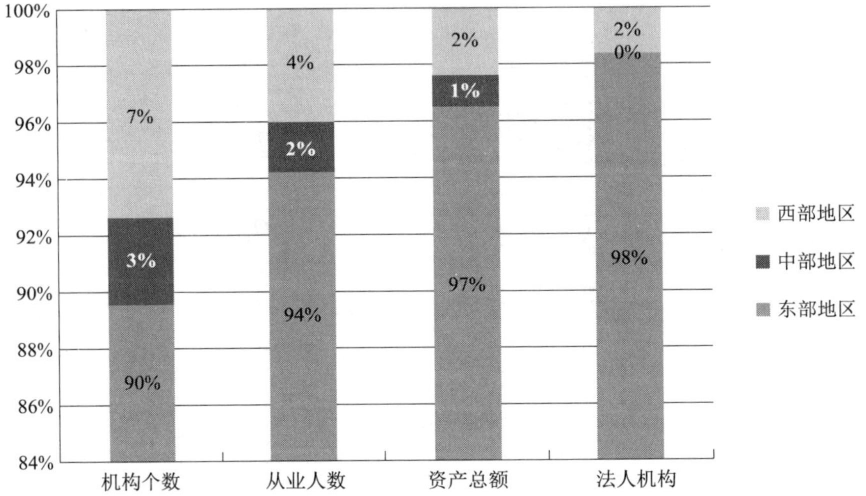

图 8-6 2011 年按地区分外资银行营业网点和法人机构情况（单位：个，人，亿元，个）

资料来源：根据《2012 年中国区域金融运行报告》。

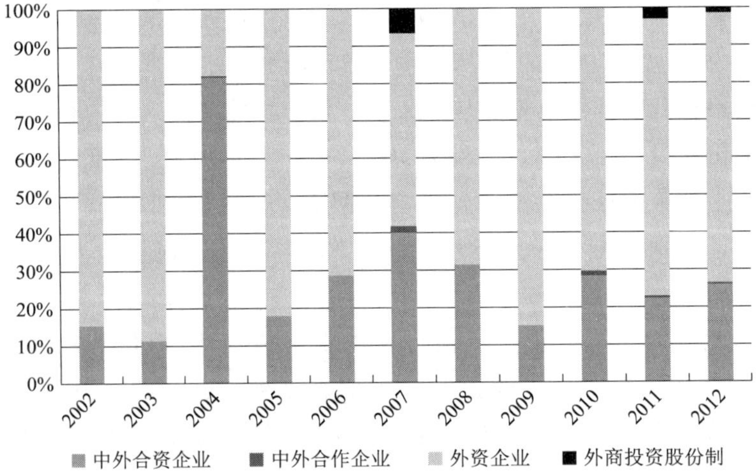

图 8-7 金融业实际使用外资金额的企业类型

资料来源：《2013 年中国外商投资报告》。

3. 金融业利用 FDI 来源地相对集中：主要来源于中国香港

金融业外商投资来源地构成较为稳定也相对集中，基本来源于中国香港、新加坡、日本、韩国及英属维尔京群岛、毛里求斯等避税天堂。2010 年来源于上述六个国家和地区的金融业 FDI 项目数和实际投资额就分别占到金融业吸引 FDI 总数和实际使用外资总额的 81.3% 和 94.2%（见表 8-3）。

中国香港是金融业的主要投资来源地，近年来呈现逐年递增态势，并保持较高增速。2010 年，中国香港投资的项目数和实际投资额分别占金融业 FDI 总量的 67.1% 和 55.6%，2011 年增至 73.1% 和 62.4%，2012 年达到 81.6% 和 69.5%。中国香港投资的项目数和实际投资额在 2010—2012 年间分别增长了 3.04 倍和 1.37 倍。除中国香港一直保持较高增速、占较大比例外，2012 年新加坡的实际投资额 1.6 亿美元，同比增长 66.3%，排名迅速提升（见表 8-3）。

表 8-3　　金融业利用 FDI 来源地分布（2010—2012 年）

单位：个，亿美元，%

国别（地区）	项目数	项目数比重	外资金额	外资金额比重
中国香港	57	67.1	6.2	55.6
英属维尔京群岛	5	5.9	2.4	21.3
毛里求斯	1	1.2	0.8	7.3
日本	1	1.2	0.6	5.2
韩国	1	1.2	0.3	2.8
新加坡	4	4.7	0.2	2.0
2010 年合计	69	81.3	10.5	94.2
中国香港	114	73.1	11.9	62.4
日本	3	1.9	1.4	7.4
新加坡	1	0.6	1.0	5.4
英属维尔京群岛	14	9.0	0.9	4.8
毛里求斯	1	0.6	0.8	4.1
中国台湾	4	2.6	0.5	2.4
韩国	2	1.3	0.3	1.6
2011 年合计	139	89.1	16.8	88.1
中国香港	230	81.6	14.7	69.5
新加坡	3	1.1	1.6	7.6

续表

国别（地区）	项目数	项目数比重	外资金额	外资金额比重
日本	5	1.8	1.0	4.5
韩国	1	0.4	0.5	2.2
中国台湾	3	1.1	0.4	1.8
2012年合计	242	86	18.2	85.6

资料来源：商务部外资统计。

8.2.2 存在的问题

1. 外资的进入会给金融业发展带来一定的冲击

金融业开放及外资的进入在给金融市场带来积极变化的同时，也可能带来相应的负面影响，甚至对国家金融乃至经济安全构成潜在威胁。首先，外资金融机构在业务、人才等方面具有竞争优势，加之先进的经营理念、技术和灵活的管理体制，其进入中国后，势必会与中资金融机构争夺优质客户资源，造成中资金融机构优质客户流失，对其造成一定的竞争压力。其次，虽然目前中国国际收支资本项目尚未开放，但金融开放带来的外部风险日益上升。金融监管的相对放松及外资金融机构的进入使中国面临着一个金融创新的高潮。金融创新在增加整个金融体系活力的同时也给金融体系的监管带来了新的风险，对宏观金融政策的实施效果造成一定程度的影响。最后，金融机构尤其是处于行业领导地区的大型金融机构的控股权、主导权事关主导金融体系服务方向、服务国家战略意图以及国家经济金融安全。拉美国家和东欧一些国家在开放过程中都曾经出现跨国公司控股或持股后的金融机构出于服从和服务于跨国公司全球整体战略的需要，而在信贷和其他市场行为方面与所在东道国经济产业发展方向不一致，甚至出现与国家战略需要相冲突的情况。我国国有商业银行在引进境外战略投资者时对外资入股总比例和单个外资比例都做了限制性规定，保证了国有资本的绝对控股地位，但一些外资金融机构试图通过收购等手段突破持股上限的监管规定。并且，外资机构进入国内市场时，往往选择一些占有公共资源、带有垄断性质的国内企业，利用公共资源参与市场竞争，从而损害市场公共秩序。同时，外资在入股中资金融机构时表现出强烈的控股欲望，一些虽然目前规模小但区位重要性突出、发展前景比较好的中资金融机构存在被控股的可能，这些问题都有可能对国家战略的实施和经济金融安全造成一定的负面影响。

2. 金融开放度与整个经济的国际化水平不相称

从国际上看，周边国家以及美、澳、新等地区金融业开放程度远超我国。中国金融开放力度与整个市场开放程度，以及整体经济的国际化水平并不太相称。例如，2012 年外资银行在中国的市场份额只有 2% 左右的比重，相当有限。寿险领域外资金融机构所占比重只有 4%，财产险和意外险市场份额只有 1%，在亚洲均处于比较低的水平。这就要求中国金融业必须进一步开放，通过强化金融业的市场竞争，提高金融业的服务效率，能够让居民、企业感受到满意的金融服务。

3. 金融业对内开放与对外开放不平等

目前，我国在利用外资中的一些做法违背了国民待遇原则，外资享有超国民待遇，外资企业除了享有土地使用权优惠外，还在税收、准入领域和并购条件方面享有政策优惠。内外资进入领域不平等。从理论上讲，凡是向外资开放的领域都可以向国内民营资本开放，但由于政策引导的结果，有些允许外资企业进入的领域，国内民营企业却不能进入，出现了“亲”外资而“疏”内资的现象。金融业亦是如此。以银行业为例，从 1996 年民生银行开业到 2006 年渤海银行成立的 10 年间，中国没有成立新的商业银行，对内开放出现重大断裂。2006 年 2 月 1 日开始实行的《中国银行业监督管理委员会中资商业银行行政许可事项实施办法》（中国银行业监督管理委员会 2006 年第 2 号令），第二章第一节第 7 条明确规定：“设立股份制商业银行法人机构，还应当符合其他审慎性条件”，其中至少包括的第四个条件是“发起人股东中应当包括合格的境外战略投资者”。按此规定，今后新建股份制银行可以没有国有、民营和社会公众等的股份，但必须引进境外战略投资者，包含外资股份。金融业对内开放程度过低，内外开放不协调，容易导致对外资的过度依赖，影响金融安全，也会极大压缩国内民间资本扩张空间，不利于国民经济健康持续发展。一方面，大量民间资本以非正规金融形式存在，无法通过有效途径进入金融系统，形成“体外循环”，蕴含着很大的金融风险；另一方面，大量中小企业融资途径缺乏，只能通过非正规渠道融资。金融业对内开放与对外开放不平等的存在不仅违背市场经济公平竞争的原则，长此以往也会削弱金融业对外开放利用 FDI 的程度和效果，对国内经济结构调整、经济增长方式转变带来极其不良影响。

4. 中国金融业分业监管与跨国公司混业经营问题

20世纪90年代以来，金融业混业经营已经发展成为全球性的趋势。目前，进入中国的外资金融机构的背景基本上都是混业经营的跨国公司。随着我国金融业改革发展和对外开放程度的不断提高，金融业综合经营快速发展，国内近年来也逐渐形成了若干混业经营的金融控股集团。建立在分业经营背景下的分业监管模式，虽然符合当时经济金融发展的阶段特点和要求，却难以适应现阶段对外开放和国内金融发展与改革新形势的要求。现行体制暴露出监管缺位和监管重叠同时存在，以及监管尺度和标准不统一等一系列问题。银监会不允许外资金融机构参股两家以上银行的规定，在一定程度上考虑到了这个因素，但三个监管部门之间在引入战略投资者的规定方面，仍需进一步协调。目前国内已出现部分外资金融集团，分别进入银行、保险、证券等行业。虽然这种方式满足我国各个监管部门的监管要求，但这些外资金融集团在海外具有丰富的混业经营实践与经验，很容易绕过中国的各项分业限制，给中国金融机构的监管带来新的挑战。跨国金融机构以其全球化经营的视野及灵活的经营策略利用中国金融业及金融监管的体制漏洞规避监管。例如，许多跨国金融机构利用人民币利率下调导致本外币的利差缩小的机会，大力向外资企业开展备用信用证担保业务，让这些外资企业到中资银行筹措成本相对较低的人民币贷款，这就出现了监管真空，损坏了中国的利益。虽然中国金融监管协调机制已经正式设立，但随着金融市场对外开放广度与深度的增强，金融机构国际化和综合化经营的内在驱动，金融创新和新的金融业态、经营方式的不断涌现，分业监管与混业经营的协调问题仍然任重道远。

5. 监管法律不健全

市场经济的法制经济属性要求中国的金融监管以法律手段为主，以经济手段和行政手段为辅。但中国金融监管的法律手段仍存在诸多问题，制约金融业进一步扩大开放和吸引FDI的步伐。

一方面，各监管部门的监管法律法规缺乏协调性，一般由不同的部门起草制定，只考虑本部门的利益和权限；另一方面，中国同其他发达国家在金融监管立法理念、法律法规内容以及执法程序上存在差异，给“引进来”的外资金融企业和“走出去”的中国金融企业带来一些麻烦，造成一定困难。尤其是缺乏相应的法律法规有效监管那些跨国经营、跨金融行业经营的金融控股公司。例如，由于市场退出保障机制不健全，尚未建立存款保险制度，在外资金融机构需要退出市场时，境内存款人、投资者和被保险人的利益得不到保障。

8.3　2013 年案例分析

8.3.1　汇丰银行撤股上海银行

1. 汇丰银行撤股上海银行的行业背景及基本概况

2013 年外资金融机构频频从内地金融业撤资，主要原因是内地银行业信贷急剧增长、不良贷款率上升、影子银行问题以及对内地经济增速放缓的担忧。根据银行业 2013 年中报显示，农业银行的不良率最高为 1.25%，工商银行则最低，为 0.87%。建设银行和中国银行分别为 0.99% 和 0.93%。相比上年末，工行不良率微升，建行持平记录，中行和农行均有所下降。从四大行的不良贷款来看，4 家银行的资产质量压力均不容乐观。而股份制银行则显得更不乐观，数据显示，2013 年 6 月末，招行不良贷款较年初增加 32.31 亿元，已超过 2012 年全年 25.21 亿元的新增额。兴业银行 6 月末不良贷款余额 76.25 亿元，较期初增加 23.39 亿元，同样超过了 2012 年全年新增额 15.71 亿元。尽管如此，多数外资金融机构在中资银行股的投资获利丰厚，他们的退出并不意味着不看好中国银行业的长远发展。

2001 年 12 月 29 日，上海银行、香港上海汇丰银行、香港的上海商业银行举行了参股投资签约仪式，上海银行成为中国“入世”后首家吸收外资商业银行参股，并由 IFC 等多家海外金融机构参股投资的国内商业银行。汇丰以 2.49 元/股的价格，认购约 2.08 亿股上海银行股份，持股比例为 8%，总价约 5.17 亿元。

时隔 12 年，汇丰于 2013 年 9 月 30 日的资产负债表上，将其亚太区所持的 8% 上海银行股权列为“可供出售资产”，公允值为 36.29 亿港元（约 4.68 亿美元）。12 月 11 日，汇丰控股正式对外宣布，汇丰控股有限公司的全资附属机构——香港上海汇丰银行有限公司（“汇丰亚太区”）已经签订一项协议，向总部设在西班牙的桑坦德银行（Banco Santander, S. A.）出售其于上海银行股份有限公司（“上海银行”）的全部 8% 股权。

2. 汇丰撤股的原因

针对此次从上海银行撤股，汇丰意在“瘦身”。首先，汇丰银行撤股主要是为满足自身充盈资金的需要。十多年前，不少城商行面临重组改造，那时引入外资金融机构是两全其美的选择——除能缓解资本金不足之苦外，又可利用外资金融机构先进的理念和技术将银行带上现代化的轨道。与此同时，外资银行在进入中国之初，在一些监管规则的限制下需要借助中资银行发展自身的业务，以国内银行为跳板则可以用较低的进入成本取得较大的权益，两者自然一拍即合。而自2008年之后，外资金融机构受到了金融危机的严重冲击，资金开始呈现收缩。在这一背景下，抛售一些非战略性的投资进行套利以达到充实资本的目的自然在意料之中。其次，从上海银行撤股是汇丰银行全球“瘦身”计划的一部分。2008年金融危机发生之后，汇丰无论在产品、客户还是区域发展上，都呈现出了收缩和集中态势。对于同时持有上海银行、交通银行股份的汇丰而言，显然更倾向于与后者的合作关系。事实上，早在认购上海银行股权之初，汇丰就曾表示，这是一项纯粹的金融投资，汇丰更多的是希望借此深入了解中国的银行业市场。并且汇丰经过在上海银行10年多的投资，已经得到较高的投资回报率，收益约达39.24亿元，相当于当时入股成本的7.59倍。因此，上海银行作为汇丰的非核心资产自然成为汇丰银行全球“瘦身”计划的一部分。

3. 汇丰银行撤股对上海银行的影响

而对于上海银行方面，在汇丰银行入股期间，上海银行以此增资扩股为契机，全面提升了综合竞争力。首先，上海银行引入外资股东，通过嫁接其国际技术与管理，借鉴外资银行先进的管理经验、金融产品、营销方法和客户服务，推动了上海银行的技术进步和金融创新进程，提升了自身的经营管理水平和经营效益；其次，上海银行通过香港上海汇丰银行、国际金融公司的全球性的网络资源和品牌资源，拓展了其业务发展空间，成功进军海外金融市场。

而此次退股，对于IPO筹备十年，即将上市的上海银行则不是好消息。首先，无论出于何种原因，在上市前夕遭到老股东清空股权的情况，上海银行必然会受到影响。其次，上海银行的国际化经营将受到影响。自2001年引进汇丰、国际金融公司、上海商业银行三大外资股东后，上海银行的外资持股比例达到18%，成为中国“入世”后首家吸收外资银行参股、首家由多个外资金融机构投资参股和迄今外资总投资比例最高的国内商业银行。但是，国际金融公司已于2011年将所持2.96亿股上海银行股份悉数转让给中国建银投资。随着此次汇丰的退出，上海银行此前引入的三大外资股东中仅剩下上海商业银行还持有3%的股份。最后，上海银行只能寄希望于受让汇丰银行8%股权的桑坦德银行，将与桑坦德银行组建合作团队，通过在公司金融、中小企业金融、零售业务、私人银行、资产管理、大学金融等领域的业务合作、管理项目改进和业务培训等形式，开展长期全面合作。桑坦德银行这家欧元区市值最大的银行以零售业务为主，2012年该行的零售业务创造了74%的利润，支柱和特色业务包括私人银行、资产管理、保险、消费金融、全球金融市场业务、大学金融等。与桑坦德银行开展合作，将有助于上海银行扩大国际业务，积极参与金融创新和上海自贸区建设；有助于获得必要的技术支持，协助其进一步提升核心业务领域竞争能力，加快转型发展与上市步伐。

8.3.2 华侨银行加大对宁波银行投资，股份增持至20%

1. 华侨银行加大对宁波银行投资的背景和基本概况

有趣的是，在传统级国际大鳄纷纷撤离中资金融机构的时候，新加坡、西班牙等资产规模相对“小型”的银行却在加速布局中国内地的业务。从华侨银行加大对宁波银行投资的案例可明显地看出。

2013年新加坡华侨银行同意以3.83亿新加坡元（约合3.03亿美元）增持宁波银行，持股比例将从15.34%提高至20%，增持资金来源于该行的内部资源。自2006年以来，华侨银行与宁波银行的合作一直具有重要的战略意义，通过与内地合作伙伴更紧密的合作获益良多，特别是能够更深刻地洞察中国市场，因此此次增持股份华侨银行意愿强烈。另外，对于宁波银行而言，此次定增将能有效补充公司的核心一级资本，提高公司核心一级资本充足率和资本充足率，从而增强公司的风险抵御能力，同时为公司的业务增长和可持续发展提供有力的资本保障。截至2013年三季度末，宁波银行资本充足率12.52%，核心一级资本充足率9.61%，两者较2012年年末分别下降3.13个百分点和1.88个百分点，此次增股可大大提高其资本充足率与核心一级资本充足率。

2. 宁波银行与华侨银行的合作机制

宁波银行与华侨银行在各方面都进行了深度合作。在引进华侨银行时，双方就曾签有战略合作协议。按照战略合作协议，华侨银行通过股权渗透、人员派驻等方式，帮助宁波银行建立起现代公司治理机制。

第一是人力资源方面。宁波银行通过华侨银行人才管理渠道和平台，引进资金业务、信用卡业务、财富管理、公司业务等方面紧缺的高端人才。通过“传、帮、带”的方式，提高该行管理人员水平。在人才培养方面，实施“五年百人培养计划”，宁波银行每年选派 20 名左右员工到华侨银行进行为期一年至二年的跟班学习。

第二是完善银行运行体系方面。宁波银行通过学习考察华侨银行的经营管理模式，深入了解国外先进银行的管理流程和业务运行机制；借鉴华侨银行的运作经验，在 2005 年实施业务和管理流程改革的基础上，进一步整合业务和管理的运行体系，推进前中后台分离制约、垂直为主、扁平化的运作和管理模式，深化条线管理，调整和完善业务管理组织架构。

第三是明确市场定位方面。宁波银行根据华侨银行业务发展的经验，结合区域经济特点和自身的经营实践，进一步调整业务结构。明确强化以中小企业为主体的公司业务，大力发展小企业业务，全面推进个人业务发展方向。

第四是技术协作加强方面。华侨银行协助宁波银行做好 IT 建设的规划，并协助开发财务管理信息系统和客户信息关系管理系统等一整套了解客户需求并及时转化为实际的解决方案。

第五是业务合作开展方面。宁波银行和华侨银行相互之间给予对方一个授信额度；宁波银行利用人民币的资金头寸优势，华侨银行利用外币的资金头寸优势，进行本外币资金方面的有关合作。同时，双方还开展银团贷款和贸易融资方面的业务合作。

华侨银行对于宁波银行经营管理、上市推进、制度建设方面给予了很大的帮助。同时，宁波银行也对华侨银行抢占中国市场，业务开展给予支持。双方在中资行与境外战略投资者良好合作方面是一个很好的范例。

8.4 金融业扩大开放，吸引 FDI 的措施

扩大金融业对外开放、吸引 FDI 是我国全面深化改革的迫切要求和必然选择，有利于我国在更高水平上引入竞争机制，提升我国金融业竞争力。

8.4.1 完善市场机制，构建公平竞争平台

目前一方面仍然存在对外资金融机构的限制，另一方面外资金融机构在某些方面也享受到了超国民待遇。外资金融机构的一些超国民待遇损害了国内金融机构的利益，形成了非公平竞争的环境。例如，鼓励境外战略投资者入股中国银行业，但长久以来金融业对民间资本准入门槛过高，民间资本难以进入。因此，扩大金融业对外开放要完善市场机制，发挥“市场在资源配置中的决定性作用”，处理好政府与市场之间的关系。遵循准入前国民待遇和负面清单等新开放模式，扩大金融业高水平对外开放，使外资金融机构和民间资本可以在平等的市场环境下提供金融服务、参与市场竞争，由市场选择金融服务的提供者，立足于建立公平开放透明的市场规则，实行统一的市场准入制度。

8.4.2 稳步推进资本市场的双向开放，最终实现人民币资本项目可兑换

资本市场双向开放的含义非常丰富，其中包括资本市场、证券市场及其他衍生品。资本市场双向开放意味着中国的投资者和境外投资者可以利用两种资源、两个市场，在更大的范围内优化资源配置。中国作为世界上最大的新兴市场，债券市场和股票市场都处于快速发展阶段，必然可以吸引全世界的投资者到中国投资。

根据国际经验，资本项目可兑换不是一蹴而就的，多数国家在宣布实现资本项目可兑换时，仍保留对关键领域和条件不成熟项目的管制。因此，我国应借鉴国际经验采用渐进模式逐步推进资本项目可兑换过程，避免由于过早过快开放资本项目带来的跨境资本流动对我国经济和金融稳定的冲击。在推动资本市场双向开放、有序提高跨境资本和金融交易可兑换程度的同时建立健全宏观审慎管理框架下的外债和资本管理体系。主要措施有：优化资本账户开放次序，成熟一项开放一项；进一步扩大合格境内机构投资者（QDII）和合格境外机构投资者（QFII）主体资格，增加投资额度，条件成熟时，取消合格境内机构投资者、合格境外机构投资者的资格审批，将相关投资便利扩大到境内外所有合法机构；推动境内与境外资本和货币市场互联互通，实现人民币资本项目可兑换；合理调控外债规模，优化外债结构，做好对外债监测，防范外债风险；从组织机构、制度建设和监管方面加强反洗钱和反恐融资工作，保持对非法资金跨境流动的高压政策，同时防止过度利税天堂；加强对短期性投资性资本流动特别是金融衍生品的

监测，在鼓励合理创新的同时，限制与实体经济严重脱节的复杂金融衍生品；完善资本流入管理，加强对资本流入监测及其真实性审核，构建防范跨境资金双向流动冲击的机制体制，提高应对外部冲击的能力。只有这样才能实现金融业更好更高水平的开放。

8.4.3 引导外资金融机构参与中国金融的薄弱环节

一直以来，中国中西部地区的金融对经济发展的贡献和支持严重不足，振兴东北老工业基地也需要金融市场的支持。广大的农村对于金融资源的渴求更是强烈，中国城镇化进程的推进更离不开金融资源的支持。因而，中国银监会、保监会应在符合法定条件的前提下，鼓励外资金融机构到中西部地区和东北老工业基地设立机构和发展业务。在同等条件下，银监会对外资银行进入中西部及东北地区给予积极考虑和优先审批；保监会则充分发挥外资保险公司的作用，着重引进在农业等相关领域有保险专长的外国保险机构。同时，银监会、保监会应积极与税务、财政等部门协同合作，在市场准入、税收等方面研究出台政策对这些薄弱环节给予整体支持和激励。

8.4.4 完善金融监管

第一，加强不同金融监管部门的协调，完善金融监管协调机制，渐进性地放开我国金融业的分业经营限制。第二，完善现有的金融监管法律法规体系：随着中国金融业对外开放进一步发展，在遵守当初承诺的情况下根据中国金融业发展的实际情况对法律法规进行新的调整；完善金融机构市场退出机制的相关法律制度，如《金融机构撤销办法》、《金融机构破产条例》和《金融机构合并办法》等；尽快制定和完善有关金融控股公司、网络银行等新兴金融业态和金融业务监管的法律法规。第三，科学地借鉴国际金融业监管惯例，加快国内监管标准与国际监管标准的统一，进一步提高监管效率和监管透明度，逐步创造公平、统一、透明的监管环境。第四，根据外资金融机构发展状况，不断完善外资金融机构监管制度和监管体系的建设，建立风险评估、外资金融机构综合评价等监管体系，提高外资金融机构监管水平。第五，继续加强金融业监管的国际交流与合作，主动参与国际金融监管改革和标准制定，提高金融业风险监管和防范能力。截至2011年7月，中国银监会已与美国、加拿大、英国、法国、新加坡等46个国家和地区的金融监管当局签署了双边监管合作谅解备忘录或合作协议，内容包括信息交换、市场准入和现场检查中的合作、监管信息保密、监管磋商等多方面。作为发展中国家的代表，中国积极参与了《有效银行监管核心原则》和《新资本协议》等银行监管国际标准的制定，并不断创造条件推动本地化，促进了中国银行业监管的国际化和专业化，为完善我国金融业监管机制创造了有利条件。

（执笔：彭一然、蓝庆新、陈芳树）

第 9 部分

2013 年文化创意产业 FDI

文化创意产业 FDI 是指意在获得文化创意产业（包括文化、娱乐产品和服务等）投资的长期收益，并拥有公司控制权和企业经营管理权而进行的、在国外直接建立企业或公司的投资活动。从统计角度来看，目前我国文化创意产业 FDI 的具体情况还没有独立的统计数据，一般将文化娱乐业和体育产业作为一个整体统计项目来处理，因此，本报告对我国文化创意产业 FDI 的界定是文化、体育与娱乐业的总和。

本章首先介绍和论述我国文化创意产业引进外资的具体政策，然后从总量和细分产业上对我国文化创意产业 FDI 的发展状况和特点进行分析，最后对我国文化创业产业引进 FDI 存在的不足进行探讨并提出发展建议。

从我国文化创意产业引进外资的具体政策来看，从《关于文化领域引进外资的若干意见》（2005）到《外商投资产业指导目录（2011 年修订）》再到上海自由贸易区公布外商投资负面清单（2013），我国对文化创意产业引进外资的政策变化并不大，特别是在新闻、出版以及广播电视电影产业对外资基本还是限制的态度，显示出国家对文化市场开放的态度依然比较谨慎。与“引进来”相比，国家更加重视文化创意产业“走出去”的发展战略。

得益于北京奥运会、上海世博会等大型活动建设，近几年我国文体娱乐业取得了快速发展。根据国家统计局相关数据，2009—2012 年我国文体娱乐业基本呈现出快速增长的态势，平均增速达 20% 以上。但文体娱乐业占我国总体实际利用外资的比例尚不足 1%，外商在我国文体娱乐业的投资总量很小，且文体娱乐业 FDI 签约项目数近几年也基本呈现连续下降的趋势。从细分行业来看，广播影视、动漫、广告、会展等产业也都得到了快速发展，在与外资的合作方面也都取得了巨大的进步。但受到政策的限制，一些产业与外资合作的模式仍然单一，而一些产业如动漫、广告等在与外资的竞争中仍然存在较大的差距，

综上所述，我国文化创意产业在引进外资方面仍然存在很多不足，包括 FDI 比例过低、投向狭窄、政策体制依然滞后等，这严重制约了文化创意产业的进一步发展。为了促进文化创意产业健康快速发展，克服发展中的资金瓶颈，政府（文化部和各有关部门）应加强对文化创意产业的财政政策支持，着力完善文化产业政策，深化文化市场体制改革，规范文化市场秩序，加强文化产业公共服

务，继续大力推动文化产品和服务走出去。

9.1 我国文化创意产业FDI的内涵

9.1.1 文化创意产业的概念

由于文化创意产业的内涵比较复杂，仅在名称上就有“文化创意产业”、“文化产业”和“创意产业”三种提法，因此有必要首先对文化创意产业的概念和内涵进行界定。

先来看“文化产业”，联合国教科文组织对它的定义是：文化产业就是按照工业标准，生产、再生产、储存以及分配文化产品和服务的一系列活动。2003年9月，我国文化部制定下发的《关于支持和促进文化产业发展的若干意见》将文化产业界定为：“从事文化产品生产和提供文化服务的经营性行业。文化产业是与文化事业相对应的概念，两者都是社会主义文化建设的重要组成部分。文化产业是社会生产力发展的必然产物，是随着我国社会主义市场经济的逐步完善和现代生产方式的不断进步而发展兴起的新兴产业。”国家统计局2004年3月29日在下发的文件《文化及相关产业统计分类》中，将“文化及相关产业”界定为：为社会公众提供文化、娱乐产品和服务的活动，以及这些活动有关联的活动的集合。

再来看“创意产业”，1998年英国创意产业特别工作小组在《创意产业专题报告》中首次对创意产业进行了如下定义：“源于个人创造力与技能及才华、通过知识产权的生成和取用、具有创造财富并增加就业潜力的产业。”在我国，2006年上海创意产业发展“十一五”规划提出：“上海创意产业具体是指以创新思想、技巧和先进技术等知识和智力密集型要素为核心，通过一系列创造活动，引起生产和消费环节的价值增值，为社会创造财富和提供广泛就业机会的产业，主要包括研发设计、建筑设计、文化艺术、咨询策划和时尚消费等几大类，并涉及诸多行业。”

中国人民大学文化产业研究所所长金元浦认为，从整体上来讲，文化创意产业、广义的文化产业和广义的文化经济，在总体是一致的，都是一般性、总体性的概念。而狭义的文化产业，是指在文化部管辖的范围之内的各产业的总和。从文化产业到创意产业，再到文化创意产业，文化产业的概念不断得到提高，这是一个历史发展的过程。创意产业是文化产业发展到一定阶段，上升到新的阶段的一个必然结果和产物。

文化创意产业就其名称本身包含了文化、创意、产业三个内容，分别代表了文化创意产业既有区别又相互关联的三个阶段，三位一体，共同构成了文化创意产业的内涵。因此文化创意产业可以定义为：源于文化元素的创意和创新，经过高科技和智力的加工产生出高附加值产品，形成的具有规模化生产和市场潜力的产业（张振鹏、王玲，2009）。

9.1.2 文化创意产业 FDI 的内涵

本报告以上述对文化创意产业内涵的界定作为基本参照标准和基础，并基于国际直接投资的概念，来界定文化创意产业 FDI 为：意在获得文化创意产业（包括文化、娱乐产品和服务等）投资的长期收益，并拥有公司控制权和企业经营管理权而进行的、在国外直接建立企业或公司的投资活动。

文化创意产业 FDI 涉及的内容非常广泛，主要包括八大产业类型：影视文化类、电信软件类、工艺时尚类、设计服务类、展演出版类、咨询策划类、休闲娱乐类和科研教育类。

从统计角度来看，目前我国文化创意产业 FDI 的具体情况还没有独立的统计数据，一般将文化娱乐业和体育产业作为一个整体统计项目来处理，因此，本报告对我国文化创意产业 FDI 的界定是文化、体育与娱乐业的总和。

本章首先介绍和论述我国文化创意产业引进外资的具体政策，然后从总量和细分产业上对我国文化创意产业 FDI 的发展状况和特点进行分析，最后对我国文化创业产业引进 FDI 存在的不足进行探讨并提出发展建议。

9.2 我国文化创意产业的引进外资政策

9.2.1 《关于文化领域引进外资的若干意见》（2005）

2005 年，由文化部、广电总局、新闻出版总署、国家发展改革委、商务部五部委为适应加入世界贸易组织的新形势，进一步规范文化领域引进外资的工作，提高利用外资的质量和水平，维护国家文化安全，促进文化产业健康有序发展，联合制定了《关于文化领域引进外资的若干意见》（以下简称《意见》），对相关工作提出了明确的“允许”和“禁止”事项。这份《意见》中明确规定了外资进入文化领域的条件，降低了部分文化产业的准入门槛，如允许外商以独资或合资、合作的方式设立包装装潢印刷、书报刊分销、可录类光盘生产、艺术品经营等企业。在中方控股51%以上或中方占有主导地位的条件下，允许外商以合资、合作的方式设立和经营演出场所、电影院、演出经纪机构、电影技术等企业，设立出版物印刷和只读类光盘复制等企业，参与国有书报刊音像制品发行企业股份制改造。

但《意见》仍禁止外商投资设立和经营新闻机构、广播电台（站）、电视台（站）、广播电视传输覆盖网、广播电视节目制作及播放公司、电影制作公司、互联网文化经营机构和互联网上网服务营业场所（港澳除外）、文艺表演团体、电影进口和发行及录像放映公司。禁止外商投资从事书报刊的出版、总发行和进口业务，音像制品和电子出版物的出版、制作、总发行和进口业务，以及利用信息网络开展视听节目服务、新闻网站和互联网出版等业务。外商不得通过出版物分销、印刷、广告、文化设施改造等经营活动，变相进入频道、频率、版面、编辑和出版等宣传业务领域。

《意见》还对引进外资的审批、投资方的资质提出明确要求，并强调要按照我国加入世界贸易组织承诺做好引进外资工作；要建立健全市场退出机制，从严发放许可证，认真执行年度审核制度；各级文化、广播电影电视、新闻出版行政部门要大力推进综合执法，加大对违法违规行为的打击力度。

9.2.2 《外商投资产业指导目录（2011年修订）》关于文化产业部分的修订

2012年开始实施的《外商投资产业指导目录（2011年修订）》列出了我国对外资的鼓励类、限制类、禁止类行业，其中“鼓励外商投资产业目录”与“限制外商投资产业目录”中，关于文化和娱乐业领域的阐述相较于2007年修订版本并没有任何变化，如允许适度引进外资进入国内演出市场，允许外资与内资合资、合作成立演出经纪机构、兴建演出场所，但中方应当控股并占主导地位。

随着十八届三中全会《决定》的出台，对外资或从当前的“外商投资产业指导目录”全面转向“负面清单”模式。有了负面清单，文化创意产业引进外资的各个环节才有可能实现内外同等对待。

表 9-1 《外商投资产业指导目录（2011 年修订）》关于文体娱乐业的规定

鼓励类
1. 演出场所经营（中方控股）
2. 体育场馆经营、健身、竞赛表演及体育培训和中介服务
限制类
1. 广播电视节目、电影的制作业务（限于合作）
2. 电影院的建设、经营（中方控股）
3. 大型主题公园的建设、经营
4. 演出经纪机构（中方控股）
5. 娱乐场所经营（限于合资、合作）
禁止类
1. 新闻机构
2. 图书、报纸、期刊的出版业务
3. 音像制品和电子出版物的出版、制作业务
4. 各级广播电台（站）、电视台（站）、广播电视频道（率）、广播电视传输覆盖网（发射台、转播台、广播电视卫星、卫星上行站、卫星收转站、微波站、监测台、有线广播电视传输覆盖网）
5. 广播电视节目制作经营公司
6. 电影制作公司、发行公司、院线公司
7. 新闻网站、网络视听节目服务、互联网上网服务营业场所、互联网文化经营（音乐除外）
8. 高尔夫球场、别墅的建设、经营
9. 博彩业（含赌博类跑马场）
10. 色情业

资料来源：《外商投资产业指导目录（2011 年修订）》。

9.2.3　上海自贸区公布外商投资负面清单（2013）

上海自贸区公布外商投资负面清单，针对 18 个门类的国内经济行业中的 1 069 个小类，列明了 190 项特别管理措施。这是我国第一次使用负面清单管理模式，对外资的准入进行管理，这些管理措施多用“限制”一词，在现实中可能会遇到很多与现代国际负面清单模式有矛盾的地方，但这些保留措施也为日后的开放探索预留一定空间，为下一步的改革提供了空间。但对于文化、体育和娱乐业中的新闻和出版以及广播电视电影和影视录音制作业，尤其是在广播电视节目制作经营公司、电影制作公司、发行公司和院线公司方面，用的都是“禁止”一词。外资一直想要突破的电影院线和发行领域，此次在自贸区试验中还不能实现。

1. 广电节目制作未放开

服务领域是上海自贸区开放试验的重点。2013 年 9 月 27 日国务院公布的上海自贸区总体方案中，服务业开放的六大领域以及细项一目了然。其中涉及文化产业的，放开了演出经纪机构、演出场所经营、娱乐机构、游戏游艺设备的生产和销售领域。根据文化部 9 月 29 日发布的《关于上海自贸区文化市场管理政策的通知》，投资上述行业的外商均须向上海市文化主管部门提出申请，进行备案。

而投资者更关注哪些领域不能进入。2013 年 9 月 30 日凌晨，负面清单出现在上海市政府官网，涉及 18 个门类，89 大类，419 中类，1 069 小类。在 1 069 个小类中，设有 190 项特别管理措施，约占行业比重的 17.8%，其中标明“禁止”的 38 条、标注“限制”的 74 条。新闻出版和广电节目制作经营公司、电影制作公司和发行公司这些投资领域，明确被贴上了“封条”。

2. 负面清单还会调整

我国从 1995 年开始引进美国影片。彼时，中国电影局下发 348 号文件，决定自 1995 年起，由中影公司每年以国际通行的分账发行方式进口 10 部“基本反映世界优秀文明成果和当代电影艺术、技术成就”的“好电影”。2012 年我国与美国就电影相关问题达成协议，被称为“电影新协议”。在该协议中，美方票房分账由 13% 提高到 25%；梦工厂动画电影公司与华人文化产业投资基金及上海东方传媒集团共同组建总值 3.3 亿美元的“东方梦工厂”公司，美方占股 45%，中方占股 55%；分账式进口片垄断的格局将被打破。

但在发行和院线方面，我国始终未对外资和民营企业松口。被寄予一线开放希望的上海自贸区，此次也未给外资电影发片方面带来曙光。不过，上海市政府副秘书长、自贸试验区管委会常务副主任戴海波在中国上海自贸区挂牌成立说明会上表示，此次发布的负面清单，是 2013 年版，未来还会动态调整。上海自贸区负面清单与国际上其他经济体的负面清单相比，使用的“限制”字眼较多，“禁止”较少，并且未来调整方向将是缩小清单负面范围，减少负面条款。

9.3　我国文化创意产业 FDI 发展状况

9.3.1　我国文化创意产业 FDI 总量分析

2012 年 6 月《文化及相关产业分类（2012）》新标准修订完成后，我国在统计上还没有做出相应的调整，因此，目前我国对文化创意产业 FDI 情况没有针对性的统计数据。本报告采用国家统计局的统计口径，将文化娱乐业和体育产业作为一个统计项目，因此我国文化创意产业 FDI 包括文化、体育和娱乐业。

中国加入世界贸易组织已有十年，国内文化市场获得了飞速发展。外资进入中国文化产业的步伐不断加快，其进入方式也日益多样化，如参股、合资、项目合作、投资影院和剧场等硬件设施等，外商多路出击，布局中国文化市场和文化产业。与此同时，中国对文化市场的放开仍然较为谨慎，外资和中国文化产业开始步入了一个怀疑与希冀、期待共存的磨合期。

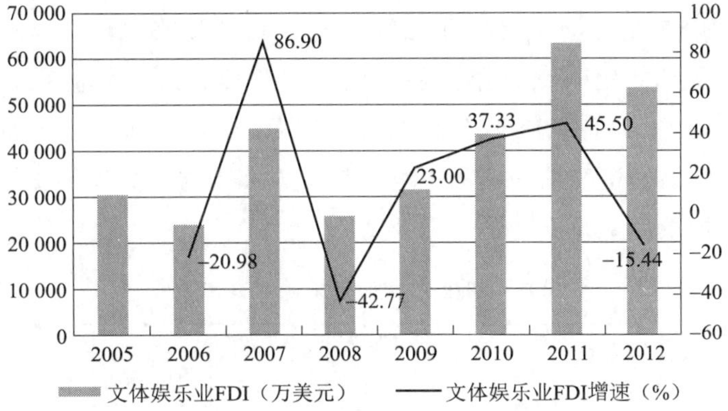

图 9-1　2005—2012 年文体娱乐业 FDI 及增速

资料来源：国家统计局《中国统计年鉴 2013》。

从图 9-1 可以看出，2005—2012 年我国文体娱乐业 FDI 总量呈现上下波动的趋势，并且具有一定的周期性，我们可以以 2008 年和 2011 年为截点对其进行划分，能看出波动中最突出的变化是发端于 2007 年和 2009 年的两轮大幅上涨以及 2008 年和 2012 年的两轮大幅下跌。首先从 2006 年到 2008 年，文体娱乐业

FDI呈现从波峰到波谷的大起大落的波动态势。这其中2007年86.9%的高速增长显然得益于北京奥运会建设工程的拉动作用，如鸟巢、水立方等比赛场馆和国家大剧院等现代化设施的设计和建设。而2008年文体娱乐业外商投资出现42.77%的巨大跌幅，则是由2007年爆发于美国的全球金融危机直接导致的。受金融危机的影响，全球FDI呈现出全面收缩的状态，文化产业FDI也难以独善其身。

再从2009年到2012年来看，2009年文体娱乐业外商投资23%的增速则主要得益于上海世博会建设工程的拉动，最主要的是文化场馆的建设投资。像北京奥运会和上海世博会这样大型、系统性的工程都需要具有国际先进水准的大型文化体育娱乐设施供应商、设计商和承包商借助国际投资合作完成，因此，文体娱乐业FDI在这两年实现了较大幅度的增长。另外，2009年到2011年的这一轮文体娱乐业FDI的“小阳春”还得益于这几年国家对文化产业的战略性和政策性支持，特别是2009年《文化产业振兴规划》将文化创意产业列为战略性新兴产业、2010年“十二五”规划将文化产业列为国民经济支柱性产业、2011年中央出台《中共中央关于深化文化体制改革推动社会主义文化大发展大繁荣若干重大问题的决定》确立“建立社会主义文化强国”这一长期战略目标，这些战略性、政策性定位对于开启文化创意产业新的历史发展阶段、鼓励外商投资具有重大意义。而2012年文体娱乐业FDI下跌15.44%则属于小幅调整，一方面受到欧债危机背景下全球贸易投资萎缩回调的影响，另一方面则与中央发展文化产业侧重点的变化——更加重视文化产业的“走出去”有关。

表9-2　　2005—2012年文体娱乐业FDI概况

年份	文体娱乐业FDI金额（万美元）	文体娱乐业FDI增速（%）	项目数	文体娱乐业FDI占总FDI比例（%）
2005	30 543	—	272	0.51
2006	24 136	-20.98	241	0.38
2007	45 109	86.90	207	0.60
2008	25 818	-42.77	170	0.28
2009	31 756	23.00	158	0.35

续表

年份	文体娱乐业 FDI 金额（万美元）	文体娱乐业 FDI 增速（%）	项目数	文体娱乐业 FDI 占总 FDI 比例（%）
2010	43 612	37.33	168	0.41
2011	63 455	45.50	152	0.55
2012	53 655	-15.44	145	0.48

资料来源：国家统计局《中国统计年鉴 2013》。

而从文体娱乐业占我国总体实际利用外资的比例来看（见表 9-2），2005—2012 年这一比例始终徘徊在 0.28%～0.60% 之间，相对较低，并且变化幅度不大。说明外商在我国文体娱乐业的投资总量是比较小的，从这一点来看，我国文化创意产业引进外资实际上是具有很大上升空间的。而据不完全统计①，2013 年娱乐服务业实际使用外资比上年增加 117.42%，规模实现翻番，增长较快。

最后从文体娱乐业 FDI 签约项目数来看（见表 9-1），除 2010 年外，观察年份这一数字基本呈现连续下降的趋势。单从数字上看文体娱乐业引进外资项目数确实在不断减少，然而结合 2008—2012 文体娱乐业 FDI 总量基本上升的趋势考虑，说明平均每个项目的投资额是在增加的。这意味着我国文体娱乐业引进外商投资项目从看重数量向看重质量转变，外商投资企业的实力和外商投资项目的个体规模成为引进与否的重要指标。

9.3.2　广播影视产业

广播影视产业，即广播、电视、电影和音像业，是指对广播、电视、电影、录音、录像内容的制作、编导、主持、播出、放映等活动，其中不包括广播电视信号的传输和接收活动。其中，外商投资以电影业和音像业为主，本部分主要介绍 2012 年以来电影业外商投资情况。

2010 年初国务院办公厅下发了《关于促进电影产业繁荣发展的指导意见》，首次从国家政策层面对电影产业给出具体规划，“十二五”规划中更是将影视制作、文化创意、演艺娱乐等列为七大重点文化产业发展对象，中国影视产业从政

① 这里只有娱乐服务业实际利用外资数据，而没有文化体育业数据，数据来源于商务部。

策扶持和市场环境迎来了重要的战略机遇期。

外商投资中国电影产业，主要有两种方式：一是与中国电影制片公司合拍电影，从中分账；二是以参股、合资的形式投资中国影视企业及影视基地。第一种方式注重短期收益，“打一枪换一个地方”；第二种则看重中国电影市场的长期发展，“放长线钓大鱼”。

就第一种渠道来看，2012 年中外合拍电影市场热闹非凡，但大部分影片居主导地位的是外方投资公司，从编剧、导演、演员到拍摄、制作均以外方为主，中方的主要角色是后期发行。2013 年中国电影市场更趋繁荣，中外合拍商业影片热潮还在继续。不过，和 2012 年相比有了一些新的变化。例如，中方投资公司逐渐处于主导地位，中国演员不再仅仅是“打酱油”；在合拍题材上，以魔幻、战争、爱情居多；合作伙伴中，美国、韩国、法国、意大利的电影公司和中方谈成了更多项目。

另外，比较注重长期效益的外资企业也开始尝试通过第二种渠道投资中国电影市场。2013 年 5 月，中国电影发行商博纳影业集团在纳斯达克公开宣布博纳影业已获得来自美国新闻集团的战略投资。根据协议，美国新闻集团将直接向博纳影业集团创始人、董事长兼首席执行官于冬购买博纳影业集团 19.9% 的股权。这一消息的发布在业界掀起了极大的波澜，是外资进入我国电影市场的标志性事件之一。2014 年 1 月，中阿产业投资基金①管理公司拟与甘肃天水市合作建设“天水麦积文化影视基地”。该基地位于天水市麦积区境内，占地约 1 500 亩，总投资约 15 亿元人民币，其中一期计划投资 5 亿元人民币。

为何外商参股合资等多出现在影视领域？外资通过控股和合资形式，参与正在飞速扩张的民营影视集团的方式，可以迂回确立自己在中国电影发行放映市场上的话语权和主动权，扩大自己制作的影片在中国电影市场的票房份额。进入 21 世纪的第二个十年，种种迹象说明中国电影行业已经基本培养出属于自己的一套比较成熟的运作体系。因此外资在这个时候密集投资中国影视产业，其实大有“下山收桃子”的意味。北京大学文化产业研究院副院长陈少峰分析认为，相比独立运作或者组建合资公司等方式，直接入股已经上市或者有能力上市的国

① 中阿产业投资基金是政府支持、专属链接阿拉伯资本与中国投资发展机遇的国际性金融平台，致力于促进中阿金融与产业合作。

内大型影视企业，可以让外资集团更有效率地进入中国电影市场，并且避免风险①。

9.3.3　动漫产业

2009 年以来，文化部、财政部等出台多项政策支持动漫产业发展。动漫产业“十二五”规划强调主要任务是努力推动我国原创动漫创意、研发、制作能力大幅提升，动漫精品力作不断涌现，技术创新能力持续增强，国际竞争力大大提高，发挥市场机制对动漫文化资源配置的积极作用，要用 5～10 年让我国跻身动漫强国，打造 5～10 个知名品牌和骨干企业。

在政策环境改善的背景下，我国动漫产业快速发展，产值从“十五”时期末的不足 100 亿元，到 2010 年达 470.84 亿元，年均增长率超过 30%；2012 年，我国动漫产业发展速度虽然有所减缓，总产值达 759.94 亿元，较 2011 年也增长了 22.23%②。

然而，据《2013 中国动画产业年度发展辑要》发布数据显示，2012 年全国出品动画片的公司数量由 2011 年的 224 家减少到了 215 家，首次出现了负增长。而就是在这 215 家动漫公司中，约有 85% 处于亏损状态。在当前的市场环境下，动漫公司如果依旧走闭门造车式的版权出售老路终将在竞争中被淘汰。那么，我国动漫企业为什么大多亏损？动漫公司该如何开拓出一条适合企业发展的阳光大道？

由于动漫作品的制作成本相对过于高昂，再加上 2008 年以前我国新闻和出版业严禁外资参与，导致动漫产业难以从外部融到发展资金，仅依靠内资是远远不够的。2010 年 4 月，中国湖南天闻动漫传媒有限公司（中南出版传媒集团股份有限公司的子公司）出资 51% 与日本角川集团合资成立广州天闻角川动漫有限公司，并于 2011 年 9 月推出漫画杂志《天漫》，获得了广东省新闻出版广电局的销售许可。虽然期刊需接受审查，但外资参与中国出版业在中国仍属罕见。该公司的副总经理岩崎刚人说：“中国（之所以同意外资进入）应该是想一边吸收外国

① http://www.qianzhan.com/indynews/detail/214/120901-1fc0e47e.html.

② 卢斌，郑玉明，牛兴侦．动漫蓝皮书：中国动漫产业发展报告（2013）．社科文献出版社，2013 年 11 月．

的技术和知识，一边促进本国文化产业的发展。”[①] 广东省作为中国国家战略的先头部队，其动漫产业市场规模已达150亿元人民币，此次广东批准外商投资本土动漫产业，是一次以外资为杠杆推动动漫产业发展的有益尝试。我国动漫产业吸引外资成功与否的关键，在于国家能否理解并支持广东这种开放的态度和氛围。

此外，由于动漫作品的制作成本相对过于高昂，目前国内基本上没有能够通过给电视台出售播放权收回制作成本的动漫作品，版权授权成为动漫企业回笼资金最快最有效的途径，授权也成为整个动漫产业链的核心。尽管动漫企业的版权意识日益提高，但市场上仍然十分猖獗，而我国消费者的版权意识比较薄弱，这些因素无疑削弱了维权的可能性和可操作性。虽然动漫企业在近几年从动漫创作到版权授权等方面做出了不懈的努力，但是动漫产业要在国内市场蓬勃发展，还有待市场的规范化，还动漫产业一方净土，才能吸引到更多的外资支持，创作出更多出色的动漫作品，一系列的连锁反应最终推动国内动漫产业的繁荣昌盛。

9.3.4 广告产业

1. 广告产业政策演变

根据国家工商总局和商务部联合发布的《外商投资广告企业管理规定》，外资从2004年3月起即可控股中国广告企业，最高持股比例由49%上调至70%；2005年12月10日以后，允许外资设立独资广告公司。各地工商行政管理部门也纷纷出台各种规定，简化外资广告企业审批手续。而实际上，2004年6月新闻集团全资子公司“星空传媒（中国）有限公司”就在上海挂牌，标志着境外传媒机构在内地成立了第一家独资广告公司。

为了加强外商投资广告企业的管理，2008年8月22日国家工商总局和商务部对2004年版《外商投资广告企业管理规定》进行了修订。根据新版规定，外商投资广告企业符合规定条件，经批准可以经营设计、制作、发布、代理国内外各类广告业务，其具体经营范围，由工商总局或其授权的省级工商行政管理局依法予以核定。中外合营广告企业的合营各方应是经营广告业务的企业；合营各方须成立并运营两年以上；有广告经营业绩。设立外资广告企业的投资方应是以经营广告业务为主的企业；投资方应成立并运营三年以上。申请设立分支机构的外

① http：//column. cankaoxiaoxi. com/2012/0405/24714. shtml.

商投资广告企业，注册资本应全部缴清且年广告营业额不低于 2 000 万元人民币。新版规定自 2008 年 10 月 1 日起施行。

“十二五”规划纲要提出要促进广告业健康发展，国家发改委发布的《产业结构调整目录（2011 年本）》第一次把“广告创意、广告策划、广告设计、广告制作”列为鼓励类。2012 年 5 月 29 日，国家工商总局组织编制了《广告产业发展“十二五”规划》，明确提出：“打造具有全球服务能力的我国大型广告集团。鼓励有实力的国内大型媒体和广告企业通过参股、控股、兼并、收购、联盟等方式做强做大，构建股权多元化、运作市场化的广告集团化运营机制，着力提高其为大企业、大品牌、大工程提供综合策划、推介服务和海外拓展等全方位服务能力，不断增强国际竞争力。”这一规划的出台，对提高中国广告业的专业化、集约化、国际化水平，推动广告业健康和全面、协调、可持续发展具有重要战略意义，更重要的是为国内广告企业进行国内并购和参与国际并购指明了方向。“十二五”期间，国家工商总局将加快《广告法》的修订，推动广告产业十大园区（基地）建设。选择 100 家有实力、有竞争力的广告企业加强重点联系和指导。树立一批公益广告示范城市和企业，鼓励、支持社会力量探索设立公益广告发展基金。同时指导广告协会做好广告专业技术人员职业水平评价考试，健全和完善广告专业人才评价机制。

2. 本土广告公司在与外资的竞争中处于劣势

数据显示，2013 年中国广告经营额首次突破 5 000 亿元大关，达到 5 019. 75 亿元。从事广告经营业务的单位数量和广告从业人员数量继续维持高速发展的态势，达到 44. 5 万户和 262. 2 万人，相较于 2012 年分别增长了 17. 89% 和 20. 4%。然而我国本土广告公司在与跨国广告公司的竞争中处于下风。以上海为例，外资广告企业各项户均和人均指标均胜出内资广告企业一筹。2012 年，上海外资广告企业户均营业收入 2. 7 亿元、户均利润 1 607 万元，分别是内资广告企业的 16. 4 倍和 12. 6 倍；人均营业收入、人均利润达 415 万元、24. 4 万元，分别是内资广告企业的 3. 4 倍和 2. 6 倍。外资广告企业的人均工资福利费用为 24. 7 万元，是内资广告企业的 3. 4 倍①。

① 2012 年度上海广告市场状况报告 . http://www.shad.gov.cn/alc/info.do? method = show&id = 0000000325.

表 9-3　　2012 年上海市内、外资广告企业基本数据对照表

比较项目		内资	外商投资	合计数
单位数量		3 015	211	3 226
从业人员		40 593	13 885	54 478
人员占比分析	管理人员	20%	14%	18%
	创意设计人员	23%	22%	23%
	业务人员	34%	52%	39%
	其他人员	23%	12%	20%
广告营业收入（亿元）		501.8	576.2	1 078.0
均值	户均（万元）	1 664.3	27 306.5	3 341.6
	人均（万元）	123.6	415.0	197.9
广告业务利润（亿元）		38.4	33.9	72.3
均值	户均（万元）	127.4	1 607.4	224.1
	人均（万元）	9.5	24.4	13.3
工资福利费用（亿元）		29.4	34.3	63.7
人均（万元）		7.2	24.7	11.7
营业税金及附加（亿元）		10.1	7.7	17.8
户均税费贡献（万元）		33.5	363.0	55.2
产业增加值（亿元）		73.3	74.4	147.7
户均增加值（万元）		243.1	3 525.6	457.8

数据来源：《2012 年度上海广告市场状况报告》。表内数据为 2012 年统计 4 150 户广告经营单位的实际数据。

究其原因，平均规模较弱、市场竞争激烈，是内资广告企业跑不赢外资的主要原因。截至 2012 年年底，上海广告经营单位有 69 976 户，比 2011 年年底增加了 19.5%，新增单位中私营广告企业占到了 95%以上，目前私营广告企业已占到上海广告经营单位总数的 96.2%。白皮书指出，本市广告产业的“金字塔”底部过于庞大，2012 年 94.07%的广告经营单位仅贡献了全年全市广告经营单位营业收入总量的 11%，这些单位大多为私营广告企业。跨国广告公司进入中国后，

为应对产业结构演变的种种趋势，采取了扩张、联合、低价迂回和服务与品牌等策略，构建自身体系优势、规模成本优势和差异优势，成功避开了政府游戏规则、媒体价格屏障和竞争对手的“价格战”，形成对中国媒体的对话优势，强有力地削弱了本土广告公司的生存空间并深刻影响了中国消费文化的发展变革，值得中国媒体及本土广告公司经营管理者借鉴和反思。

从国际经济发展轨迹看，产业发展离不开资本支持。产业要形成规模，必须依靠资本投资。资本市场在产业发展中意义重大。在资本市场，通过建立市场价格来达到提供者和需求者之间的市场平衡，将资本导引到最可能有效的投资领域，通过资本需求者之间的竞争，资本可以投到最有效的用途上。从我国媒体产业发展看，媒体已经学会利用资本市场来发展我国的传媒产业。但是，创意产业迄今为止鲜有通过资本市场上市的案例。这说明广告产业中广告创意还未能市场化，不能市场化的前提是广告创意不能产品化，因此也就无法商品化和进行市场交易，资本也就无法介入。综上所述，要大力发展我国广告创意产业，首先要加强创意产业的法律环境的完善，促进创意产业与制造业结合，推动创意商品化，推动创意产业与资本市场结合。只有这样，一流的创意人才才敢来中国创业，一流的国际创意公司才敢来中国开公司，中国的创意产业才能真正发展起来。

9.3.5　会展产业

进入 21 世纪以来，中国经济发展令世界瞩目，中国经济总量先后超过法国、英国、德国、日本等经济强国，成为仅次于美国的世界第二大经济体。会展业作为中国经济飞速发展的新宠儿，理所当然成为外资追逐的新对象，中国作为新兴的发展中国家，有坚实的产业基础和极具潜力的消费市场，是国际会展企业深耕发展的重点区域之一。除德国企业进一步扩大其业务范围外，英国、法国、意大利、荷兰、美国、日本、新加坡等会展强国也纷纷步入中国会展业，大有“八国联军”抢滩中国会展市场的意味。

近些年来，以英国博闻、励德展览、德国法兰克福展览公司为代表的一批全球著名专业展览公司已经陆续进入中国，积极兼并收购在华项目，加速布局中国市场。以英国博闻公司为例，其子公司亚洲博闻公司在 2012 年收购兼并了中国国际口腔器材展览会、上海酒业博览会和上海品牌服饰展览会等一批知名国内展会。2012 年 3 月英国励展博览集团旗下的励展华博展览（深圳）有限公司和中国百货行业展会——中国日用百货商品交易会暨中国现代家庭用品博览会的主办方上海中百会展服务有限公司成立了新的合资公司——励展华百展览（北京）有限公司，并于8月在上海新国际博览中心就其首届项目共同合作，该项目为中国日用百货商品交易会暨中国现代家庭用品博览会，成为2012年中国规模最大的百货商品和家庭日用品展览会。2012年10月，德国法兰克福展览公司与广州科展宣布合作举办广州专业音响灯光展览会。截至2012年年底，在中国共运营53个商贸类展会，其中规模最大的10个展会展览净面积达55万平方米，参观人数38.5万人[①]。

通过在不同区域举办展会，外资充分利用了中国的区域经济进行有效定位，从而获得战略性立足点。从外商投资我国会展业的区域分布来看，目前外商选择投资展会的区域仍然集中于东部地区、特别是一线发达城市：北京是中国的政治、经济、文化中心，能够带来的影响最大；上海可为企业发展提供完善的基础设施和全套服务；广州靠近沿海，地理位置优越；深圳是中国经济最为活跃的城市之一。随着中西部地区经济的崛起，外资举办展会的地点也在向这些地区的区域中心转移：成都的企业运转成本相对较低，具有广阔的发展空间；中部地区正在崛起，直逼经济发达、人口密集的沿海地区。

从外资进入中国会展业的模式来看，多采用会展企业间并购、会展项目间合并以及会展企业并购展览项目的形式。潘文波（2008）归纳出更为详细的6种并购模式：设立代表处或办事处、投资展览场馆建设、移植展览品牌、建立合资展览公司、参股经营合作办展、设立独资公司或单独举办展览会。此外，全资收购同类展览项目和托管式合作并购也成为近年来外资进入中国会展市场的新兴并购模式。2005年以后，设立办事处和直接投资展馆建设已成过去式，目前在中国会展市场上风起云涌的正是参股经营合作办展、成立合资公司与会展项目并购。经过了“十一五”期间初步的资本整合，“十二五”期间是外资融入中国会展市场的爆发期。可以预测，在中外会展资本完成高度融合之后，品牌会展将会大规模移植中国市场，同时成立外资独资公司与会展企业并购的浪潮也将来临。

① 商务部.2012年中国会展业发展报告.http：//fms.mofcom.gov.cn/article/lingzxz/xiazaizhuanqu/201307/20130700198063.shtml.

9.4　我国文化创意产业引资的不足与发展建议

2010 年国务院出台《关于加快培育和发展战略性新兴产业的决定》，将文化产业列为战略性新兴产业后，各级地方政府也都清醒地认识到发展文化产业的巨大经济和社会效应，而将文化产业的发展置于经济社会发展的重要地位。为了加快发展文化产业，各地都不约而同地采用了引进资本的方法。文化产业资本的引进，也像其他资本的引进一样，成为政府和企业的必然的政策选择。政府和相关企业，都把文化产业当做一般产业一样，推出了大批引进外资的项目。但是，由于文化产业的特殊性，文化产业 FDI 的引进必须区别于普通产业。因此，梳理文化产业引进外资的情况，反思文化产业引进外资策略的得当与否，对于我们顺利地引进、合理地吸收并利用外资是非常重要的。

9.4.1　我国文化创意产业引资的不足

当前我国文化创意产业发展的短板集中表现在投融资体制僵化，政策缺位，投资渠道单一，资金缺乏，严重制约了文化创意产业的发展。

1. 文化创意产业 FDI 比例过低

我国文化产业起步较晚，虽然近些年取得了较大的进步，但发展过程中依旧存在各种问题，其中文化产业发展缺乏资金的现象由来已久。根据不完全统计，目前我国共有文化产业投资基金 111 只，资金总规模超过 1 330 亿元人民币。虽然金融机构已经开始全面介入文化产业的整个链条，银行、保险、风投、私募等针对文化产业特性做出了一系列探索，创投、风投、天使基金、种子基金等投融资工具不断扩充，但从目前实际情况看，金融介入的力度还明显不足。从中央到地方，文化创意产业的发展过度依赖各级政府投入，对文化产业拓展投融资渠道的探索并不积极。

目前，在我国文化创意产业的资金来源结构中，外资、民资投入比例严重不足，对外商投资文化创意产业的政策限制重重。单一的资金来源结构不仅使支持文化创意产业发展的整体资金实力难于充实，而且还使伴随资金来源的各种文化资源和人才相对单一，就社会整体资源而论整合力度较小、效果不佳，致使文化创意产业经济效益不高，产业综合实力和竞争力不强。

2. 文化创意产业 FDI 投向狭窄

虽然外资目前已介入中国的演出、影视、游戏、艺术品和旅游等多个文化领域，然而，由于资本的趋利性以及外资进入中国文化产业十来年积累的经验，使得这些外商进入中国文化产业过程中，既有野心勃勃的动机，同时也有了更多的谨慎。加之国内优质文化企业的稀缺以及我国政府对于外资进入文化领域的诸多限制，除了影视和出版等少数领域，外商直接入股文化企业的案例仍不多见。随着国内文化产业的大发展，过去几年来，外资进入中国文化产业的步伐也不断加快，外商或直接入股中国文化企业，或与中国文化企业合资成立新公司，为未来全方位进军中国文化市场进行布局。然而这种形式的进入，除了在政策上遭遇一道道门槛，还要面对中国社会的适应过程。

不难看出，外商在我国文化创意产业投向过于狭窄的原因仍然在于我国文化产业的开放度过低、政策规定较为严苛。只要是政策放开的领域，哪怕是部分放开，如影视、广告产业，外资总能凭借强大的经营实力在与内资企业的竞争中胜出，在中国市场占据一席之地甚至半壁江山。由于文化产业的特殊性，它对于中国文化"走出去"的重要意义，再加上出于保护本国文化市场的目的，文化产业对外资保守也就不难理解了。

3. 政策体制依然滞后

总体而言，我国文化体制的改革严重滞后于经济体制改革，依然存在束缚文化生产力发展的体制机制问题。近年来，尽管我国政府出台多项关于文化产业发展和文化体制改革的政策，对文化体制改革和产业发展起到了积极作用。但是多种原因使得我们的政策制定主体分散、政策的权威性不强、政策实施的有效性差、政策支持产业发展的力度不够、文化产业发展难以得到有效的引导、有力的支持和充分的保障。

从具体职能来看，政府在文化创意产业的发展支持上既有"缺位"又有"越位"。缺位方面，一些本来属于公共产品或准公共产品的文化事业领域，一些必须由政府承担的责任仍希望由市场解决，一些本应由政府举办的事业或提供的服务因资金不足影响了正常发展，如政府对文化创意产业信息化支撑体系投入力度不够；一些本应由政府执行的监督职能缺位或懈怠，如一些地方政府对文化园区准入制度的指导和监督不力，对园区闲置情况监督不力，政府知识产权保护措施不足等；对能够带来高额利润的产业化、市场化的领域开发步伐依然不够；国有资本之间组合较多，外资和民资难觅机会，影响公平和效率。越位方面，政府包揽了一些本不该包揽的事务，造成资源的分散和浪费，如政府既管理文化创意产业的发展又参与文化创意企业的投资，既当“裁判员”又当“运动员”，又如各地方政府在文化园区建设中包办过多，限制了文化创意企业的发挥；政府管理手段未充分体现效率原则，不遵守市场的规律，阻碍了市场配置文化资源的基础性作用，在文化创意产业运行机制上过度依赖计划配置资源，妨碍了文化市场的发展；政府过多扶持大型企业，忽视小企业的作用；多头管理现象依然改观不大，各文化管理部门间不协调现象时有发生。

事实证明，“关起门来搞文化”是不行的，促进文化创意产业发展、提高文化创意产业竞争力，必须在文化创意产业引资政策方面给予大力支持，解放对文化创意产业投资体制的束缚。在经济全球化的浪潮推动下，资本在各国文化产业之间的流动已成为不可阻挡之势。在经过了“入世”第一个十年的磨炼之后，第二个十年，中国文化产业对于外资应该持有更加理性和开放的心态，因为只有真正引进来，才能促使中国文化更好走出去。外资对中国文化产业更多的是机遇，而非挑战。

9.4.2　提升我国文化创意产业引资水平的政策建议

随着我国文化体制改革的不断深入和转变经济发展方式的需要，推动文化产业发展成为经济发展战略的重要内容。然而政策的限制成为了外资入股文化企业的最大门槛，这也使得不少外资对于中国文化市场在“口水不断”的同时只能望而却步。在国家不断推动民间资本进入文化产业的同时，为了打破文化企业的资金瓶颈，吸引外资入股的确应当成为可以考虑的解决角度之一。各级政府如何通过财政政策支持文化创意产业发展，是值得研究的重要问题。具体来说，政府（文化部和各有关部门）应着力完善文化产业政策，深化体制改革，规范市场秩序，加强公共服务，推动文化产品和服务走出去。

1. 优化政策环境

2009 年国务院出台《文化产业振兴规划》，极大地提振了文化产业界应对金融危机、实现平稳发展的信心和决心。发展文化事业文化产业，不仅需要政府加大投入，还需要政府转变职能，由主要“办文化”转到“社会管理和公共服务”

上来，就具体职能部门来说，文化部应不断优化文化产业引资环境，在财税支持方面，财政部、国家税务总局制定了支持文化体制改革、文化企业和动漫产业发展的税收优惠政策。在金融支持方面，从信贷、证券、保险等多方面支持文化创意产业引资。国家发改委、商务部等政策制定部门对于外商投资文化创意产业应该区分对待，对《外商投资产业指导目录》的修订应该紧跟时代发展步伐，除了一些关系到国家利益的领域要守住底线，其他可以放开的领域适当引进外资有利于引进竞争，产生“鲶鱼效应”，促进内资企业在竞争中生存发展。

2. 逐步完善体制机制

加快推进文化体制改革，加快文化系统改造，促进国有文艺院团改制，与市场接轨。重塑文化市场主体，进一步提高文化主体的市场意识，特别是要让原先体制内的文艺团体意识到市场竞争是大势所趋，由“体制内”向市场的转变是不可逆转的；转变政府职能，文化部门改变以往在市场方面介入过多的“越位”和在提供公共产品方面明显“缺位”现象，一方面应该多多鼓励市场竞争，对文化主体不要管得过死，给予它们更多自由发展得空间，另一方面该由文化部门提供的服务和公共产品要及时提供，不应以资金理由拖延。

3. 不断加强公共服务

由公共财政资源整合集成各类资源，策划建设一批包括投融资服务、公共技术支撑、信息发布、人才培养、交易合作、统计分析在内的，涵盖创意研发、产业孵化和推广等产业链各个环节的综合服务平台，以降低文化企业的创业和运营成本。例如，通过举办文化创意产业博览会等一系列会展活动，有效促进文化产业的交易与合作。以中国文化产业网为依托的信息服务平台、项目资源库和投融资服务平台的建设与运营日趋成熟，进一步增强文化产业公共服务的便利化程度。完善文化产业统计工作，逐步建立和规范独立的文化产业统计口径，将国家统计局、商务部、文化部、国家工商总局等各个部门分散的统计数据整合起来，结合市场上各统计、调研、咨询公司的数据和报告，建立新的、数据更加全面、完整的文化产业数据库。

4. 有序规范文化市场

健康、繁荣、有序的文化市场是文化事业和文化产业发展的基础性条件，因此必须把规范文化市场秩序作为保障文化产业健康发展的重要手段，加强文化市场综合执法，建立明确责权、规范有序的文化市场管理执法体制、机制，进一步提高文化市场规范化、法制化水平；全面规范行政审批管理，取消和下放文化市场领域的行政许可，全面明晰公开审批条件、程序和结果，接受社会监督。充分利用媒体进行法制、法规宣传，动员全社会参与文化市场监督。要严格执法，规范执法程序。在行政执法过程中全面规范执法程序，从执法责任、执法行为、执法方式三个方面入手严格按照程序开展工作。努力提高文化市场综合执法队伍政治和业务素质，树立良好的管理形象，进一步积极有效地维护文化市场安全平稳。

（执笔：蔡彤娟）

第 10 部分

在华跨国服务外包企业运营模式及发展

中国服务外包产业的起源最早可追溯到20世纪80年代中期中国科学院向日本派遣软件研修生以及80年代末期IBM公司向中国转移系统软件的汉化工作，即劳务派遣和语言本土化构成其最初形态，后逐步向软件业务拓展，主要为盒装软件产品的本地化开发、受托的计算机应用程序开发、数据/文字处理、程序编码测试等。这也预示了开启中国服务外包产业的两个源头：承接对日软件外包及为在华跨国公司的本土化战略提供相关服务。

进入21世纪以来，随着美欧等西方跨国公司外包业务加快向中国转移及国内各界对外包关注度日益提升，服务外包产业进入快速扩张期，产业规模持续扩大，业务范围不断拓宽，运营模式日益复杂，企业数量迅速增加，年均新增企业上千家，特别是达到千人规模的本土服务提供商数量迅速增加，东软、文思海辉等本土主要企业相继突破万人规模，综合服务水平和专业化能力快速提升。与此同时，在华跨国服务提供商也加大对中国及周边市场开拓步伐，形成民营企业和在华跨国公司为主、国有企业为补充的竞争格局。

作为服务经济的重要组成部分，服务外包产业的发展对于促进经济全面转型升级具有重要意义。经过十几年的快速发展，服务外包产业自身发展已进入转型期。在华外资企业在产业发展初期曾发挥了重要作用，在新的发展阶段，如何继续积极发挥在华外资企业特别是大型跨国服务外包企业在产业发展转型中的积极作用成为新课题。考虑到跨国公司作为外包需求方角色较为明晰，作为服务提供商则与本土企业易于形成竞合关系，相对复杂，故本部分内容主要聚焦于服务提供商视角，全面考察在华跨国服务企业的基本模式及最新演进趋势，探究其发展演变的基本规律，以期为我国新时期的相关政策调适提供启示和理论支持。

10.1　在华跨国服务外包企业发展概况

随着服务全球化的深入发展和全球服务生产网络持续发展演进，我国凭借快速增长的总体经济规模、技术劳动力的持续快速增加以及服务需求市场的扩张，吸引大量跨国公司通过外商直接投资，以商业存在方式进入我国服务外包市场开展服务外包业务。短短十几年的产业发展史表明，外资企业特别是拥有先进技术和丰富国际化资源的跨国公司的进入和积极参与成为我国服务外包产业发展的一个重要动力和中坚力量，构成我国服务外包产业主体的重要组成部分。

从在华跨国服务外包企业主要类型和基本功能看，既有欧美等较早进入我国市场的老牌跨国巨头在华机构，也有日韩跨国企业的中国公司，还包括印度、墨西哥等近几年进入我国的新兴发展中国家的服务外包企业；上述在华跨国服务外包企业在延续其服务需求方和服务提供者的双重角色之外，日益衍生出一种充当资源整合者的新职能，即通过在中国建立全球性研发中心和服务交付中心，将中国人才和创新资源纳入其全球战略版图，成为其全球创新网络和服务交付网络的重要组成部分，客观上加快了全球科技研发资源和服务提供网络向中国的转移。

从产业收入看，在华跨国服务外包企业在我国服务外包产业中长期占有重要地位，特别是在一线城市和中高端服务市场。以高端服务外包业务聚集地北京为例，排名前 10 位的服务外包企业除第 10 位的联发搏动科技有限公司为台资企业，其余前 9 家全部为外资企业，前 10 位收入规模占北京市总额的 50% 左右。如 2012 年，前十大服务外包企业总收入为 17.99 亿美元，占北京市服务外包总规模的 50.6%，其中 IBM 的收入规模突破了 4 亿美元，居品牌分布的首位，思科、葛兰素史克分列第二、三位，前三位企业的收入共占北京市服务外包总规模的 28.2%。①

表 10-1　　2012 年北京市离岸外包前十企业收入规模　　单位：亿美元

排序	企　业	收　入
1	国际商业机器（中国）投资有限公司	4.16
2	思科系统（中国）网络技术有限公司	3.00
3	葛兰史素克（中国）中国投资有限公司	2.88
4	诺基亚西门子通信技术（北京）有限公司	2.76
5	摩托罗拉（北京）移动技术有限公司	1.40
6	北京保洁技术有限公司	1.05
7	路通世纪（中国）科技有限公司	0.77
8	诺基亚西门子通信网络（北京）有限公司	0.72
9	北京三星通信技术研究有限公司	0.66

① 数据来源：北京市商委。

续表

排序	企　　业	收　　入
10	联发搏动科技（北京）有限公司	0.61
合计	—	17.99
占产业总收入比重	—	50.6%

数据来源：北京市商委.

从跨国公司在中国服务外包领域的经营现状来看，外资参与模式复杂多样。主要模式和所建机构类型主要包括：一是创新中心和研究机构，称之为承担创新功能的研发中心外包模式，如微软亚太研发集团、埃森哲全球技术实验室和金融服务创新中心以及三星通信研究院等。二是内部运营支持机构，称之为支持性的自营外包模式，如花旗软件技术服务（中国）有限公司和 NEC 软件（济南）公司；这一模式在进入我国较早的西方跨国公司和日韩企业中比较常见。跨国服务提供商在中国设立的分公司、执行中心或区域总部，如简柏特（大连）有限公司为亚洲各国和地区提供跨区域、远程高端服务外包业务；惠普全球软件开发中心（中国）为中国及跨国公司客户提供优质软件解决方案和服务；花旗数据处理（上海）有限公司专为花旗亚太地区客户和业务部门提供专业的金融后台运营服务。凯捷咨询（中国）有限公司致力于为中国本土以及在华跨国公司提供全面和有竞争力的解决方案及服务。IBM 中国全球服务执行中心（China GDC）在上海、深圳、大连、成都、武汉、佛山、北京和苏州设立运营中心，为 IBM 中国和全球客户提供优质 IT 解决方案和高端服务；发展中国家企业比如塔塔咨询中国公司和印孚瑟斯技术中国公司等主要印度企业主要把中国作为服务提供基地和全球交付网络的组成部分，服务于全球客户，同时也在努力开拓在华和周边市场业务。

当然，在实际运作中，上述职能并非一成不变或有严格分野，不少在华跨国服务外包企业（机构）兼有多种职能。以惠普全球软件开发中心（中国）（GDCC）为例，2002 年成立时的名字叫“惠普中国软件研发中心”，市场定位于为中国市场提供行业软件解决方案和产品。2003 年 3 月和 2004 年 4 月，GDCC 分别通过 CMM3

和 CMM5 级的认证之后，开始承接欧美大单，业务范围明显扩展，三分之一来自美国部分，特别是惠普内部的 IT 外包；三分之一来源于惠普在日本的客户，三分之一来源于包括中国在内的亚太地区。

表 10-2　　在华跨国服务外包机构主要模式分类

类型	主要职能	典型案例
承担创新功能的研发中心外包模式	为企业集团整体业务提供研发支持和创新性产品	通用研发中心；IBM 中国系统与科技开发中心；IBM 中国研究院；微软中国研究院；英特尔中国研究院；思科中国研发中心；SAP 研究院；天津三星通信技术研究有限公司；埃森哲 SAP 创新中心；埃森哲北京技术实验室等
支持性的自营外包模式	为企业集团内部业务提供支持性服务	花旗软件技术服务（中国）有限公司；NEC 软件（济南）公司；路通世纪（中国）科技有限公司；花旗软件技术服务（中国）有限公司；花旗管理咨询（上海）有限公司；马士基成都全球服务中心；马士基亚太 IP 服务中心；丹马士客户服务中心等
中国分公司或区域总部外包模式	为中国、区域或跨国公司提供外包服务；为全球客户提供交付服务，全球服务交付网络的一部分	埃森哲简伯特（大连）有限公司；凯捷咨询（中国）有限公司；德勤（中国）会计师事务所；日立咨询（中国）有限公司；花旗数据处理（上海）有限公司（主要提供 BPO 服务）；赛科斯中国等；IBM 中国全球服务执行中心；印孚瑟斯技术（中国）有限公司；塔塔信息技术（中国）股份有限公司；维布络信息科技（上海）有限公司；萨孚凯信息系统（无锡）有限公司等

资料来源：作者根据企业网站资料及相关媒体报道整理而成。

10.2　承担创新功能的研发中心外包模式

10.2.1　发展回顾

自 20 世纪 90 年代初期，加拿大北方电讯公司在北京邮电大学成立北方电讯研究开发中心以来，西方跨国公司在中国陆续设立了大量研究中心和研发机构。特别是过去 10 年，中国研发投入的增速十分明显，到 2011 年，中国已超过日本，成为第二大研发投入国，在多个知识产权密集型研发领域的国际排名迅速提升，中国市场的成熟也促使跨国公司在华设立的研发基地数量持续增多。到 2014 年，受益于丰富且成本相对低廉的研发人才、巨大的市场、鼓励创新的政策和独特的创新产业链等多方面因素，在华设立研发机构已成为跨国企业的内在需要和必然选择，中国随之成为全球跨国公司研发机构最多的国家之一。根据国家统计局公布的数据显示，目前跨国公司在华设立的研发中心已超过 1 400 家，在世界主要跨国公司中，61% 已经在中国建立了至少 1 个研发中心。

从现有研发机构的功能和形式看，既有 IBM 中国研究院、微软亚洲研究院等以从事前沿研究为目的的研发中心，也有以产业技术应用、产品本地化推广为目的的软件研发中心（2004，李蕊）；既有跨国公司以独资形式设立的研发机构为主，也有与中国本土企业或者科研机构联合开设的研发机构，后者呈现越来越多的趋势，还有在华跨国公司之间成立的创新机构，如位于北京的埃森哲 SAP 创新中心。

10.2.2　主要特征

1. 既是成本中心也是利润中心

初期跨国公司在华设立研发中心看重的主要是中国本土优秀的研发人才和低廉的人力成本，因此企业设立的主要目的不是盈利，而是降低研发成本、提高效率和研发质量。但是，随着中国市场的业务规模日益扩大和复杂化，本土化研究增多，除少量基础研究外，大部分应用性研究中心所研发的创新性究产品、解决方案和服务会直接应用于中国市场及其他市场，因此，很多研发中心、创新中心、技术实验室等除了担当基础性研发功能，也直接面对市场，成为利润中心。也因此，这些研究中心所直接服务的市场都处于高端市场。

2. 业务技术层级较高

这一模式下的企业往往是依据跨国公司内部水平分工的模式，承接母公司内部及母公司承接的其他公司的项目，虽然越来越多涉及中国本土业务，但通常是较为复杂、有难度的前沿问题。因此，企业所承接业务的技术层级通常比较高，绝大多数项目可归为知识流程外包（KPO）。

3. 企业类型比较复杂，多采取外商独资的形式设立

设立研发机构的跨国公司中，既有制造业企业，如通用、索尼等；也有服务型企业，如 IBM、路透集团、NEC 等，多数都是实力很强的行业领先企业。早期为了控制企业的核心技术和知识产权，跨国公司一般不愿与中方机构合作，仅有少部分企业与中国的科研院所或高等院校合作建立一些专门的研发机构，更多的是在中国设立独资研发机构，为母公司或相关子公司服务。近几年，随着国内创新环境改善和研发力量提升，国外研发机构与国内研究院所和高校等研究机构的合作显著增加，此外，在华跨国公司之间的合作也日益增多，如上文曾提及的埃森哲 SAP 创新中心就是由埃森哲和 SAP 的联合研究中心。

4. 技术外溢效应显著

由于设立研发机构是提升公司整体核心竞争力的战略性举措，并且这类研发机构一般规模比较大，研发能力较强，从而会产生较好的技术示范效应和产业集群效应，带动国内相关产业的发展。特别是，由于研发中心雇佣大量本土人才，在创新型人才培养方面意义重大。很多本土创新型企业的开创者或核心团队成员都有在跨国公司研究中心长期工作的经历，如小米科技公司的创始人之一林斌及部分核心成员就曾长期在微软研究院和谷歌中国研究院等外资研究机构工作。

10.2.3 发展趋势

1. 数量不断增多、规模不断扩大，研发项目水平逐步提高，在跨国公司研发网络中的地位不断增强

如前所述，随着研发全球化水平的持续提升和新兴市场规模的不断扩大，跨国公司研发重心加快向新兴市场转移，中国已成为全球跨国公司研发机构最多的国家之一。根据国家统计局公布的数据显示，目前跨国公司在华设立的研发中心已超过 1 400 家，在世界主要跨国公司中，61% 已经在中国建立了至少 1 个研发中心。以全球领先的德国化学公司巴斯夫为例，2004 年年初，巴斯夫在上海建立了亚洲技术中心。截至 2013 年年底，该公司在上海的研发中心总数已达 10 家，其中新近落成的创新中心投资高达 7 500 万美元。

除了新建研发中心，既有研发中心的规模和研发项目水平持续提升。现有研发中心中有 60% 以上将全球市场作为其主要服务目标。特别是较早进入中国市场建立研发中心的跨国公司巨头大多经历了快速扩展和职能转变。例如，通用研发中心 2000 年在上海筹建时，只有 10 人，最初的工作是支持产品本土化，即将国外产品拿到中国生产，在中国形成供应链。如今研发人数已达到 1 500 人，扩展到成都和西安，成为通用在全球的创新研发中心，在中国本土进行独立研发的产品不仅在中国市场销售，还通过反向创新外销到全球市场，按照通用“在中国为中国也为世界”的战略规划，未来还会有更多的全球产品卓越运营中心（COE）也会出现在中国。

2. IT 跨国公司在华研发机构快速增加

以思科为例，思科中国研发中心自 2005 年 10 月在上海正式成立之后，相继在杭州、苏州、合肥、北京及深圳设立分公司，当前思科中国研发中心已超过 3 200 人，总体投资超过 1 亿美元，成为思科海外第二大战略研发中心。主要原因在于我国在产业创新生态环境的优势日益凸显。首先是丰富的 IT 技术研发人才资源保障。2009 年至 2012 年，中国 IT 研究与开发人才总量复合增长率为 12.4%，硕士以上学历毕业生从 2010 年 11.3% 增加到 2012 年 20.2%。其次，政策、薪资凸显成本效益。如在税收政策方面，对研发过程中产生的符合要求的企业研发费用，可以在计算企业所得税时按照其金额的 50% 进行加计扣除；符合规定的研发设备可以免除进口环节的关税和增值税等。在薪资方面，尽管近两年人力成本快速上涨，但仍具较强竞争优势。当前中国研发人力成本约为欧美国家的 1/5；即使与印度相比，成本优势犹在。最后，完善迅捷的创新产业链成为吸引大量跨国公司特别是 IT 跨国公司在华设立研发机构的另一关键要素。以 ODM 领域为例，中国企业占全球 IT 产品 ODM 市场 50% 以上份额，借助于完善迅捷的研发产业链，研究中心在研发阶段即可实现与外部资源的高效互动，从创意到产品的过程大大缩短，加速了企业创新的市场化节奏。

3. 研发战略导向从本土化创新向反向创新和协同创新演进

传统观点认为，创新来自发达国家，而创新获得的产品会先在其他发达国家销售，然后再流向发展中国家。在实践中，最初跨国公司在华设立研发机构的初衷主要是针对中国市场实际情况对已有产品和技术进行适应性调整，被称为本土化，处于从属地位。随着新兴发展中市场和跨国公司的兴起，西方跨国公司为应对竞争，加大了在发展中国家的创新，即反向创新。反向创新是指创新首先发生在发展中国家，发展成熟后在推向包括发达国家在内的全球市场，发展中国家成为创新发源地，其研发机构成为全球创新体系的重要组成部分。近年跨国公司研究中心在中国的创新，越来越多地形成反向创新辐射至全球，反过来又驱动其自身规模数量扩张和职能升级。例如，通用中国研发中心专为中国市场研发的博睿 CT 机因其简洁设计和更低廉的成本不仅在中国市场获得成功还同时销往其他新兴市场和欧美发达国家。再如，全球 3.5 万用户正在使用的 BusinessOne 全部是在中国市场由 SAP 中国研发团队开发的。此外，由于中国与西方发达国家之间的科技水平差距越来越小，西方向中国转移技术的模式将逐步被平起平坐的科技竞争和合作模式取代，协同创新成为另一新趋势。主要表现为在华跨国企业研发机构与国内政府、科研院所、企业、高校等研究机构及其他在华跨国公司之间的研究合作日益密切，建立各种研发联盟和联合研究中心等。例如，IBM 与东南大学新近建立的云计算联合研究中心；埃森哲与国网能源研究院联合成立“发展创新研究室”，等等。

4. 区位选择分析

从区位选择看，跨国公司的在华研究机构多位于研究人才丰富、创新环境优越的北京、上海、深圳、天津等一线和中心城市，部分开始向经济较为发达的二线城市扩展。如通用中国研发中心总部位于上海，同时在北京、无锡、成都和西安建立了研发基地。SAP 中国研究院的总部也设在上海，同时在成都建立分部，在南京、大连、西安、北京等地部署研发团队。惠普软件开发中心坐落于上海张江科技园。微软中国研究院位于北京。2012 年，埃森哲也在北京先后设立了全球第五个技术实验室和第四个全球金融服务创新中心。天津三星通信研究院则位于天津。

专栏一：通用中国研究开发中心

通用公司是一家全球领先的科技、服务和金融公司，前身是爱迪生于 1878 年创立的爱迪生电灯公司，1892 年，爱迪生电灯公司和汤姆森—休斯敦电气公司合并，成立了通用电气公司（GE）。如今客户遍及全球 100 多个国家，拥有 30 多万员工。最早于 1908 年进入中国，1991 年在北京建立新时期的第一个合资企业，如今通用在中国的销售收入已达到数十亿美元。

2000 年，GE 在中国设立研发中心。中心坐落于上海张江高科技园区，占地面积 47 000 平方米，于 2003 年 5 月投入使用，最初只有 10 个人。经过十来年的快速发展，现有研发人员 1 500 多人，60 多个拥有世界一流设备的实验室，每年完成 100 多个研究项目。作为 GE 公司五个全球研发中心之一，是跨业务集团、跨研究领域的研发机构，为 GE 各业务集团提供基础科学研究、新产品开发、工程开发和采购服务，也是国内最大的独立外资研发机构之一和极少数具有基础科学研究能力的企业研发中心。除上海外，目前还在北京、无锡、成都和西安建立了研发基地。其研究力量主要集中在以下领域：清洁能源，包括洁净煤、风电、太阳能发电等；水处理与海水淡化；材料科学，包括纳米材料、晶体、陶瓷，材料分析；电力电子和实时控制；先进制造技术；影像技术；化学技术，如导电高分子，电化学技术；传感与检测技术；LED 照明；交通运输等。

GE 中国研发中心的研发进程循序渐进，其功能也随之逐步升级。第一步是支持产品本土化，将国外产品拿到中国生产，在中国形成供应链。两三年后，当中国研发中心的研发人员熟悉了产品工艺和技术，就进入第二步，根据中国市场的需求，对产品进行更新和改进。2008 年年初，在 GE 现任董事长兼首席执行官伊梅尔特的倡议和支持下，GE 启动“在中国为中国”项目计划，首批投入 1 500 万美元专项 CEO 研发资金，用于研制和开发满足中国市场需求的产品。到 2013 年年底，“在中国为中国”专项基金累计投入达到 2.5 亿美元。巨额投入已取得丰厚回报，一大批在中国本土研发的成果不仅赢得中国市场的青睐，还有很多走向国际市场，体现了 GE 的“在中国为中国也为世界”的战略理念。如今已进入了第三步，完全由中国研发中心进行本土研发，然后将成果推向中国市场和世界市场。根据发展规划，未来还会有更多的全球产品卓越运营中心出现在中国。

GE 中国研发中心在本土市场上推动创新，不仅培养了一支强大的研发队伍，创造了更具适应性的产品，也带动了本土市场的产业升级，无论是在技术合作的层面，还是在生产制造的领域，都显著提升了“中国制造”的水平。GE 中国研发中心与政府、科研院所、高校、企业等中国本土合作伙伴的密切合作，为后者提供了许多先进的开发程序以及管理理念，带来明显的技术外溢效应。作为最早一批落户中国的外资研发中心，GE中国研发中心的蓬勃发展，无疑起到了示范作用，不仅带动了一大批外资研发中心落户上海和其他城市，而且也给本土的创新企业带来了启示和合作机会。在越来越多的中国企业走向国际化的过程中，这种合作显得尤为重要。GE中国研发中心的经验在企业和产业层面具有重要实践意义，对于提升国内总体创新水平、创建和完善兼容并包的多元化国家创新体系也有宏观层面的重要意义。

表10-3　研发中心外包模式的主要目标、基本特征与发展趋势

主要目标	基本特征	发展趋势	案例分析
研发创新，少量为基础研究，大部分为应用性研究	1. 既是成本中心也可能是利润中心 2. 业务技术层级较高，以KPO为主 3. 既有制造型企业也有服务型企业；独资为主，合资为辅 4. 技术外溢效应显著，有利于培养本土创新型人才	1. 数量不断增多、规模不断扩大，研发项目水平逐步提高，在跨国公司研发网络中的地位不断增强 2. IT跨国公司在华研发机构快速增加 3. 研发战略导向从本土化创新向反向创新和协同创新演进 4. 多位于北京、上海、深圳、天津等一线和中心城市，部分开始向经济较为发达的二线城市扩展	参见专栏一对“通用中国研究开发中心”的分析

资料来源：作者根据企业网站资料及相关媒体报道整理而成。

10.3　支持性自营外包模式

10.3.1　理论溯源及驱动机制

所谓支持性自营外包是指跨国公司在华建立分公司、子公司或离岸中心等旨在为企业集团内部业务提供支持性服务的各种机构，通过这些机构来承接集团内部业务的业务模式称为支持性自营外包。

根据波特的价值链理论，企业这个黑匣子不再不可分，而是由一系列的可分割、又具有不同增值能力的职能和任务组成。信息和通信技术的发展使可分割性的某些职能和任务在远离母公司的其他地点执行特别是转移到成本更低的海外，即离岸转移。离岸转移有两种方式：一是直接在海外建立离岸中心或分公司，以内部化方式承接那些离岸转移任务的职能或任务，亦称为自营式外移（UNCTAD，2004）。二是将服务外包给独立第三方服务提供商。所谓支持性自营外包机构就是指第一种情况下，跨国公司为了承接自身离岸转移的业务，在海外设立的离岸中心或分公司。这种情况发生在印度较多。

除此之外，随着新兴市场规模不断扩大，跨国公司在发展中国家的业务规模和投入快速增长，必然衍生出对 IT 和后台服务需求的日益增加，这也促使跨国公司在发展中国家市场设立越来越多的支持性自营机构，包括 IT 及数据运营中心、客户服务中心、共享服务中心等。我国现有在华跨国服务外包公司支持性自营机构的设立多属于这种情况。然而，随着其发展壮大，往往承担总部分离出来的更多功能。例如，花旗软件技术服务（中国）有限公司 2002 年设立之初致力于为花旗在中国的业务部门提供软件应用开发和维护。2011 年增设数据中心业务后，开始为全球花旗银行提供软件开发及技术支持，其服务遍布亚太、日本、中东、欧洲及美国等 40 多个国家。尽管服务范围更加广泛，业务性质仍然属于为花旗银行自身服务的后台支持性机构。

10.3.2　主要特征

第一，成本中心型。跨国公司在华建立支持性自营外包机构的内在动因是利用中国本土数量丰富、素质较高的技术人才和相对低廉的经营成本，服务对象是企业集团内部，因此运营目标不是盈利和获取高利润，而是通过削减成本和利用规模经济，提高整体经营效率。

第二，业务范围广泛，所涉技术和业务层级多属于中等水平。由于支持性自营外包机构所从事的业务多属于辅助性环节，在价值链条中处于从属地位，所需技术和所处业务层级不高，通常最高只涉及中等水平。当然，这是相对于跨国公司内部流程分工而言，与我国本土企业所处的发展阶段和产业总体水平相比，在经营理念、技术水平、运营模式和流程管理方面，仍处于上游乃至领先水平。从业务方面，广泛涉及客户服务、IT 支持、人才资源管理、财务管理等前后台支持性服务和共享基础设施服务，大多数项目可归为中等水平的信息技术外包（ITO）和业务流程外包（BPO）外包。

第三，企业类型、具体形式多元化。与设立研发中心的企业相似，设立支持性外包机构的跨国公司既有制造业企业也有服务型企业。但与研发中心最初设立多以独资机构为主不同，大部分支持性运营机构由于涉及前沿技术较少，重在获取成本效益和规模经济，因此，既可能独资设立离岸中心或分公司，也可能与合作者建立合资企业或以其他方式合作经营。如前文曾提及的花旗软件主要致力于为全球花旗业务部门提供软件开发和技术支持，系花旗独资建立的自营外包机构，而马士基亚太 IP 服务中心则与思科合作建立，该客户中心思科采用思科 IPCC（网际协定电话与客服中心）解决方案，中心部署在中国香港，业务网网络跨越中国 8 个主要城市。马士基旗下的物流公司丹马士在中国既有独资持有的分公司和办事处，也在深圳、广州、苏州、青岛、厦门、上海和宁波等地合作合资建有多家合资企业。

第四，区位选择以具有特定区位特征和成本优势的城市为主，政府政策及行政效率扮演重要角色。如大连在 20 世纪 90 年代就积极发展软件和信息技术服务产业，吸引了大量跨国公司入驻，成为在华跨国公司服务外包基地最早的聚集地之一，西部重镇成都则借助于西部大开发机遇，在承接新一轮国内外服务大转移中占据较强优势。

10. 3. 3 发展趋势

1. 加快向中西部地区和二三线城市扩展和转移

近年来一线城市和东部沿海城市的综合成本持续高涨，而中西部地区和二三线城市则拥有成本较低、人才充沛、基础设施不断改善、政府执政理念和工作效率提升等综合优势。由于自营支持性外包机构业务层级不高，不需要大量尖端人才，主要受成本动机驱动，在上述背景下，加快向中西部地区和二三线城市扩展和转移。以全球航运巨头马士基为例，金融危机初期，关闭了位于广州的信息处理中心。2010 年 3 月，新成立的马士基全球服务中心和其旗下丹马士客户服务中心同时在成都开业，自此，成都成为马士基及丹马士全球最大的办公室。

2. 自营机构向第三方独立服务提供商转移

自营机构向独立服务提供商转移有两种基本模式：一是从母国公司剥离，并入专业服务提供商。二是成为独立的新型服务提供商。2008—2009 年金融危机后，自营机构向独立提供商转移趋势加快。第一种模式如英国 Aviva 保险集团将旗下的全球共享服务中心 AGS 出售给专业 BPO 服务商 WNS；花旗集团将建在印度的全球处理中心 CGSL 出售给印度塔塔咨询服务有限公司（TCS）等。第二种模式如马士基旗下的物流部门剥离原有集团，与德高货运合并，成立独立运营的丹马士物流公司。相应影响到其在华机构和业务调整。如丹马士物流公司北亚区总部设在上海，负责中国大陆及中国香港、中国台湾、日本、韩国等国家和地区的业务。2010 年 3 月，将丹马士原有在青岛、上海、宁波等地的客户业务进行了重新梳理、整合和集中，将财务会计和客户服务部门搬迁到成都，设立新的服务中心，目前成都已成为其全球最大的办公地点。

专栏二：马士基及旗下丹马士公司在成都设立信息处理公司和客户服务中心

马士基集团成立于 1904 年，总部设在丹麦哥本哈根，在全球 140 多个国家设有数百间办事机构，雇员逾 11 万多名，服务遍及世界各地。在集装箱运输、物流、码头运营、石油和零售等其他活动中，为客户提供服务。马士基集团 1984 年在广州设立办事处，2005 年，设立马士基中国公司，作为大中华地区所有马士基旗下公司的控股公司，目前在中国 40 座城市，设有超过 120 个办事机构，员工超过 2 万名。旗下成员包括马士基航运（世界领先的集装箱航运公司）、丹马士物流（前身为马士基物流，全球最大的货代及供应链管理公司之一）、APM 码头公司、上海铁洋多式联运（与铁道部合资组建）、柏坚集团（中国集装箱和海事服务行业的领头羊）、马士基集装箱工业公司（集装箱制造厂）等。

马士基原本在全球拥有六大信息处理中心，负责承接集团内部位于世界各地的船务、物流公司及码头数据、文件处理服务；为集团内部企业提供业务流程外包服务、行政及营运等各项事务。中国信息处理中心原本位于广州，

2009年金融危机期间，马士基集团业务遭受重创，为降低成本应对经营压力，进行了精简机构和业务改革为主要目标的艰难转型，成都中心的创立和启用构成本次战略转型的重要部分。

2008年11月，马士基关闭了位于广州的信息处理中心。2009年9月，马士基旗下的物流公司与德高货运合并，成立丹马士，开始重新运营，计划与拟新建的信息处理中心一同选址创立客户服务中心。2010年3月，马士基信息处理（成都）有限公司与丹马士客户服务中心同时成都开业，2011年3月，迁往成都天府软件园。经过业务转型和流程重组后，马士基信息处理（成都）有限公司与丹麦、印度等地的五大信息处理中心同步运营，负责处理集团内部整个北亚区的行政及营运等各项事务等业务流程外包服务，拥有员工2 500多人，已成为马士基全球最大的办公室，“成都服务”被输送往全世界。

丹马士成都客户服务中心的业务覆盖整个中国以及北亚地区客户企业的物流和业务拓展服务，负责相关业务的单证、运输、交付等全链条服务，已有员工1 000多人，是丹马士在全球最大的办公地点。经内部调整后，该客户中心将原来分散各地的服务机构整合到统一的客户中心，形成了集中的服务平台，既保证了服务的连续性和稳定性，又缩短了管理链条，大幅度提升了运营效率，这种运营模式创新已构成区别于其他竞争对手的重要优势。

此外，上述机构不仅用于处理来自马士基和丹马士的后台业务流程，还将提供信息和数据处理等业务流程服务。此外，由于涉及单证处理、后台运营、数据信息处理、物流处理及员工培训等业务流程也同步进行，这意味着成都拥有了一家具有全球领先水平的物流客户服务中心。有望通过成熟的产业链流程运作体系，将成都乃至西部地区的进出口贸易、物流及信息服务带上一个新水平，最终实现跨国公司与地方经济的双赢发展。

表 10-4　　支持性自营外包模式的主要目标、基本特征与发展趋势

主要目标	基本特征	发展趋势	案例分析
为企业集团内部业务提供支持性服务	1. 成本中心型，重在获取成本效益和规模经济 2. 业务范围广泛，技术层级处于中等水平，以中等水平的 ITO 和 BPO 为主 3. 既有制造型企业也有服务型企业；既有独资也有合资 4. 区位选择以具有特定区位特征和成本优势的城市为主	1. 加快向中西部地区和二三线城市扩展和转移 2. 自营机构向第三方独立服务提供商转移	参见专栏二“马士基及旗下丹马士公司在成都设立信息处理公司和客户服务中心”的分析

资料来源：作者根据企业网站资料及相关媒体报道整理而成。

10.4　由跨国服务提供商所建立的中国分公司或区域总部

10.4.1　基本类型及概况

从全球和服务外包产业发展史看，跨国公司是服务外包业务的始作俑者和主导力量。有实力的服务外包企业绝大部分来自于美国和印度。以 2012 年全球 30 强企业名单为例，以美国企业居多，共 11 家；印度其次，共 7 家；中国 3 家，法国 2 家，爱尔兰、英国、加拿大、新加坡、澳大利亚、墨西哥和葡萄牙各 1 家。上述企业可大体分为三种类型：一是西方跨国服务公司，二是新兴发展中国家的专业服务企业，如印度塔塔咨询服务公司、墨西哥萨孚凯集团以及中国的东软集团等。

与之相比，由跨国服务型企业建立的在华分公司也大体可分为上述两种类型：一是西方传统服务型企业，如埃森哲等，大部分来自欧美，特别是美国；这类企业进入中国市场较早，深耕多年，已在中国服务外包市场特别是处于价值链高端的综合性服务和大型项目如政府和央企以及其他在华跨国公司的服务采购中，占据重要地位。二是新兴发展中国家的服务提供商，如印度的塔塔咨询服务公司和墨西哥萨孚凯集团。这些企业进入中国市场较晚，在中国市场中占据份额

不大，还处于市场培育和开拓期。

此外，除了上述两种与全球服务外包领军企业相一致的类型，在中国市场还活跃着第三类企业，即日韩企业，如日电（中国）有限公司、日立咨询有限公司和天津三星技术研究公司等，此类企业在中国开展业务也比较早，在服务领域优势主要源于其在制造业方面的优势延伸而来，在特定市场已获取一定优势，但综合服务能力无法与第一类企业同日而语。

与研发中心和支持性自营外包机构有所不同，跨国服务提供商在华分公司或区域总部的目标很明确，就是直接服务于中国、周边或全球市场，包括中国的国企、民企、在华跨国公司或政府以及日本等亚洲客户乃至全球客户。

表 10-5　　2012 年全球服务外包 30 强企业

排名	2012 年公司名称	国家
1	埃森哲咨询公司	爱尔兰
2	国际商用机器公司	美国
3	索迪斯集团	法国
4	印度塔塔咨询服务公司	印度
5	威普罗科技公司	印度
6	美国现金出纳公司	美国
7	印孚瑟斯技术有限公司	印度
8	美国计算机科学公司（CSC）	美国
9	简伯特全球集团	美国
10	高力国际	澳大利亚
11	世邦魏理仕	美国
12	CGI 集团	加拿大
13	印度 HCL 公司	印度
14	凯捷集团	法国
15	爱玛客公司	美国
16	马恒达科技公司	印度
17	翰威特咨询公司	美国

续表

排名	2012 年公司名称	国家
18	萨孚凯集团	墨西哥
19	迪堡公司	美国
20	印度帕特尼电脑系统公司	印度
21	英国 CPA 全球公司	英国
22	美国大展国际集团	美国
23	葡萄牙仕博创新管理咨询公司	葡萄牙
24	印度 Mastek 公司	印度
25	联盟计算机服务有限公司	美国
26	NCO 集团	英国
27	东软集团	中国
28	中国浪潮软件	中国
29	NCS 集团	新加坡
30	中国博彦科技	中国

数据来源：第五届全球外包大会。

表 10-6　　部分重要在华跨国服务提供商名单

企业或机构名称	国家	主要业务描述
IBM 中国公司	美国	全球最大的信息技术和业务解决方案公司
简伯特（大连）有限公司	美国	从事业务流程外包
微软（中国）有限公司	美国	全球最大的电脑科技和软件开发公司
埃森哲（中国）有限公司	爱尔兰	全球最大的管理咨询、信息技术和业务流程外包的跨国公司
HP 全球软件服务中心（中国）	美国	提供软件解决方案和服务
SAP 中国公司	德国	全球最大的企业管理和协同化商务解决方案供应商

续表

企业或机构名称	国家	主要业务描述
索迪斯	法国	提供综合服务一体化解决方案，包括驻场服务解决方案、激励与奖励解决方案以及个人与家庭解决方案。
凯捷咨询（中国）有限公司	法国	资讯科技服务管理
日电（中国）有限公司	日本	包括运营商网络业务、IT 解决方案业务等
日立咨询（中国）有限公司	日本	建立在企业解决方案基础上的业务咨询服务
萨孚凯信息系统（无锡）有限公司	墨西哥	信息技术服务
印孚瑟斯技术（中国）公司	印度	提供咨询与软件等 IT 服务
花旗软件技术服务（中国）有限公司	美国	金融外包
塔塔信息技术（中国）股份公司	印度	IT 服务
德勤（中国）会计师事务所	美国	审计、税务、企业管理咨询和财务咨询服务
赛科斯中国	美国	客户关系管理解决方案和服务的外包商

资料来源：中国服务外包网、中国外包网以及各企业官网。

10.4.2 主要特征

第一，多由服务型跨国服务企业建立，通常兼有获取利润和降低成本的双重动机。与研究机构和支持性自营外包机构不同，这些中国分公司或中心大多数由专业服务提供商建立，进入中国市场的核心目标就是服务于本土或周边市场。少数企业如日立咨询隶属于日立集团，但本身是独立的总部设在美国的以企业 IT 咨询为主要业务的服务型企业。

根据企业类型、实力和发展阶段不同，主要动机与次要动机存在差异。实力较强的传统跨国服务商和较早进入中国市场的日韩企业以开拓市场和获取利润为主要动机。如 IBM 中国、微软中国公司等主要目标是通过为中国市场提供服务获取利润，与此同时，也兼有成本动机，如 IBM 上海全球服务执行中心的一个重要任务是用英语、日语、韩语、泰语和印度尼西亚语等为 IBM 在 15 个国家和地区的业务提供供应商应付账款处理。而简伯特大连公司在设立之初是利用大连丰富的低成本日语人才和地缘优势为日本企业和日本市场服务，同时兼有利润和成本动机。埃森哲大连公司则同时设有内部服务部门、为亚太和全球客户服务的业务流程外包中心和中国信息技术交付中心，从而使得这一模式同时涵盖了其他模式。

进入中国市场时间较短的新兴发展中国家服务企业由于在开发市场方面刚起步，难以获取丰厚利润，则优先选择让其中国公司承担全球或区域交付中心的功能，以达到弥补本土人才不足和降低运营成本的目的，如印度和墨西哥企业都采取了这一策略，服务交付中心通常选择放在人才丰富成本较低的二线城市如成都等地，从而获取成本优势。同时这类企业也在努力尝试开拓中国市场，获取利润被视为未来目标，但当期目标仍以成本动机为主。

第二，行业性质复杂，组织形式灵活多样。既有管理咨询、信息技术及外包服务机构埃森哲，信息技术和业务解决方案领军企业 IBM、软件巨头微软和 SAP，也有专门提供会计、审计和管理咨询类服务的专业服务商如德勤，专门提供客户关系管理解决方案服务的赛科斯中国等。组织形式灵活多样，既有独资企业也有合资企业。如 2005 年，印度 TCS 在中国合资成立了塔塔信息技术（中国）股份有限公司。部分大型跨国服务公司在华有多种分支机构，涉及多种运营模式，根据规模和职能不同，这些机构既有子公司或分公司，也有各种中心和办事处等，彼此之间的关系既有垂直关系也有网络或水平关系，即有时分公司统领研究中心、交付中心等其他模式，有时是彼此平等的分支机构，属于相互合作甚至竞争关系。

第三，技术水平和业务层级覆盖范围较广。由于服务性质和对象差别较大，相应技术水平和业务层级也存在较大差别。如管理咨询巨头埃森哲的服务对象广泛遍及通信、媒体与高科技、金融服务、医疗卫生与公共服务、生命科学和资源能源等行业，强调的是管理知识和信息技术在特定情境和特定行业中的实际运用，既需要深厚的管理知识储备和前沿信息技术应用知识，又需要对特定行业知识及其最新进展有长期积累和深入理解，既要帮助客户找出和分析问题又需要提出合适的解决方案，业务层级较高。相对而言，有些新兴国家的服务企业在中国建立全球交付中心，主要执行既定的业务流程，技术水平和业务层级中等，但大多对多元化外语人才、丰富的管理运营经验和模式创新有一定要求。

第四，中国公司总部通常位于北京、上海等一线城市，同时在经济发达的东部沿海城市及发展前景较好的中西部重点城市设有分支机构。如微软（中国）有限公司总部设在北京，在上海、广州、成都、南京、沈阳、武汉、深圳、福州、青岛、杭州、重庆、西安等地均设有分支机构。也有少数企业直接在业务较为集中、具有独特区位优势的地区设立总部，如设在大连的简柏特（大连）有限公司是简柏特第一家分支机构，为亚洲各国和地区提供跨区域和远程高端服务外包业务，目前是中国从事 BPO 业务中规模最大、业务服务范围最广的在华跨国服务公司，拥有员工 4 000 多人。

10.4.3 趋势

1. 新兴发展中国家服务企业加快进入中国市场

21 世纪以来，随着全球服务外包市场的快速增长，新兴发展中国家服务企业的实力得到快速提升，纷纷效仿发达国家服务商踊跃进入中国市场，其中印度企业走在前列。2002 年，塔塔咨询服务公司（TCS）引领印度 IT 行业率先进入中国市场，成为中国第一家印度外商独资企业，2005 年，TCS 在中国合资成立了塔塔信息技术（中国）股份有限公司。目前已在北京、上海、天津、杭州、深圳、大连拥有 6 个全球交付中心，超过 95% 的员工是中国本土人才，同时具备 9 种语言服务能力，包括英文、中文（简体和繁体）、粤语、日语、韩语、泰语、印度尼西亚语和越南语。TCS 中国为全球及国内 40 多家大型客户提供优质的 IT 服务，行业涉及金融服务业、制造业、电信。随后维布络、印孚瑟斯等其他印度企业也迅速跟进逐步扩大规模。近几年，除印度外，其他发展中国家服务企业也开始密切关注并涌入中国市场。如墨西哥的萨孚凯集团是拉丁美洲最大的私营信息技术服务提供商，公司成立于 1982 年，在北美洲、拉丁美洲、欧洲和亚洲拥有 30 个办事处，十大交付中心，全球雇员超过 8 000 人。2007 年进驻中国，建立萨孚凯信息系统（无锡）有限公司，除了已在北京和无锡建立了两大交付中心以及上海、重庆办公室，拥有超过 400 名专业工程师和顾问团队。

2. 从一线城市和东部沿海城市向二三线城市和中西部地区扩张

从区域分布看，在华跨国服务外包机构向二三线城市扩展的下沉路线极为明显，业务范围日益覆盖全国。除了成都、大连、杭州等示范城市，佛山、济宁等中小城市也受到在华跨国服务外包企业的青睐。例如，凯捷咨询不仅上海、杭州、北京、广州、香港和台北等地建有分支机构，还在昆山、佛山等地设有分公司或办事处。2012 年，赛科斯中国在常熟建立上海和广州之后的第三家在华客户联络中心。出于成本和当前目标的考虑，墨西哥萨孚凯集团的中国总部也设在二线城市无锡。2013 年 7 月，惠普签约济宁，将在济宁高新区投资 20 亿美元，建设惠普软件人才实训基地、软件开发测试及 IT 资源服务中心、产品演示中心和惠普产业基地四大板块。项目建成后，除惠普和中国电子 IT 资讯类项目入驻外，同时将会吸引上下游配套、关联性软件开发和硬件生产力企业到 100 家。

专栏三：埃森哲（中国）有限公司

埃森哲前身是从安达信独立出来的安盛咨询，后更名为埃森哲，由最初的以管理咨询业务为主，转型为全球领先的管理咨询、信息技术及外包服务并驾齐驱的综合性服务商，总部设在爱尔兰的都柏林，现为遍布 120 多个国家的客户提供专业服务，为《财富》全球 500 强企业之一，拥有全球员工 28.9 万名，公司净收入达 286 亿美元（截至 2013 年 8 月份的财政年度），其中，外包服务收入占到 44%，连续多年在 IAOP 全球服务提供商排名中名列第一。

埃森哲在大中华地区开展业务逾 20 年，目前拥有一支近 9 400 人的员工队伍，分布在北京、上海、大连、成都、广州、香港和台北。1989 年，埃森哲在香港及台北设立分公司，1993 年和 1994 年，分别在上海和北京设立分公司。2002 年，分别在上海和大连成立交付中心，提供外包服务。2004 年，设立广州分公司，也是在这一年，将海峡两岸及香港、澳门的分公司合并为埃森哲大中华区。2009 年，在成都成立全球交付中心，2011 年，将部分研发业务转移至成都。2012 年，在北京设立全球第五个技术实验室和第四个全球金融服务创新中心。迄今拥有五个创新中心：埃森哲北京技术实验室、埃森哲 SAP 解决方案创新中心、埃森哲金融服务创新中心、埃森哲中国能源创新研究中心。

埃森哲大中华区的客户遍及大中华区各地和通信、金融、医疗、能源、制造等各种行业，包括在华跨国公司、大型国有企业、著名民营企业和政府机构等，其中，80%为中国本土企业，50%以上与埃森哲已有超过5年的合作关系。具体服务内容广泛遍及管理咨询、信息技术服务和业务流程外包服务。埃森哲致力于将全球经验与中国本土智慧有机融合，旨在创新性解决中国情境下的转型升级问题。续五年入选“十大在华全球服务提供商”榜单。

埃森哲大中华区在华服务机构拥有发达成熟的网络，涵盖研究创新中心、支持性自营机构与各种分公司和交付中心，涉及本文提及的绝大部分运营模式，承担不同功能的机构基于不同地点的区位优势分布于不同城市以采用不同运营模式。例如，创新中心主要位于高端人才资源丰富的北京，采用研究中心外包模式。

再以较早成立的大连为例，埃森哲信息技术（大连）有限公司成立于2002年，位于大连软家园内，现有员工近4 000人。公司业务主要分为四大部分：一是内部服务中心（ABS），主要为亚太地区及部分欧美地区的埃森哲员工提供人力资源、财务、会计及应付账款服务，由于服务于企业集团内部事务，属于支持性自营外包模式。二是业务流程外包中心（BPO），规模最大，属于公司的主要部门之一，为亚太区客户提供包括财务、客户服务、人力资源、供应链、企业应用和网络服务等在内的业务流程服务，服务领域广泛覆盖金融、高新技术、娱乐、制造、交通和医疗等行业。三是中国信息技术交付中心（CDC），该总心最早建于2002年，是埃森哲全球交付网络中的战略节点和为客户提供创新性解决方案的关键，主要为中国、日本等亚太地区及欧美等全球客户提供多语言软件系统集成、软件系统维护及服务外包、专业测试和基础设施技术外包等服务，服务领域遍及通信、媒体、高科技、金融、医疗卫生和公共服务、制造、化工、能源等。四是业务支持部门。主要为大连公司所有员工提供日常工作所需要的服务支持，包括财务部门、行政部门和IT技术部门。上述分析可见，埃森哲大连公司涵盖了除研究中心之外其他所有外包模式。这与大连的地理区位、成本优势、政府政策、多语种人才和跨国公司聚集有关。

再以埃森哲成都公司为例，今些年，埃森哲加快在中西部地区的战略布局。2009 年在成都成立全球交付中心，2011 年，将部分研发业务转移至成都。因此，成都在埃森哲战略版图中既是全球交付网络的重要组成部分，也承担少量研发功能，主要涉及两种外包模式，即承接研发外包和交付中心外包。这离不开西部大开发和经济转型的大背景大趋势，也与成都作为西部地区的中心枢纽城市以及丰富的人才和低运营成本有关。

总之，作为全球领先且在大中华区深耕多年的埃森哲咨询公司在华服务外包机构已形成自成体系成熟运营的有效网络，在这一网络中，不同模式相互支持和补充，共同服务于其总体战略。

专栏四：萨孚凯信息系统（无锡）有限公司

萨孚凯是拉丁美洲最大的私营信息技术服务提供商，全球领先信息技术和业务流程解决方案提供商，世界 IT 服务外包行业前十强企业，列全球服务外包百强第 49 位，也是财富 500 强企业首选的服务提供商。公司成立于 1982 年，在北美洲、拉丁美洲、欧洲和亚洲拥有 30 个办事处，全球雇员超过 8 000 人，主要承接欧美离岸外包业务。

萨孚凯作为近岸产业的缔造者和引领者，依据全球市场的变化不断调整发展战略，从墨西哥到西班牙再到中国，在全球设立了十大交付中心，最终形成了覆盖全球的 7×24 小时的服务体系。2007 年进驻中国。2012 年，基于市场、成本、人才和政策考虑，萨孚凯将中国公司总部设在无锡，目前已在北京和无锡建立了两大交付中心以及上海、重庆办公室，超过 400 名专业工程师和顾问团队，并建立起了业内认可的声誉以及完善的交付能力。目前中国公司主要承担区域和全球交付中心的职能。

萨孚凯不仅代表了拉丁美洲的外包企业成长范式，其服务理念和模式也对全球尤其是中国的服务外包企业挖掘本土市场以及全球化发展具有重要的参考意义。

表 10-7　　跨国服务提供商中国分公司或区域总部的主要目标、基本特征与发展趋势

主要目标	基本特征	发展趋势	案例分析
服务于中国、周边或全球市场客户	1. 多由服务型跨国公司建立，通常兼有获取利润和降低成本的双重动机 2. 行业性质复杂，遍及各个服务行业，组织形式灵活多样，既有独资也有合资，既有子公司、分公司也有各种形式的中心或办事处等，有时涵盖多种模式 3. 技术水平和业务层级覆盖范围较广 4. 中国总部通常位于一线城市，同时在其他经济发达的东部沿海城市及发展前景较好的中西部重点城市设有分支机构	1. 新兴发展中国家服务企业加快进入中国市场。加快向中西部地区和二三线城市扩展和转移 2. 从一线城市和东部沿海城市向二三线城市和中西部地区扩张	参见专栏三“埃森哲（中国）有限公司”的分析；专栏四“萨孚凯信息系统（无锡）有限公司”

资料来源：作者根据企业网站资料及相关媒体报道整理而成。

10.5　在华跨国服务外包企业运营模式演变规律分析及启示

金融危机以来，随着西方国家经济增长放缓，我国等新兴发展中国家在全球经济中的地位快速提升，在华跨国服务企业（机构）加快战略转型，一方面继续扮演外包需求商角色，另一方面积极开拓我国外包需求市场，努力强化其作为重要服务提供商的地位，试图在我国经济转型中扮演积极角色，此外，随着我国人才资源规模持续扩大，跨国公司或把我国作为研发基地或作为全球交付网络的重要组成部分，纳入其全球价值链运行体系，衍生出作为资源整合者的新角色。

上述三种基本功能都是通过在华服务外包企业（或机构）实现的。为更好实现上述彼此关联又相互独立的几种目标，大型跨国公司往往在华同时或先后设立多种运营机构，以不同模式运营，不同运营模式之间各有分工、互为补充，共

同服务于在华跨国公司总体战略的协同运行，如IBM、埃森哲等同时在华设立研究中心、共享中心、执行中心和交付中心等。真正的全球化是在统一的战略指导下，在全球范围内进行资源配置和使用，并进行设计、采购、制造、分配以及提供产品和服务，从而实现利润最大化和可持续增长。在华跨国服务外包企业不同运营模式正是这一全球化理念的有机和系统组成部分。

与之相比，我国本土企业的服务外包国际化进程还处于初级阶段，尚没有形成统筹一致和成体系的跨国运营战略。对制造型企业来说，绝大部分企业的产品服务出口和海外生产尚无法与就地研发相匹配；服务型企业的国际竞争力更是先天不足，近些年，不少本土服务外包企业得到了较快发展，但国际化运营水平仍整体偏低，部分在美上市企业在金融危机中遭受重创，正处于艰难转型期，与西方传统跨国服务提供商乃至印度主要企业的整体实力和国际化水平相比，存在巨大差距。如何积极借鉴在华跨国服务外包机构较为成熟的发展模式为我所用，仍有一段路要走。

从驱动机制看，多数机构同时兼有成本动机和利润动机，随着成本优势的相对削弱，利润动机持续强化。与之相应，跨国公司实施了业务重塑和流程再造的变革，原本隶属于总部的销售与运营权日益下沉至中国区域总部和其他在华分支机构，研发本土化趋势加快。分权、合作与竞争，特别是与我国本土资源的互动和交流增多正在催生在华跨国服务外包机构的多方面原发性创新，既包括产品和服务创新，也包括运营模式创新。将在华服务外包企业的创新战略和创新行为纳入国家整体创新政策体系，激发我国本土创新和促进创新转型是当务之急。

从企业来源国看，西方传统跨国服务提供商已在中国深耕多年，无论研究机构、自营机构、盈利性分公司、各层级的交付中心等已形成较为成熟的网络，不同机构互为补充，自成体系，前两种模式以此类企业设立的机构为主。日韩企业在中国开展业务也比较早，在服务领域优势主要由其在制造业方面的优势延伸而来，在特定市场已获取一定优势。新兴发展中国家的企业进入中国市场时间较短，市场拓展能力有限，现阶段主要把中国作为交付基地。因此，西方传统服务提供商在华市场势力最强，日韩企业次之，而新兴市场国家企业最弱。

尽管如此，由于日韩服务型机构多依托其在华制造业的基础延伸，其中国机构却在其整体企业战略中占有极为重要的战略地位。以三星为例，中国不仅是韩国三星的最大制造基地，也是其最大研发基地，因此，在华研发机构是其名副其实的战略研究基地和核心研究力量，而西方传统跨国服务提供商的在华研发机构虽规模不断扩大，战略地位也在逐步提升，但并非其核心研究力量。其次，由于日韩服务外包企业多与其在华制造业有着密切联系，从而与中国制造的产业关联度更高，互补性更强，与中国本土服务外包企业的竞争关系较弱。

基于此，如何更好地将外资和服务外包政策与本土经济转型和产业升级目标相勾连，必须结合实际情况具体分析。

从区位布局看，中西部地区和二三线城市正在赢得在华跨国服务外包企业的认同。这导致在华跨国服务外包企业已成为新一轮外资竞争的焦点。但竞争优势和手段发生了根本改变，与过去制造型外资竞争主要靠廉价的土地资源和政策优惠不同，在华跨国服务外包机构更看重软环境的力量，特别是政府效率和规范运行越来越重要。与之相应，如何将服务外包外资政策有效嵌入区域发展政策体系以及如何对服务型外资政策做出相应调适值得学界和各级政府进一步开展学术探讨及实践探索。

（执笔：姜荣春）

第 11 部分

新一轮改革开放下的农业与 FDI

11.1　农业 FDI 现状

11.1.1　农业 FDI 总体规模概况

如图 11-1 所示，自 1997 年有数据统计以来，农业利用外资金额显示出增长趋势，从 62 763 万美元增长到 2012 年的 206 220 万美元，增幅为 228.6%。1997 年至 2012 年，中国农业实际利用外商直接投资金额的增幅达到 146.9%，显示中国农业吸收 FDI 的增速较快，中国农业对外商投资的吸引力有所提高，农业产业处于快速发展的上升期，但同时中国农业发展仍存在较大的资金缺口，政府对于农业产业的支持仍需加强。

随着近年来中国政府对现代化农业转型的支持力度加强，农业 FDI 在中国农业领域的投资逐渐增多，主要流向集中在农产品加工营销业、水产养殖业以及蔬菜、水果、花卉等附加价值较高的农业项目。2013 年，中国继续执行国际农业发展基金在华的项目、亚洲开发银行贷款中国农村能源生态建设二期项目；完成了世界银行自 2012 年起捐助 256 万美元的禽/人流感信托基金赠款中国新发传染病防控能力建设项目；新获得亚洲开发银行技术援助现代农业示范区规划建设和金融支持研究项目资金 45 万美元。

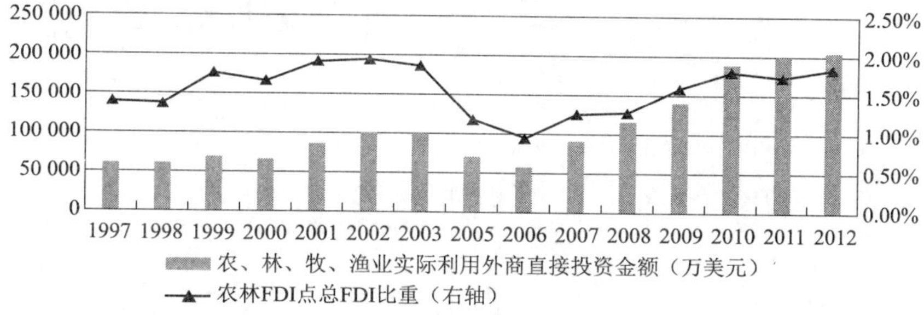

图 11-1　中国农业利用 FDI 规模情况

农业实际利用外资金额同比增长率呈波动增长趋势，1998、2000、2003、2005 年和 2006 年均为负增长，其他年份正向增长。其中，2007 年同比增长率最高达到 54.15%，其次为 2001 年 32.96%，2005 年最低为-28.23%，平均增长率为 10.92%，全部实际利用外资金额同比增长率平均值为 6.64%，如图 11-2 所示。可见，农业实际利用外资的增速高于总实际利用外资增速，说明中国对于农业利用外资的支持政策效果显现，外资对于中国农业重视程度加强。

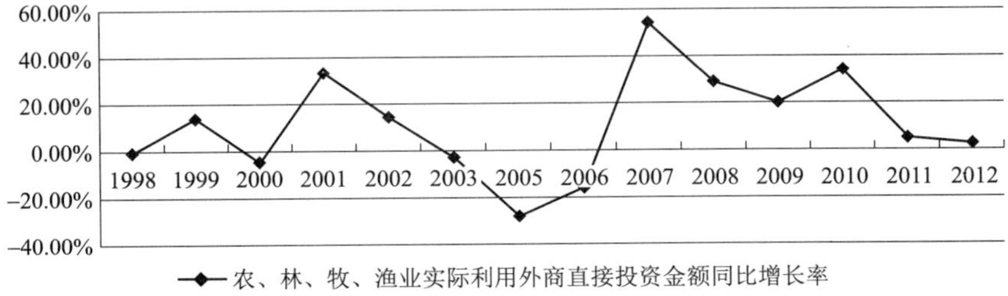

图 11-2　中国农业实际利用外资同比增长率

对比农业实际利用外资金额和农业总产值，可以发现，农业实际利用外资金额与农业总产值相差较大，两者均呈现持续增长趋势，农业整体利用外资金额增速快于农业总产值增速。如图 11-3 所示，2003 年至 2012 年间，中国农业总产值从 29 691.8 亿元增长到 89 453.05 亿元，而农业实际利用外资金额从 100 084 万美元增长到 206 220 万美元。

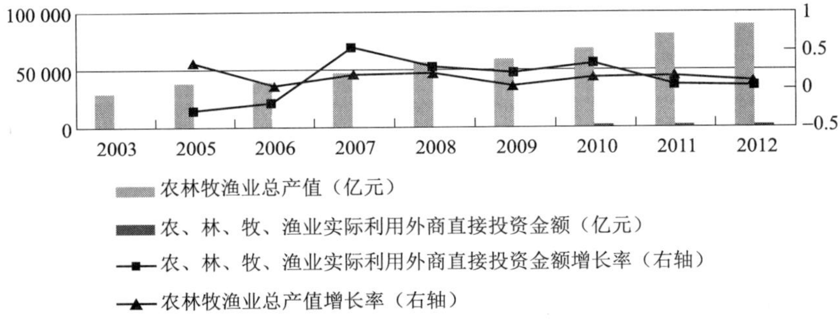

图 11-3　中国农业总产值和利用外资情况对比

注：其中实际利用外资金额利用外币金额与当年年末汇率计算为人民币金额。

11.1.2　农业 FDI 的地区和行业分布

农业生产布局要重视利用各个地区的自然条件、社会条件和技术条件的特点和优势。在改革开放之初，中国农业中的外商投资主要集中于广东、福建两省，随后逐步辐射到了山东、江苏、辽宁、浙江等沿海省份，并进一步流向中西部地区。目前，农业利用 FDI 已经遍布了中国所有省市，但农业利用 FDI 的地区分布极不平衡。据统计，东部地区农业利用 FDI 金额占总利用金额的 90% 以上，而中西部地区的份额不足 10%。这与全国利用 FDI 的总体布局相似，带有明显的地区集聚效应特征，即凡是外商投资多的地区，农业利用 FDI 的规模通常也相对较大。中西部地区是中国利用 FDI 较少的地区，农业利用 FDI 也相对滞后。具体到各省内部，通常越发达的地区农业利用外商投资越多，越贫穷落后的地区外商投资就越少。

就中国农业 FDI 的行业分布来说，在改革开放之初，外商投资主要集中于农业内部的生产和加工环节，投资农业生产资料行业、农产品批发或零售等流通环节的极为少见。20 世纪 90 年代以来，尤其是加入 WTO 以后，随着中国农业对外开放步伐的加快，外商投资的领域也在不断拓宽。除了少数中国政府限制和禁止外商投资的行业外，外商投资几乎涵盖了农、林、牧、渔、水所有领域及中国农业产业链的所有环节，包括农药、化肥、种子、农业机械等农业投入的研发和生产、农产品精深加工、主要农业生产资料和农产品的批发和零售业、农村金融和农业保险等领域。

目前，鼓励外商投资行业包括：木本食用油料、调料和工业原料的种植及开发、生产，绿色、有机蔬菜（含食用菌、西甜瓜）、干鲜果品、茶叶栽培技术开发及产品生产，糖料、果树、牧草等农作物栽培新技术开发及产品生产，花卉生产与苗圃基地的建设、经营，橡胶、油棕、剑麻、咖啡种植，中药材种植、养殖（限于合资、合作），农作物秸秆还田及综合利用、有机肥料资源的开发生产，林木（竹）营造及良种培育、多倍体树木新品种培育，水产苗种繁育（不含我国特有的珍贵优良品种），防治荒漠化及水土流失的植树种草等生态环境保护工程建设、经营，水产品养殖、深水网箱养殖、工厂化水产养殖、生态型海洋种养殖，生物饲料、秸秆饲料、水产饲料的开发、生产，水产品加工、贝类净化及加工、海藻保健食品开发，蔬菜、干鲜果品、禽畜产品加工，婴儿、老年食品及保健食品的开发、生产，森林食品的开发、生产，天然食品添加剂、食品配料生产，果蔬饮料、蛋白饮料、茶饮料、咖啡饮料、植物饮料的开发、生产，二醋酸纤维素及丝束加工（限于合资、合作），林业三剩物，“次、小、薪”材和竹材的综合利用新技术、新产品开发与生产。限制外商投资的行业包括：农作物新品种选育和种子开发生产（中方控股，限于合资和合作），珍贵树种原木加工（限于合资和合作），棉花（籽棉）加工，大豆和油菜籽食用油脂加工（中方控股），玉米加工，碳酸饮料生产，烟草加工，生物燃料生产（中方控股）等；禁止外商投资的行业包括：中国稀有的珍贵优良品种的养殖，种植（包括种植业、畜牧业、水产业的优良基因），转基因植物种子、种家畜和水产苗种的开发与生产，中国管辖海域及内陆水域水产品捕捞，中国传统工艺的绿茶及特种茶加工等。

11.1.3　农业 FDI 的企业合同情况

如图 11-4 所示，中国农业外商投资企业数量呈现出波动增长的趋势。1997 年中国农业外商投资企业为 7 289 户，1998 年锐减了 1 751 户，之后平稳上升，2008 年数量最多时达到 7 399 户。不过，中国农业外商投资企业数量占总外商投资企业数量比重却持续下降，从 1997 年的 3.09% 降至 2011 的 1.57%，表明中国农业外商投资企业数量虽然绝对数量略有增长但增速低于总水平。中国农业外资企业注册数量主要受到国际市场农产品价格和金融市场风险问题的影响。

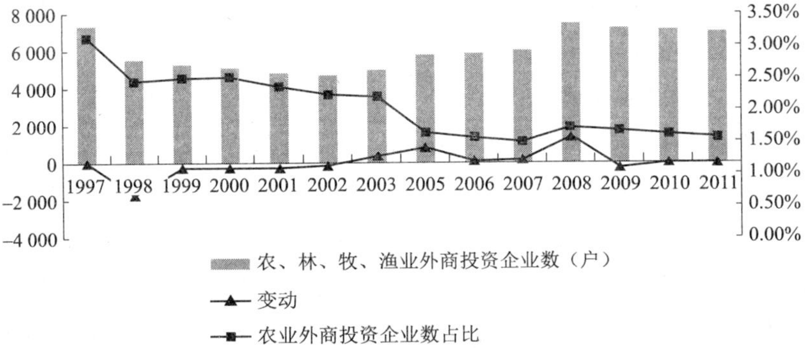

图 11-4　中国农业外商投资企业注册数量情况

图 11-5 显示了中国农业外商投资企业注册资本的情况，可以看出中国农业外商投资企业注册资本持续上升，从 1997 年注册资本 8 811 百万美元增长到 2011 年 232.557 5 亿美元，增幅为 164%。在此期间，中国总体外资企业注册资本从 4 598.14 亿美元增长到 17 294.296 2 亿美元，增幅为 276%。

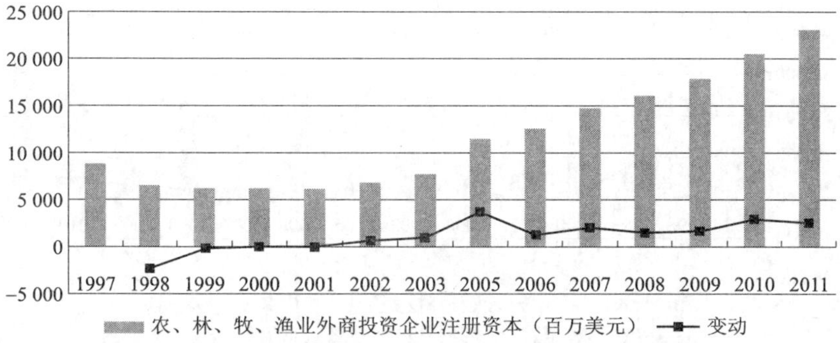

图 11-5　中国农业外商投资企业注册资本情况

如图 11-6 所示，从外商投资企业注册资本同比增长率角度，可以看出中国农业外商投资企业注册资本占总外商投资企业注册资本比重略有下降并稳定在 1. 2%左右，总外商投资企业注册资本同比增长率要快于中国农业外商投资企业注册资本同比增长率，在 2005 年，二者均达到最高。结合国际背景分析，2005 年国际市场农产品价格波动变动较大，因此外资增加进入中国农业领域，部分原因是为了规避国际价格波动风险。

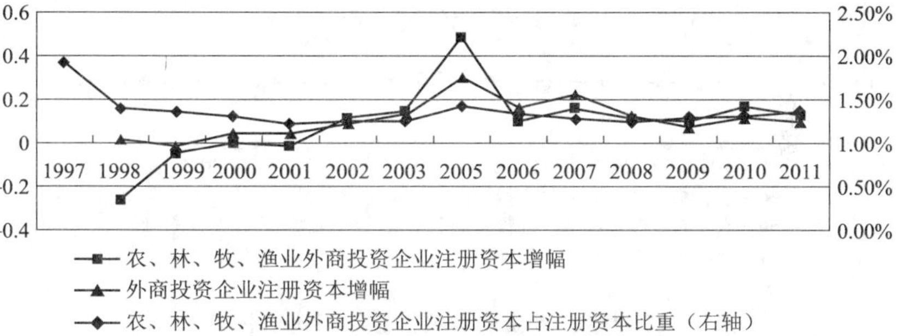

图 11-6　外商投资企业注册资本同比增长率

中国农业外资企业投资呈现快速增长的趋势，见图 11-7。1997 年中国农业外资企业投资总额为 12 451 百万美元，2011 年中国农业外资企业投资总额为 37 498. 31 百万美元，增幅为 201%。在此期间，中国总体外资企业投资总额从 753 470 百万美元增长到 2 993 124. 02 百万美元，增幅为 297%。中国总体外资企业投资总额增幅快于中国农业外资企业投资总额增幅。

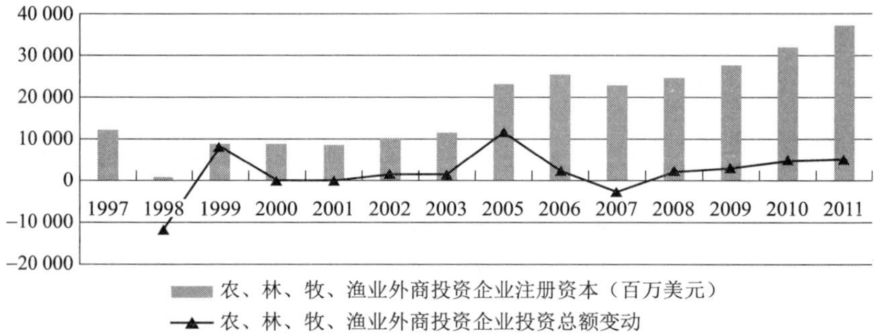

图 11-7　中国农业外资企业投资总额情况

进一步分析外资企业投资总额同比增长率，见图 11-8，发现，农、林、牧、渔业外商投资企业投资总额占总投资比重呈现波动平稳，维持在 1% 左右。中国农业外资企业投资总额同比增长率波动大于中国总体外资企业投资总额同比增长率，波动最高点同样出现在 2005 年。

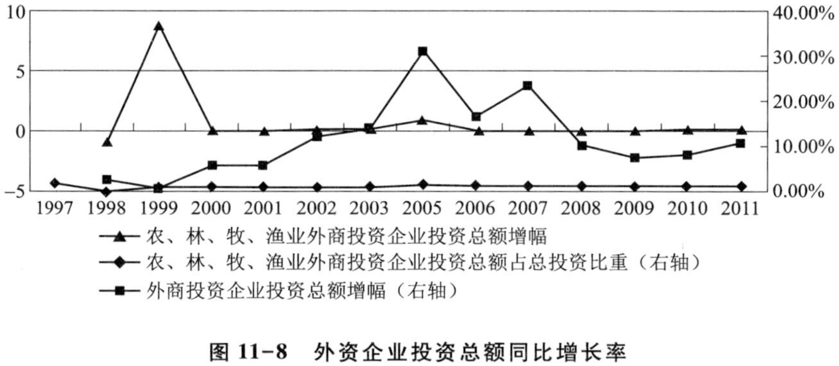

图 11-8　外资企业投资总额同比增长率

分析 2008—2011 年中国外资企业中外方注资的情况，如表 11-1 所示，发现总体外商投资企业外方注资与中国农业外商投资企业外方注册资本均呈现逐渐增长的趋势，同时中国农业外商投资企业外方注册资本占比均在 80% 以上，外方注资比例过大，可能导致中方人员在企业经营运作过程中实质性管理比重减少，将阻碍中外合作技术进步。

表 11-1　　中国外资企业外方注册资本情况

年份	外商投资企业外方注册资本（百万美元）	农、林、牧、渔业外商投资企业外方注册资本（百万美元）
2011	1 381 028. 5	20 198. 3
2010	1 259 000	17 900
2009	1 136 900	15 257. 1
2008	1 038 850. 6	13 620. 3

11. 2　新一轮改革开放下的农业政策

农村改革是我国改革开放的起点，也是全面深化改革的一个重点。2013 年 11 月召开的中共十八届三中全会（以下简称“全会”）通过了《关于全面深化改革若干重大问题的决定》（以下简称《决定》）。全会内容从整体上阐述了新时期情况下我国“三农”（农村、农民、农业）的发展情况、机遇、挑战和未来趋势，对一些过去有所涉及但意见并不明确又事关重大的问题有了突破性、开创性的改革意见，在理论和政策上取得了一系列新的重大突破，具有鲜明的时代特征。

会议提出推进中国特色农业现代化，进一步放开农村经济，优化农村发展外部环境，强化农村发展制度保障，完善农业支持保护制度，建立现代农村金融制度，建立促进城乡经济社会发展一体化制度，健全农村民主管理制度；同时，为适应经济全球化新形势，推动对内对外开放相互促进、引进来和走出去更好结合，促进国际国内要素有序自由流动、资源高效配置、市场深度融合，加快培育参与和引领国际经济合作竞争新优势，以开放促改革。

根据发展的需要，《决定》提出了 2020 年农村改革发展基本目标任务：农村经济体制更加健全，城乡经济社会发展一体化体制机制基本建立；现代农业建设取得显著进展，农业综合生产能力明显提高，国家粮食安全和主要农产品供给得到有效保障；农民人均纯收入比 2008 年翻一番，消费水平大幅提升，绝对贫困现象基本消除；农村基层组织建设进一步加强，村民自治制度更加完善，农民民主权利得到切实保障；城乡基本公共服务均等化明显推进，农村文化进一步繁荣，农民基本文化权益得到更好落实，农村人人享有接受良好教育的机会，农村基本生活保障、基本医疗卫生制度更加健全，农村社会管理体系进一步完善；资源节约型、环境友好型农业生产体系基本形成，农村人居和生态环境明显改善，可持续发展能力不断增强。

《决定》对于农村改革问题主要集中在完善改革农村土地制度、构建新型农业经营体系、健全农业支持保护体系、加强农村金融保险支持、健全城乡发展一体化体制机制、促进农业可持续发展和推进农业对外开放七个方面。

11.2.1 新型农业经营体系

《决定》第六项第20条要求加快构建新型农业经营体系。坚持家庭经营在农业中的基础性地位，推进家庭经营、集体经营、合作经营、企业经营等共同发展的农业经营方式创新。坚持农村土地集体所有权，依法维护农民土地承包经营权，发展壮大集体经济。稳定农村土地承包关系并保持长久不变，在坚持和完善最严格的耕地保护制度前提下，赋予农民对承包地占有、使用、收益、流转及承包经营权抵押、担保权能，允许农民以承包经营权入股发展农业产业化经营。鼓励承包经营权在公开市场上向专业大户、家庭农场、农民合作社、农业企业流转，发展多种形式规模经营。

鼓励农村发展合作经济，扶持发展规模化、专业化、现代化经营，允许财政项目资金直接投向符合条件的合作社，允许财政补助形成的资产转交合作社持有和管护，允许合作社开展信用合作。鼓励和引导工商资本到农村发展适合企业化经营的现代种养业，向农业输入现代生产要素和经营模式。

新型农业经营体系是对农村基本经营制度的丰富发展，是以家庭承包经营为基础、统分结合的双层经营体制，体现出集约化、专业化、组织化、社会化相结合的特点。国际经验表明，现代农业需要相适应的经营方式，而集约化、规模化、组织化、社会化是现代农业对经营方式的内在要求。新型农业经营体系基于农业经营对象、经营主体和服务主体构成的多种创新形式的经营体系，改变了过去单一的经营模式。

全会指出允许农民以承包经营权入股发展农业产业化经营，并通过试点推进农民住房财产权抵押、担保、转让，支持财政项目资金直接投向符合条件的合作社，允许财政补助形成的资产转交合作社持有和管护，合作社开展信用合作，企业和社会组织在农村兴办各类事业，农村集体经营性建设用地出让租赁入股、实行与国有土地同等入市同权同价，对土地承包经营权进行“承包权”和“经营权”分权设置。

《决定》关于深化农村改革的内容特别强调保障农民权利，强调增强农村活力，强调促进城乡统筹，强调建立体制机制，鲜明地体现了深化农村改革的目的、内容、方法和要求，要深刻理解、准确把握、推进落实。构建新型农业经营体系要坚持家庭经营在农业中的基础性地位，扶持发展农村合作经济，鼓励工商资本发展现代农业，完善农业社会化服务体系。[①]

新型农业经营体系是在农村改革的深化中不断丰富、完善、发展的，是我国农村改革取得的重大历史性成果，是广大农民在党的领导下的伟大创造，适合国情，适应社会主义市场经济体制，符合农业生产特点，能极大调动农民积极性和解放发展农村生产力，为改革开放以来我国农业农村历史性变化提供了坚实制度基础。

11.2.2　农业支持保护体系

《决定》第六项第 21 条赋予农民更多财产权利。保障农民集体经济组织成员权利，积极发展农民股份合作，赋予农民对集体资产股份占有、收益、有偿退出及抵押、担保、继承权。保障农户宅基地用益物权，改革完善农村宅基地制度，选择若干试点，慎重稳妥推进农民住房财产权抵押、担保、转让，探索农民增加财产性收入渠道。建立农村产权流转交易市场，推动农村产权流转交易公开、公正、规范运行。

农业是国民经济的弱质产业，无论发达国家还是发展中国家，都对农业采取了支持和保护措施。农业支持保护体系是由不同层面、不同环节各种有利于农业发展的政策组成的完整体系。我国农业支持保护体系演变主要是循着工农关系、城乡关系的转变而逐渐展开的，经历了由农业养育工业的政策开始向工业反哺农业的阶段性转变，大体可以分为三个阶段：一是 1978—1999 年左右，财政支农体系初步建立，支农投入逐步增加，1998 年财政支农资金首次突破 1 000 亿元，实施大规模的农业综合开发，相继设立了水利建设基金和粮食、棉花等主要农产

① 部分观点参考自农业部党组书记、部长韩长赋在党组专题学习会上的发言。

品风险基金。二是1999—2003年，财政支农政策的调整期，国家与农业的“取”“予”关系开始发生重大变化，改变了农业养育工业的政策取向，2000年我国开始了农村税费改革试点，中央财政安排专项转移支付补助资金予以支持。三是2003年以来农业财政政策发展新时期，以促进农村经济社会全面发展和实现城乡一体化为目标，国家开始对国民经济收入分配格局进行重大调整。2006年1月1日废除农业税，并且实施了对种粮农民的粮食直补、农资综合直补、良种补贴和农机具购置补贴四大补贴政策，对农民卖粮实施粮食最低收购价制度，委托收储企业按最低收购价格敞开收购农民手中粮食，最低收购价粮食的利息、费用等补贴均由中央财政负担。

健全农业支持保护体系，就是要进一步从资金投入、价格支持、基础设施建设等方面，完善政策机制，加大支持保护力度，形成支持保护农业的长效机制。改革农业补贴制度，就是要充分发挥农业补贴对提高农业特别是粮食生产能力的促进作用，调整补贴方式，改变实践中存在的不管种不种粮食以及种多少粮食、农业补贴都按承包地面积平均发放的简单做法，粮食生产直接补贴、良种补贴、农机具购置补贴、农资综合补贴等补贴资金的使用要向种粮农民等粮食生产者集中，特别是新增补贴资金要向粮食主产区、种粮大户、家庭农场、农民合作社等倾斜，形成农业补贴同粮食生产挂钩机制，让农业补贴真正发挥支持粮食生产的作用，让多生产粮食者多得补贴。

同时，积极探索新增农业补贴资金集中使用、集中用于改善粮食生产条件等农业基础设施的有效途径，发挥补贴资金集中力量办大事的作用。完善粮食主产区利益补偿机制，就是要通过财政转移支付等方式，加大对粮食主产区的支持力度，不断提高稻谷、小麦等粮食最低收购价格，弥补粮食生产在经济上的弱势，使粮食主产区人均公共财力和收入不低于全国平均水平，确保种粮农民和产粮大县在经济上不吃亏，从根本上保护农民种粮和主产区发展粮食生产的积极性。而健全农业支持保护体系方面，要改革农业补贴制度，完善农产品价格形成机制，完善粮食主产区利益补偿机制。

11.2.3 推进农业对外开放

农业曾经是中国加入WTO谈判的难点之一，也是当初对外开放影响预期最悲观的产业之一。按照加入世界贸易组织的承诺，我国已经采取了关税配额管理等进口管理措施，目前农产品关税平均关税仅 15.2%，不到世界农产品关税平均水平 62% 的四分之一，成为世界上农产品关税水平最低的国家之一。管理措施包括：对粮棉等重点农产品以及化肥等农资产品，按照关税配额管理承诺，合理实施进口管理及国内市场措施；严守取消农产品出口补贴承诺，将国内支持中的黄箱补贴上限约束在 8.5%；把握粮食等重要农产品进口的时间、节奏与规模，有效地防范了部分品种过度进口对国内生产和市场形成冲击；与此同时，积极应用世界贸易组织规则，应对化解日益严峻的贸易摩擦与纠纷，为扩大优势农产品出口、保持农业稳定发展，营造公平、合理的国际竞争环境。至此，我国农业基本融入世界贸易体系，农业全面对外开放的格局基本形成。

全会要求鼓励农业引进和利用外资，开展农业综合开发、农产品加工流通、农业科技研发等；加大农业对外合作工作力度，构建更加开放、公平、合理的国际与双边农业合作框架；积极参与并推动贸易谈判，进一步改善国际农业贸易环境。同时鼓励社会资本投向农村建设是推进城乡要素平等交换的重要形式和途径。社会资本投向农村建设，有利于弥补农村储蓄资金、劳动、土地等生产要素外流对农村发展的影响，有利于弥补公共资源配置的城乡不均衡对农村发展的影响。

从农业政策的提出，不难看出我国农村在未来 7 年中的发展态势，也从根本上体现了我们党坚持科学发展观的决心，和以人为本的理念，真正把为民执政和全心全意为人民服务落到了实处。积极推进农业对外开放方面，核心要统筹利用国际国内两个市场、两种资源，推动引进来和走出去更好结合，强化对国际农产品市场的监测、研判、预警和调控。发展现代农业，必须按照高产、优质、高效、生态、安全的要求，加快转变农业发展方式，推进农业科技进步和创新，加强农业物质技术装备，健全农业产业体系，提高土地产出率、资源利用率、劳动生产率，增强农业抗风险能力、国际竞争能力、可持续发展能力。确保国家粮食安全、推进农业结构战略性调整、加快农业科技创新、加强农业基础设施建设、建立新型农业社会化服务体系、促进农业可持续发展、扩大农业对外开放。

11.3　农业产业化与 FDI

近年来，政府机构对于农业产业化重视程度持续增强，政策方向不断明确，支持力度逐渐加强。我国的农业产业化自20世纪80年代中后期兴起，中共“十五大”提出要积极进行农业产业化的经营，推进农业向商品化、专业化、现代化转变。中共“十六大”强调推进农业产业化经营，提高农民对农业产业化的积极性。十六届五中全会把推进农业产业化经营作为建设现代农业的重要任务。十七届三中全会将农村土地流转与土地整理、推进现代农业发展、推进农村产业结构调整等新理念作为我国在新世纪推动农村改革发展的重要指导。十八届三中全会提出允许农民以承包经营权入股发展农业产业化经营。

农业产业化主要是依靠经济和法律关系将农业生产的产前、产中、产后等环节有机地联系起来，在地区土地流转与土地整理的基础上，以国内外市场为导向，以规模化经营为途径，以龙头企业和特色农业为支柱，以产业立体化、土地集约化、效益最大化为目标，通过产业结构升级、新技术引进、劳动力改造、市场化运作等手段，形成有机结合的农业产业链和价值利益联盟，最终实现现代农业可持续发展的重要机制和组织经营形式。核心是一体化结构体系的建立和运作。基本思路是确定主导产业，实行区域布局，依靠龙头带动，发展规模经营，实行市场牵龙头，龙头带动基地，基地连农户的产业组织形式。基本类型主要有有市场连接型、龙头企业带动型、农科教结合型、专业协会带动型。

外商直接投资对中国农业产业化发展具有重要推动作用。首先，外商直接投资带来的大量资金能有效弥补国家、国内企业和个人投资的不足，加速农业产业化的进程，加大农业产业化规模，延伸产业链。其次，外商直接投资将提高国内企业生产加工、经营管理水平，伴随着外资进入，外国先进科技、经验也将进入从而提高企业生产附加值。同时，外商直接投资有助于国内企业与国际生产导向接轨，贴近国际标准，扩大农产品出口，增强国际竞争力。

11.3.1 利用外资推动农业产业化的现状

目前，中国农业产业化由快速发展的时期开始进入创新提升阶段，截至2012年年底，全国农业产业化经营组织总数达到28万个。农业产业化经营从局部探索转入全面推进，形成了规模扩大、领域延伸的新格局，显现了竞争力增强、带动力提高的新态势，探索了用现代工业理念、先进科技成果建设现代农业的新途径，构建了政府扶持、龙头带动、农民参与、中介组织服务的多方推进的新机制。农业产业化对于推动农村经济实现第二次飞跃、农业增产、农民增收起着十分重要的作用，已成为我国农村经济发展的推动力量。我国农业产业化实践过程中引入的外资对于农业生产组织形式的升级、经营模式的变革和效益的提升都起到了巨大的推动作用。

在生产组织形式方面，由于外资的引入更快地促进了分散的农户集聚为大规模的农业组织，提升了农业生产者的市场地位，实现了农业产业的横向一体化；引入先进的人工控制极大地规避了对农业生产危害较大的自然灾害，提高了生产的稳定性，逐步走向农业生产的工厂化。

在经营模式方面，在经营方式上，在农民单一的原料性生产工作基础上，扩展为以动植物生产为中心并发展相关产业特别是下游产业，实现了农业产业的纵向一体化，农产品出口由量多值低的初级产品向着出口高附加值的制成品转变；在经营内容上，农业外商投资集中在农产品加工领域的多，适应市场经济的要求实行种养加、产供销、贸工农一体化经营；在创新模式上，从 20 世纪 80 年代“公司+农户”产业化经营模式到我国 20 世纪 90 年代以来掀起的农产品超市化革命再到新产生的“公司+合作社+农户，订单+期货”合作模式，都有跨国公司和外资的身影。

在成本收益方面，集体生产带来的规模经济效应，降低了农业生产成本和交易成本；产业链的拓展使得收益水平提高；先进的生产技术和避害技术，使农业的增值能力和比较效益得到提高，逐渐形成农业自我积累、自我发展的良性循环机制，实现了农业增产、农民增收、财政增收的目标。

11.3.2　农业产业化吸引外资的方式

农业产业化经营的形式多种多样，主要分为“公司+农户”、专业合作社或专业技术协会和以国家或集体服务组织为依托的产业化经营组织类型。基于不同的经营形式，吸引外资的方式略有差异。

1.“公司+农户”类型

作为易于组织并普遍应用的方式，它主要通过组成龙头企业，用合同方式和农民连接起来，建立生产基地。龙头企业对农户提供良种和生产资料，进行技术服务，收购农户产品，进行加工和销售。如在沿海地区发展的外向型畜禽、蔬菜加工项目，在山区发展的水果加工项目，正在发展的优质大米、双低菜籽油加工项目，一般都采取这种方式。这种方式的优点是企业与农户的经济关系简单，企业可以由多种所有制经济实体组成，多数是有实力的国有企业、集体企业或外资企业，因此主要以吸引 FDI 的方式进行。

2. 专业合作社或专业技术协会类型

不同于以往的社区性合作组织，它是以某种产品的专业生产特征为基础，由农民自愿组建的。以市场为导向，以家庭经营为基础，以成员共同利益为纽带，通过不同层次、不同形式的联合，形成跨社区的农业产加销一体化经营的合作组织，共同走向市场。合作社也有称专业协会的，如茶叶专业协会、水果协会、家禽技术协会等。专业合作社一般采用股份合作制形式。这种方式组织的规模较小，多数地方还处于探索之中，但将来是有发展前途的。这种类型下主要以吸收国际援助及国际贷款的方式来获得外资。

3. 以国家或集体服务组织为依托的产业化经营组织类型

国家在地方，特别是在乡镇的技术服务组织，普遍开展了从技术服务到参与经营的活动。一些乡村集体组织从加强统一服务出发，也建立了一些经营组织。这些组织与农民结合，以中介人组织身份，承担把农民生产和市场联结起来的责任。这种类型下主要以基金援助，合作经营的方式获取外资。

目前，外商投资有合资、合作和独资三种形式。港商选择合资的比重最大，其次为合作，独资最少。其中，港商采用合作形式的投资可以以中方企业的名义取得贷款。主要与种、养结合，饲养、加工、销售相连，纵向联系和横向相关。

11.3.3 利用外资推动农业产业化的机理

农业产业化主要目的是为了使农业生产的产前、产中、产后等环节结合运作，开拓国内外市场。于是，农业产业化有效运作的关键在于：龙头企业，即把农民组织起来有效进入非农产业；生产要素，不仅指基础的农业资源，技术、资金、人才、第三方组织等要素同样必需；经营管理水平，直接决定农业产业化的生产效率和收益成本；贸易，需要农产品进入国内国际市场的有效途径。而外商直接投资能够巩固上述关键环节的有效实现。

1. 促进形成龙头企业。由于市场竞争的主体是企业，发展农业产业化的最关键的是发展龙头企业，而优秀企业的形成离不开竞争对手。国外企业先进的管理模式、技术经验是推动国内企业成长的强大动力和合作伙伴，同时，国外对我国农产品市场的影响日益加深。引进外商投资，可以促进我国农业企业的生存和发展模式的转变，形成一批农业龙头企业，成为完善我国农业产业化的支柱企业，促进农产品贸易收益的提高。

2. 弥补生产要素缺陷。农业生产需要资金、技术和人才。先进的农作物生产技术、加工技术可以极大地提高农产品产量和农业生产效率；资金的充裕可以为农业产业化增添新设备，改善生产条件；农业专门人才可以带动产业一体化发展的有效进行。而制造业外向型经济的经验表明，利用外资能够形成技术外溢效应、人才培养示范效应等。目前，我国农业生产规模化程度低，先进技术和优秀管理人才的储备方面已落后于国际领先的农业生产企业，因此积极引进外资，加入农业生产的全球链条，将减少我国农业与世界发达农业国的差距。

3. 提升经营管理水平。农业产业化要求将农产品产业链由生产领域扩展到农产品加工、销售、研发等领域。学习国际跨国企业在研发、财务、生产、营销和服务等方面的经验，扩大生产规模，可以提高生产效率和利润。同时，我国农业生产环境恶劣，灾害频发，随着我国人均耕地面积减少，农业人员减少，提高农产品产量和质量的形势越发严峻，利用外商投资，利用国外先进的管理模式和手段，能够根本上提高我国农业的抗风险能力，提高农作物生产能力。

4. 缓解贸易摩擦。农业产业化需要中国农产品具有参与国际竞争和占领国际大市场的能力，而中国农产品贸易近几年持续逆差，加上进口国卫生要求和限量超标等原因，我国农产品遭遇的技术性贸易壁垒也逐年攀升。反映出中国农产品国际竞争力较弱，因此引入国际先进的农产品生产流程和标准，加入国际化生产链条，有利于提升农产品质量，达到国际标准。

11.3.4 利用外资推动农业产业化案例

1. 熙可集团助水果出口

熙可集团——中国最大的酸性水果出口加工商，一家典型的 B2B 企业，创始人是朱演铭。熙可每年的水果生产量达到 5 万吨以上，占中国同类产品年出口总量的 10%，生产的加工柑橘占美国 45% 的市场份额、英国 75% 的市场份额。其主要客户覆盖了亨氏、可口可乐、Yum（百胜）、Del Monte USA 等世界食品领域的一流企业。

2011 年，熙可进军 B2C 业务。一方面是建设终端甜品店“十二果芬”；另外一方面则是进行自主品牌建设。目前，熙可已经在美国、欧洲等市场收购了在当地具有竞争力的品牌，凭借多年的农业产业化的积累和可视化的供应链管理经验，进行增值差异化的竞争，满足了消费者的多种需求。

熙可集团的经营模式是典型的“公司+农户”模式，携同农业科技有限公司专门从事水果、蔬菜，养殖等农副产品的研发、生产、加工、流通和出口；以其专业知识，追求实施有机、环保、生态、节能、减碳的可循环、可持续农业；同时积极参与协助政府解决“三农”问题，打造新风尚乐活宜居的生态统筹城乡。这种农民结成紧密利益共同体的“公司+农户”的农业产业化经营模式，不仅保障了企业的生产原料，而且促进了农民增收，实现了企业和农户的合作双赢。①

2. 山东章丘大葱的供需对口

山东章丘市是我国主要的大葱产地之一。章丘大葱植株高大，葱白长，质地细腻，甜脆多汁。具有“高、大、脆、白、甜”的特征。2009 年，“章丘大葱”被认定为中国驰名商标，是山东省第一个获此殊荣的地理标志产品。目前，章丘大葱种植面积 15 万亩，年产鲜葱 50 万吨左右，品牌价值已达 24.76 亿元。

章丘大葱之所以有名的原因并不是仅仅因为大葱的质量好，产量大，更重要的是形成了一定规模的产业化。章丘市的大葱产业化，采取“龙头企业+农户”的模式，由龙头企业负责大葱加工、出口，以合同的方式收购农民种植的大葱，并在双方的合作中，由龙头企业对农民的种植方法进行培训，从而带动当地农民大葱种植水平。在这个合作过程中，龙头企业发挥带动作用，带动农民增产、增收，使得农民种植大葱的收入由每亩 1 000 元增长为每亩 5 000～6 000 元左右，每公斤大葱收购价由 0.3 元提升到 1 元。

在章丘特色农产品大葱蓬勃发展的过程中，“济南荣晶食品有限公司”作为大葱行业的龙头企业的发展情况可以给我们一些启示。济南晶荣食品有限公司总经理李静，在一次和外商洽谈的机会中，了解到日本市场对大葱的需求巨大，并且大葱的价格是国内价格的 10 倍。但是日本市场对大葱的要求也是更加严格，不仅质量要求高，并且对大葱的外观也有很高的要求。日本的顾客要求大葱不仅味道纯正，并且要求大葱体格又粗又长。当时的济南晶荣食品有限公司只有一个简单的冷冻箱，所以，总经理李静只能着手大葱的冷冻保鲜工作。他们和农户签

① 资料来源：一种“公司+农户”的成功模式——对湖南熙可食品有限公司的调查．省委农村工作部，省政府农办调研组，2009 年 7 月．

订稳定的大葱收购合同，每当大葱的收获季节，他们就会收购农户手中品质优良的大葱，并进行统一规格的修剪、包装和冷冻，最后出口日本。这样的合作方式，不仅大大提高了大葱的价格，而且避免了大葱有时由于集中上市，产生的“葱贱伤农”，大量大葱烂在地里的情况。

济南晶荣食品有限公司发展到一定阶段后，进行重组为一家中日合资企业，这样企业不仅获得了更多的资金，购买更多的设备，提高了特色农产品加工水平，还和外资合资办厂，有利于学习国外的先进技术。①

3. 邳州引入外资加快特色农业产业化步伐

邳州地处苏鲁两省交界，位于江苏省北部，隶属徐州市。多年来，邳州始终处于苏北落后、徐州中游的发展位置。2003 年以来，邳州发生了深刻的变化，经济总量、人均收入、财政收入、城市建设、社会事业等方面都出现了跨越式发展。徐州市私个经济发展年度考评连年夺冠，徐州市县区经济工作综合考核 2003—2006 年“四连冠”。邳州经济建设从平稳增长走向全面振兴，县域综合实力跃居“苏北三强”，入选“全国中小城市百强”。在实现经济快速发展的同时，注重社会事业发展和人民实际收入的增长，让社会不同群体共享发展的成果。

邳州在走工业化道路的过程中，始终把招商引资与发展民营当做驱动经济快速发展的两只轮子，成为实现经济洼地崛起的主要支撑。邳州在招商引资过程中，并没有采取“来者不拒”的普通方式，而是强力推进“招大引强”的战略转变，着力引进投资规模大、科技含量高、产业带动强的项目。邳州在招商过程中，积极“走出去”，主攻重点地区，开展产业招商、区域招商、小分队招商、以商招商活动，并先后选派两批 200 多名干部到浙江挂职锻炼，学习经验，加快对接发达资本；广泛“请进来”，依托优势资源产业，大力开展节会招商，近几年，先后举办了四届国际板材家具贸易洽谈会、两届中国大蒜节、一届中国银杏节，组织了“千名浙商看邳州”、“百名台商看邳州”、“百家外企聚邳州”等大型招商活动，大大提升了邳州在国内外的知名度。2006 年，邳州市引进 1 000 万元以上项目 392 个，投资 10 亿元的家具博览中心、6.9 亿元的科技木业城、5.6 亿元的金凤凰家具、5 000 万美元的口服胰岛素、3.6 亿元的伊思达纺织等都是本地产业和资源与外地资本成功对接的典范。招大引强的战略不仅为邳州经济跨

① 资料来源：张成龙．特色农产品发展模式研究［J］．商场现代化，2012（27）：18-19.

越式发展奠定了基础，而且这些门槛的设立也为邳州经济保持科学发展和可持续发展的势头提供了良好的保证。邳州的大蒜种植面积达80万亩，建成了全国大蒜标准化基地、国家定点市场，年出口50万吨，全国第一，拥有大蒜深加工企业35家，已经开发生产出大蒜胶囊、蒜白金等科技含量和附加值都较高的产品。邳州历史上就有种植银杏树的传统，目前银杏种植面积已达27万亩，银杏酮等深加工企业25家，建成国家级银杏博览园、全国银杏标准化示范区，通过实施产业化促进农民增收，如在产业布局方面，将银杏、板材、大蒜作为主导产业，就是将这些产业发展与富民、增加农民收入直接挂起钩来。①

11.4　中国农业产业安全与FDI

中国农业吸收和利用的外资在不同阶段对中国农业产业安全的影响有所不同。初始阶段，进入农业的外资主要是绿地投资，对中国农业综合开发、农业产出和就业增长有所推动。随后一些跨国公司战略性投资的最终目的是占有中国农业资源和控制关键产业，突出地表现为对农业产业安全的威胁。外资进入农业领域，前期主要显现出积极的影响，近几年不利影响逐渐暴露出来。

在国内需求增长拉动和国内支农惠农政策推动下，我国农业有效应对了“入世”带来的各种挑战，粮食等主要农产品产量不断增加，农民收入持续增长，应该说农业产业总体上是安全的。但是，由于市场开放程度和调控手段及有效程度的不同，不同农产品的产业安全水平也不尽相同。一些开放程度高、缺乏有效调控手段的产品，受贸易和外资进入影响大，产业安全状况面临非常严峻的挑战。同时，随着我国农产品市场开放的不断深入，这种影响和挑战呈现不断加深和扩大的趋势。因此，确保农业产业安全是开放条件下统筹国内外两个市场、两种资源的重要任务，也是农业产业的核心利益所在。

11.4.1　FDI对中国农业产业安全的影响

“入世”以来，中国农产品贸易快速发展，当前已成为世界第三大农产品贸易国。但与中国总体利用外商直接投资所取得的成就相比，无论是绝对数量还是相对比重，农业利用外商直接投资都滞后于非农产业部门。

① 资料来源：透过“邳州现象”看洼地崛起．中国政务参阅，2007-08-02.

1. 积极影响

农业领域外商直接投资为国内企业提供了资本、设备、技术和经营管理经验，对于增加中国农产品生产、促进农业科技进步、促进优势农产品出口和农业产业化经营等都具有重要作用。

（1）引入外资拓宽了农业资金渠道，引进了先进经营理念，加快了农业科技进步和产业化经营

改革开放初期，引入外资对于缓解农业资金短缺具有重要意义。有利于缓解农业发展中资金不足的矛盾，实现农业资金来源渠道的多元化。中国农业长期资金投入不足，发展资金紧缺，融资十分困难，引进外资就自然成为突破资金约束的重要渠道。当前，农业利用外资来源中，外商直接投资比重上升，成为农业利用外资的主体。通过利用外资，中国引进了先进技术和现代企业经营管理理念和技巧，培养了农业科技人才，缩小了与世界农业科技的差距，外资进入为国内农产品批发市场带来了先进的市场管理和运作经验，促进了批发市场制度建设。外商直接投资集中在农产品加工领域，有效延伸了农业产业链。农产品出口由量多值低的初级产品向着出口高附加值的制成品转变，有力地推动了农业产业化经营。

（2）农产品贸易增加了农产品有效供给，促进了中国优势农产品出口

目前中国进口的主要是油料和棉花等土地密集型产品，出口的主要是劳动密集型农产品。这种贸易增长总体上有利于增加农产品有效供给，弥补国内比较优势不足的农产品产量缺口，减缓农业对环境资源的压力。乌拉圭回合后，由于发达国家削减农业保护水平和增加市场准入量，因此，有利于中国抓住机会扩大农产品出口。促进中国优势农产品出口，扩大了中国农产品贸易量及贸易额，对于解决农村劳动力就业、促进农民增收、优化农业产业结构具有重要意义。

（3）农业对外开放推进了中国农业改革，推动了农业结构持续调整

农业对外开放推动了中国农业推广机构改革、农业信息体系建立、动植物检验检疫规范管理、农村金融（小额信贷）试点、农业粮食购销体制等多方面改革，推动了国家的农业管理体制和经营方式的改革。有利于拓宽农产品出口渠道，与跨国农业公司积极合作、交流学习，带动农业外向型经济发展。增强了农业结构调整的动力。中国农业结构继续调整，继续淘汰低效能型农业生产，逐步

增加农业生产过程中的科技含量，农产品优质率、生产集中度和加工转化水平明显提高。

2. 消极影响

农业领域的外商直接投资进入，使得中国农产品加工竞争加剧，打压了中国农产品价格，挤占了市场空间，对宏观调控和农业产业安全带来了一定的挑战。

（1）市场过度开放，特定农产品进口过快增长过度挤占了新增需求市场，明显打压了农产品价格

某些农产品的绝大部分新增市场需求被国外进口产品抢占，主要表现在大豆、羊毛和棉花等产品上。一些享有补贴的低价农产品大量进口对国内农业品价格造成了显著的抑制和打压，使得国内农业品价格既不能随着生产成本的上升而相应上升，也不能随需求的拉动而相应提高。对国内农产品生产将产生冲击，农产品成本上涨，主要农产品的国内市场价格已超出世界市场价格。在贸易保护相对减少的同时，中国农产品的低价优势也随着日益增高的农产品成本而逐步消失。目前国内主要农产品价格（尤其是粮食价格）已接近或高于国际市场，国内农产品市场将面临国际市场低价农产品的冲击。

（2）外资对特定产业的过度进入，“挤出”了中国民间中小资本投资，削弱了部分农产品的产业控制力和定价话语权，国内产业对国外资源和技术形成依赖

大量国外资本的进入会对国内中小企业形成明显的挤出效应。近年来，跨国公司瞄准中国一些开放度大、需求增长快的产业，凭借雄厚的资金和技术等优势，加快了进入中国农业领域的步伐，对中国民间中小资本形成了排斥和抑制。近年来，外资加快了对中国加工业等关键环节的介入，对产业链的控制不断加强，对中国农业产业安全形成了严峻挑战。一是外资在行业中交易取得市场垄断地位。外资进入中国农业领域的战术步骤一般是先并购同行业中一两个或两个以上国内实力较强的企业，避免与这些企业直接竞争，但让市场竞争格局发生大的变化。

（3）国际农产品市场波动快速传导到国内，加大了宏观调控难度和不确定性

近年来，国际农产品市场日益受到气候变化、石油价格、生物质能源、国

际金融资本等非传统因素影响，呈现波动性、不确定性和风险性加剧的态势。外资还可以通过自身技术优势或并购国内企业，牢牢控制新技术、关键环节和高附加值领域，弱化和抑制中国企业的自主创新能力，使得中国外贸依存度提高，先进技术依赖性增强，加大中国农业产业依赖性发展和被边缘化的风险。加大了农业生产经营的市场风险，加大了农民生产决策的难度，影响了农民的生产积极性；跨国资本在中国农业领域的战略布局和强劲扩张弱化了中国的宏观调控能力，加大了国家有效调控农产品市场的难度，给相关产业造成巨大损失。

11.4.2　农业产业安全对中国农产品出口影响的实证分析

农产品贸易的快速发展也对我国农业带来了挑战，影响到国内产业的健康发展。国外享有补贴的一些低价农产品大量进口对我国农业的抑制和打压作用十分明显；大量农产品进口使国际农产品供需剧烈波动情况快速传导到国内市场，加剧了国内农产品供需波动的市场风险；大量进口和外资对特定产业的过度进入导致部分农产品的产业控制权和定价话语权削弱。

1. 农业产业安全评价指标体系

采用农业产业安全评价指标体系对农业产业安全进行分析。根据度量产业安全的常用指标，结合农业自身的特点，选择以下四个指标作为衡量农业产业安全评价的指标体系。

（1）农业产业国际竞争力指数

由于影响产业安全的主要因素是该产业的国际竞争力，因而产业国际竞争力是产业安全的核心。农业产业的国际竞争力指数＝（农产品对世界出口额－农产品从世界进口额）／（农产品对世界出口额＋农产品从世界进口额）。该指数值越高，表明我国农业产业的国际竞争力越强；反之，则越低。

（2）农业产业进口依存度

该指标主要反映国内农业产业的生存与发展对进口的依赖程度。采用国内农产品贸易进口总额与农业总产值之比来衡量。农业产业进口对外依存度越高，产业受国际因素影响越大，产业的生存与发展安全度就越低。

（3）农业产业出口依存度

该指标主要反映国内农业产业的生存与发展对出口的依赖程度。采用国内农产品贸易出口总额与农业总产值之比来衡量。农业产业出口对外依存度越高，产业受国际因素影响就越大，产业的生存与发展安全度也就越低。但是从另一方面来看，农业产业出口量越大，产业的国际竞争力也越强。农业产业出口对外依存度太低，表明国内的农产品在国际市场上缺乏竞争力，这也不利于我国农业产业发展壮大。

表 11-2　　　　中国农业产业安全指数

时间	农业产业国际竞争力指数	农业出口依存度	农业进口依存度	产业资本对外依存度
1997	0.198 5	0.051 3	0.034 3	0.013 9
1998	0.238 0	0.047 7	0.029 4	0.013 7
1999	0.253 5	0.046 8	0.027 9	0.017 6
2000	0.183 4	0.050 7	0.035 0	0.016 6
2001	0.151 8	0.053 5	0.039 4	0.019 2
2002	0.185 0	0.057 3	0.039 4	0.019 5
2003	0.060 4	0.059 7	0.052 9	0.018 7
2005	-0.022 0	0.057 2	0.059 8	0.011 9
2006	-0.012 4	0.061 3	0.062 8	0.009 5
2007	-0.053 8	0.057 5	0.064 1	0.012 4
2008	-0.184 4	0.048 5	0.070 4	0.012 9
2009	-0.142 7	0.044 8	0.059 6	0.015 9
2010	-0.190 1	0.048 2	0.070 8	0.018 1
2011	-0.219 5	0.049 3	0.077 0	0.017 3
2012	-0.280 1	0.047 8	0.085 0	0.018 5

（4）农业产业资本对外依存度

该指标用外国对我国农业产业的直接投资额占外国对我国总的直接投资额比重与农业产业国内生产总值占国内生产总值的比重之比来衡量。农业产业外资相对依赖程度越高，农业产业安全度越低。

表 11-3　　中国农产品进出口贸易总值的变化

时间	出口数量（万吨）	进口数量（万吨）
1997	2 244.05	2 051.36
1998	2 193.33	2 079.11
1999	2 192.32	2 128.76
2000	2 990.10	2 898.36
2001	2 641.31	3 332.17
2002	3 520.98	3 003.74
2003	4 447.73	4 207.56
2004	2 824.98	5 475.78
2005	3 616.57	5 876.66
2006	3 402.89	6 372.56
2007	4 032.45	6 437.39
2008	3 382.47	6 947.45
2009	3 397.42	8 593.75
2010	3 291.78	10 559.85
2011	3 387.08	10 417.62
2012	3 438.82	12 800.41
2013	3 457.87	13 807.08

2. 模型构建

对农业产业安全与我国农产品出口的关系进行分析，将我国农产品出口量作为被解释变量，农业产业安全指数作为解释变量，构建回归方程如下：

$$EXP = c_1 + c_2 SAFE + \mu_1 \tag{1}$$

$$EXP = c_3 + c_4 CMP + c_5 IR + c_6 ER + c_7 IVP + \mu_2 \tag{2}$$

其中，c_2 是农业产业安全综合指数对中国农产品出口的影响程度，c_4 是农业产业国际竞争力指数对中国农产品出口的影响程度，c_5 是农业产业进口对外依存度对中国农产品出口的影响程度，c_6 是农业产业出口对外依存度对中国农产品出口的影响程度，c_7 是农业产业资本对外依存度对中国农产品出口的影响程度。

农业产业安全综合指数为四个指数的平均值。

选取样本空间为1997—2012年中国农产品出口贸易量和计算所得的中国农业产业安全指数，具体数据可见表11-2和表11-3。

3. 实证分析

（1）中国农产品出口与农业产业安全综合指数分析

$$EXP = 3\,187.768 + 883.633\,8SAFE$$
$$(21.551\,17)\ (1.909\,485)$$

表11-4 中国农产品出口与农业产业安全综合指数分析

变量	系数	标准误	t统计值	显著性
常数项	3 187.768	147.916 2	21.551 17	0.000 0
农业产业安全综合指数	883.633 8	462.760 3	1.909 485	0.076 9
R^2	0.206 625			
修正的 R^2	0.149 955			

由于模型结果可见，农业产业安全与中国农产品出口呈明显的正相关性。

（2）中国农产品出口与农业产业安全指数分析

$$EXP = 3\,187.767 + (-1\,663.659CMP) + 689.973\,6IR + (-1\,205.060ER) + 163.342\,3IVP$$
$$(37.616\,42)(-2.076\,295)(3.984\,273)(-1.533\,533)(1.771\,456)$$

表11-5 中国农产品出口与农业产业安全指数分析

变量	系数	标准误	t统计值	显著性
常数项	3 187.767	84.744 05	37.616 42	0.000 0
农业产业国际竞争力指数	-1 663.659	801.263 1	-2.076 295	0.062 1
农业产业进口依存度	689.973 6	173.174 3	3.984 273	0.002 1
农业产业出口依存度	-1 205.060	785.806 3	-1.533 533	0.153 4
农业产业资本对外依存度	163.342 3	92.207 91	1.771 456	0.104 1
R^2	0.795 389			
修正的 R^2	0.720 984			

由此可见，模型拟合程度有所提高，四个指数平均数并不能代表中国农业产业安全，根据变量系数对四个指标的权重进行分配得到各项权重依次为-0.825，0.34，-0.597 9，0.081，即中国农产品国际竞争力越高，进口依存度越低，出口依存度越高，产业外资依存度越低，越能促进出口，与实际理论一致。同时可以看出，中国农产品国际竞争力指数与农业出口依存度的重要性最高，产业外资依存度影响最低。计算权重得到的新的中国农业产业安全指数进行回归得到：

$$EXP = 3\,187.768 + 2\,027.155SAFE2$$
$$(42.434\,46)\quad(7.376\,588)$$

表 11-6　　中国农产品出口与新中国农业产业安全指数

变量	系数	标准误	t 统计值	显著性
常数项	3 187.768	75.122 15	42.434 46	0.000 0
农业产业安全综合指数	2 027.155	274.809 3	7.376 588	0.000 0
R^2	0.795 364			
修正的 R^2	0.780 747			

中国农业产业安全对于增加中国农产品出口具有重要作用和保障意义，我国是一个农业大国，农业产业的安全状况对国家经济安全至关重要。而我国农业具有弱质性，易受国内外因素的影响，这就决定了维护我国农业产业安全的长期性。

11.4.3　基于农业 FDI 的中国粮食安全保障体系

在经济全球化背景下，农业 FDI 有利于充分利用全球资源，实现优势互补，增加全球粮食以及其他较为紧缺的农产品的供给，增加全球粮食播种面积，提高粮食播种技术，有利于抑制全球粮食价格过度高涨，从而有助于我国以合理稳定的价格进口大量的粮食以弥补国内粮食的供给不足，同时降低粮食进口成本，对国内粮食市场的正常运行起到保障作用。

目前，我国农业很多领域存在资金不足的问题，特别是一些国家重点建设领域，如农业科研体系；支持农业结构的调整，无公害农业，生产绿色、有机食品以及稻谷、小麦、大豆、玉米等主要粮食及西部特色农产品的增产技术。同时为了发展农业产业化经营，需要大量资金支持龙头企业带动农户进入市场，积极支持多种形式的农民合作组织以及规模经营的种粮大户的发展，实现农业的规模化和集约化经营，农业 FDI 就是弥补资金不足的有益补充。

在吸引外资的同时，需要做好相关准备，特别是在 WTO 要求下，中国农业开放逐渐加深，在中国相关的绿色技术标准体系未建立完善以前，大批进口的粮食必然造成对中国农业的巨大冲击。农业 FDI 引入资金的同时带来的农业科技进步，可以使国内农业较快实现绿色技术标准体系的达标，同时缓解了国外农产品对中国农业和国内粮食市场的冲击，此外，低价优质的进口粮食作为储备粮，也为国有粮食企业的顺价销售获得合理的差价创造了条件，实现“藏粮于民”，增加民间的粮食储备。

合理利用 WTO《贸易技术壁垒协议》，降低国外农产品对国内粮农的冲击。通过制定各种绿色技术标准、绿色环境标志、绿色包装制度、绿色卫生检疫制度和绿色补贴等国际通行的“绿色壁垒”体系，以法律的形式对进口农产品提出要求，限制一些不符合环境标准和环保要求的粮食进入国内，合理地保护全国农业生产者和消费者的利益，制止有害因子的进入，确保国内农业生产的安全。此外，中国粮食安全问题的解决也是对世界粮食安全的重大贡献。

11.4.4 外资涉及农业产业安全案例

1. 大豆加工及食用油领域

大豆领域开放于“入世”前的 1996 年。当时中国大豆出口量占世界 80%，而目前中国已经成为世界上最大的大豆及豆油进口国。国内现有的 90 家大型大豆加工企业中，64 家具有外资背景。控制世界 80% 大豆资源的四大跨国粮商 ADM、邦吉、嘉吉、路易·达孚已经掌控中国大豆 85% 的加工能力，中国食用油三大品牌中金龙鱼 100% 外资，鲁花 49% 外资。跨国粮商深入种植、贸易、流通各个领域，扩张速度快，覆盖范围广，国内大豆产业被外资控制。

2. 棉花流通及加工领域

中国进口棉市场被国际大棉商控制。目前，路易·达孚贸易有限责任公司、威尔兄弟棉花公司、伊卡姆贸易（上海）有限公司和达利文、保罗·莱因哈特、奥兰、嘉吉等国际大棉商一起，控制了大部分中国进口棉市场。跨国巨头大举进入棉花收购领域。鉴于大量进口棉花集中涌入中国，造成国内棉价波动频繁，堵塞近亿农民增收渠道，国家近年来实行了“滑准税”政策，稳定了国内棉价，进口棉花数量也大大减少。跨国企业开始调整策略，逐步介入中国棉花收购领域。目前，路易·达孚等几家大型外资棉商取得了在中国参与棉花收购、经营业务的许可证。在国内棉企普遍为销路发愁的情形下，路易·达孚等跨国企业却大量收购国产棉花，并在期货市场获得丰厚收益。中国棉花期货价格现在已基本取决于纺织品出口的形势和这些跨国巨头在国内市场的“操作”。而当前在国内棉花期货市场翻云覆雨的路易·达孚，正是几年前中国大豆产业“悲剧”的制造者之一。

眼下很难判断这些跨国企业是否已对中国棉花产业形成了足够威胁。有专家指出，如果国内棉花市场的散乱局面无法得到有效治理，外资棉商击溃中国棉企，垄断国内市场将可能不是危言耸听。

3. 韩国农业利用外资实践

韩国是在“二战”后从日本殖民统治下获得解放并宣告独立的。当时韩国的国民经济以农业为主，生产严重倒退，物资匮乏、粮食供应紧张、失业和通货膨胀严重，被列为世界上最贫穷的国家之一。

从 20 世纪 50 年代开始，韩国开始大力振兴本国经济。其中，鼓励外资进入就是韩国发展本国农业，提高农业生产效率，加速本国农业现代化的手段之一。为实现外资利用与经济发展相适应，韩国政府对农业利用外资采取“放管结合”的原则。从 20 世纪 70 年代至今，韩国政府对农业利用外资逐步放开。60 年代末期，为改变农业利用外资以国外贷款为主的格局，优化农业外资结构，韩国出台了对外商投资企业免税的优惠措施，鼓励外国直接投资进入农业领域。80 年代以后，由于韩国开始实施贸易自由化，政府进一步放宽了对外商投资的限制，简化了外商投资的审批程序。在韩国政府放开外商投资农业领域，下放外资管理权限的同时，国内部分重要的农业领域仍对外资保持高度限制。

为吸引外资，韩国政府实施了减免税收、提供用地、现金补助及财政支持等一系列优惠政策。主要包括：为生产性服务企业、先进技术产业和入住外商投资地区、经济自由区的企业减免法人所得税和地方税收。对外商投资比率超过 30% 或外商为最大出资股东的企业，提供包括教育培训补助、雇用补助，以及协助改善外商投资地区基础设施和生活环境等方面的支持。

11.5 农业 FDI 发展政策建议

11.5.1 政府层面

（1）引导外商直接投资流入。政府在外资进入方面适度给予政策优惠，特别是对于农业 FDI 的进入，改善投资环境，梳理流程，减少手续，对外商企业开展一体化服务；通过加强农业科技交流合作，加大引资力度；结合不同国家和地区外商投资我国农业的特点，加强外商投资方向引导。

（2）完善外资进入管理、监督机制。出台既符合 WTO 规则又能有效保护和促进我国农业发展的相关法律法规；积极引导外商在我国建立农产品质量标准检测科研服务机构，加快制定我国农产品的各种质量安全标准，为包括外商投资企业在内的农产品加工企业提供统一的，符合国际通行规则与我国农业安全的质量监测检验标准；采取各种措施控制并监督外资的行为；设定标准对农业领域外商投资进行有效监督。

（3）提高农业产业化水平。从资金扶持、税费优惠等方面支持农业龙头企业发展；通过兴办展会、农业产业园等形式，搭建国内外企业交流学习平台，组建第三方服务机构，建设生产基地等扩大产业规模；坚持“工业反哺农业，项目资金和信贷支持农业企业”的原则，提高农业企业产业链的一体化程度。

（4）扩大农产品国际贸易。调整农业产业结构，逐步加强农产品加工业的培养，对农产品优势产品区域进行规划。增加对绿色产品的生产，提升产品附加值。切实提高产品质量，提高农产品出口竞争力。

11.5.2 企业层面

（1）改革创新经营模式。改变过去单一的分散经营模式，深入实践“公司+农户”、“企业+基地+农户”、“合作组织+农户”、“批发市场+农户”、“零售市场+农户”等多种产业组织模式。同时发展农村土地股份合作制，通过农民以土地入股，外商以资金、技术入股等多种方式，探索多种股份合作的经营模式。

（2）企业推进农产品生产、加工和流通的标准、检验检测体系与国际标准接轨。使农产品中农药残留、重金属残留、激素及抗生素含量达标，提高农产品出口数量，从而获得更多收益。当今世界已经成为品牌的世界，产业品牌化、品牌产业化成为一种趋势。打造品牌，提高产品附加值，扩大市场份额。在与外商合作过程中，学习国外企业先进管理经营理念和生产工艺，提升加工工艺，创新产品，学习产业链建造的方法。

（3）提高企业的自主研发能力，努力控制和掌握核心技术。具体而言，应从以下三个方面进行努力。一是加强对知识产权的保护，提高人们的知识产权意识，增强企业的自主创新意识和价值。二是鼓励企业进行自主研发，并提供相应的政策支持，尤其是要对技术研发提供资助，此外，还要在组织上和技术上，为企业提供技术信息、技术支持和技术服务。三是主动打破垄断格局，全面引入竞争机制，在同一领域引进多家实力相当的外来企业，实施“以竞争换技术”。

（执笔：邓慧慧、刘婉琳）

第 12 部分

2013 年国家级经济技术开发区的 FDI

国家级经济技术开发区（National Economic and Technological Development Zones），是伴随着中国经济改革开放的过程而产生和发展起来的国家级现代化工业园区，是在沿海开放城市和其他开放城市划定小块的区域，集中力量建设完善的基础设施，创建符合国际水准的投资环境，通过吸收利用外资，形成以高新技术产业为主的现代工业结构，成为所在城市及周围地区发展对外经济贸易的重点区域，是我国经济特区试验成功后对外开放战略的又一实践。鉴于国家级经济技术开发区集自由贸易区、出口加工区、高新技术园区等为一体，成为我国吸收和利用外商直接投资的桥头堡，是经济发展最快、吸收外资最多、投资环境最优、技术水平最高的现代化产业集聚园区，是我国工业化、城镇化、国际化的重要平台和载体，是地方经济的重要增长极①，为我国利用外资和对外开放起着特殊的作用。2014 年是《国家级经济技术开发区和边境经济合作区“十二五”发展规划（2011—2015 年）》的攻坚之年，也是我国设立国家级经济技术开发区的 30 周年。在这个关键时期，以国家级经济技术开发区的 FDI 情况作为分析切入点，了解我国整体的实际利用外资状况，对于提升我国利用外资的质量与水平，进一步扩大对外开放，具有极其重要的意义。

12.1　我国国家级经济技术开发区的发展与现状

12.1.1　我国国家级经济技术开发区的发展历程

根据《中国国家级经济技术开发区产业发展报告（2013）》，截至 2013 年年底，我国共有国家级经济技术开发区 210 个，其中东部 103 个，中部 60 个，西部 47 个，在区域分布上已经基本实现了均衡发展。从图 12-1 和图 12-2 中可以看到，我国国家级经济技术开发区数目的增长呈现出明显的阶梯性、批次性增长的特点，其发展历程可以划分为四个阶段：

第一阶段：1984—1991 年，为起步和探索阶段。1984 年，党中央、国务院先后批准了在大连、秦皇岛、天津、烟台、青岛、连云港、南通、宁波、广州和湛江共 10 个沿海城市建立国家级经济技术开发区，这是我国第一批国家级经济技术开发区。在第一批试点的基础上，到 1991 年又陆续建立了 6 个国家级经济

① 《国家级经济技术开发区和边境经济合作区“十二五”发展规划（2011—2015 年）》。

技术开发区，总数达到16个，全部分布在东部沿海地区。此段时期开发区发展的主要方针为“三为主，一致力”，即“以工业项目为主、以吸收外资为主、以出口为主，致力于发展高新技术”。但是，在这个阶段，国家级经济技术开发区的建设才刚刚起步，园区自身的基础薄弱，建设资金也比较缺乏，外资也都持观望态度。这一阶段引进的外资项目主要是劳动密集型的中小企业，技术含量低，技术转让或技术转移很少发生。

第二阶段：1992—1999年，为高速发展阶段。1992年邓小平同志的南行讲话之后，改革开放进入了新的阶段。在这一阶段，国家级经济技术开发区也快速建立起来，中部和西部也开始设立开发区，主要集中在1992、1993年和1994年。在这三年中，我国分别批准设立了6个、12个和3个国家级经济技术开发区，其中，1992在东部建立了6个，1993年在东部、中部和西部分别建立了7个、4个（哈尔滨、长春、武汉、芜湖）和1个（重庆），1994年在西部建立了1个（乌鲁木齐）。这使得开放区域从20世纪80年代的仅仅东部沿海地区扩大到沿江（长江、黄河、珠江等）、沿边（境）和内陆省会城市，当然仍主要设立在东部沿海地区。这一阶段的经济技术开发区内，吸收了跨国公司进行直接投资，外资的技术密集程度比前一个阶段明显提高。

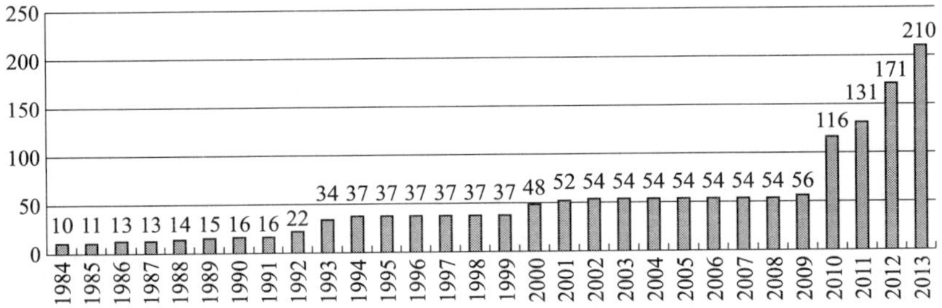

图12-1　我国国家级经济技术开发区的数目

数据来源：根据《中国国家级经济技术开发区产业发展报告（2013）》整理。

第三阶段：2000—2003年，为稳定发展阶段。2000年开始，国务院开始部署实施“西部大开发战略”，这一阶段的国家级经济技术开发区的设立，更多地考虑了东部、中部和西部之间的平衡，因此这一阶段新设的开发区基本上都建立在中西部。2000年至2003年新增的17个国家级经济技术开发区中，只有1个设立在东部（2002年批准设立的南京经济技术开发区），而中部设立了5个，西部设立了 11 个，区域结构进一步优化。此时，国家级经济技术开发区已达到了 54 个。政策与体制环境的逐渐变化与外部竞争的加剧对国家级经济技术开发区改变原有的发展模式提出了要求。随着中国在 2001 年加入 WTO，原本给予开发区的优惠政策也逐渐弱化，再加上管理体制落后、辐射效应不强、区域发展不协调、产业关联度不高等问题，使得开发区仅仅作为工业园区的定位显得不足。一些开发早、规模大的国家级经济技术开发区不断完善自身功能，开始向高新科技园区、服务业集聚区转变。

第四阶段：2004 年至今，为增容扩区、科学发展阶段。2004 年 12 月，经国务院批准，商务部、国土资源部、建设部联合召开了全国国家级经济技术开发区工作会议。会议明确提出国家级经济技术开发区在新的历史时期的发展方针转变为“三为主、二致力、一促进”，即“以提高吸收外资质量为主，以发展现代制造业为主，以优化出口结构为主，致力于发展高新技术产业，致力于发展高附加值服务业，促进国家级经济技术开发区向多功能综合性产业区转变”。但是，很多开发区面临着土地受限的发展困境。2004 年至 2008 年，我国没有新设国家级经济技术开发区，原有开发区纷纷开始增容扩区。天津经济技术开发区率先开始，随后福州、青岛、兰州等经济技术开发区陆续调整扩大规划面积范围，实施增容扩区方案，为未来的综合发展打下基础。

2008 年开始，国务院同意，在不涉及新增土地，不涉及土地总体利用规划和城市总体规划的调整，也不涉及财税政策的调整的情况下，可启动省级开发区升级为国家经济技术开发区的工作。2010 年 1 月，商务部等部门提出《省级开发区升级为国家级经济技术开发区的审核原则和标准》并获得国务院批准，极大地推动了国家级经济技术开发区的发展。2009 年开始，我国国家级经济技术开发区数目出现井喷式增长，并且东部、中部和西部基本均衡发展。2009 年至 2013 年共 5 年间，我国国家级经济技术开发区从 56 个迅猛增加为 210 个，其中东部从 34 个增加至 103 个，西部从 9 个增加至 60 个，中部从 13 个增加至 47 个，分别新增 69 个，51 个和 34 个。

2011 年 11 月，全国国家级经济技术开发区和边境经济合作区工作会议提出，“十二五”期间，国家级经济技术开发区新的发展要求为“三并重、二致力、一促进”，即“先进制造业与现代服务业并重，利用境外投资与境内投资并重，经济发展与社会和谐并重，致力于提高发展质量和水平，致力于增强体制机制活力，促进国家级经济技术开发区向以产业为主导的多功能综合性区域转变”，推动开发区走向结构转型和科学发展的新阶段。

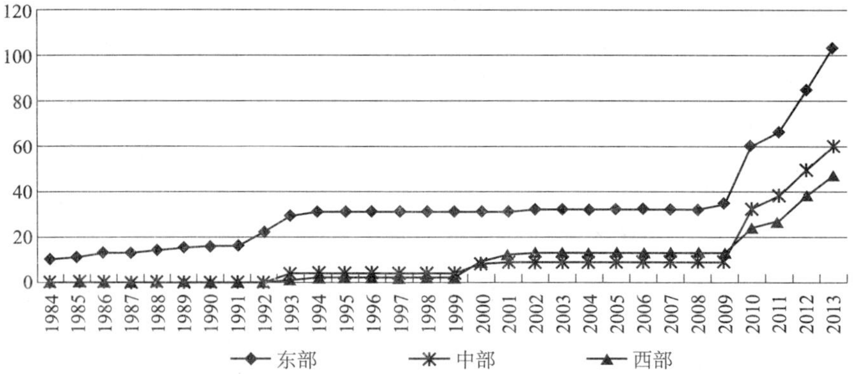

图 12-2　我国东、中、西部国家级经济技术开发区的数目

数据来源：根据《中国国家级经济技术开发区产业发展报告（2013）》整理。

12.1.2　我国国家级经济技术开发区的发展现状

2012 年，我国国家级经济技术开发区整体经济发展情况良好：各项指标稳步增长，但增长速度有所回落；行业仍集中在制造业和加工业；高新技术进出口总额保持增加，但其占进出口总额的比重有所下降；区域结构日趋平衡，但仍以东部为主导①。

1. 各项指标均继续稳步增长，整体高于全国平均水平，但增长速度有所回落

2012 年，我国 171 个国家级经济技术开发区共实现 GDP 53 916.14 亿元，工业增加值 38 312.69 亿元，第三产业增加值 12 389.07 亿元，财政收入 10 515.45 亿元，税收收入 9 338.67 亿元，进出口总额 7 411.16 亿元，分别比 2011 年增长 15.61%，13.58%，17.66%，12.73%，15.93% 和 4.8%（见图 12-3）。但是与 2011 年相比，增长率有所回落，各项指标分别降低了 7.61、13.00、11.01、

① 鉴于数据的可获得性，本部分内容中国家级经济技术开发区数目的数据，更新到 2013 年年底，共 210 个。其他指标如果最新数据为 2012 年，则为 171 个国家级经济技术开发区的数据。在对应图表和章节处均会有明确说明。

11. 18、9. 20 个和 11. 40 个百分点。整体来看，2012 年，除了财政收入和进出口增长率略低于全国以外，国家级经济技术开发区其他指标的发展速度均大幅领先于全国平均水平。

从图 12-4 可以看到，2011 年至 2012 年，国家级经济技术开发区在我国国民经济中的重要性稳步提高。2012 年，我国 171 个国家级经济技术开发区实现的 GDP 占我国 GDP 的 10. 38%，工业增加值占 19. 17%，第三产业增加值占 5. 35%，财政收入占 8. 97%，税收收入占 9. 28%，进出口总额占 19. 17%，分别比 2011 年上升了 1. 61、3. 24、0. 73、0. 69、1. 16 个和 1. 06 个百分点。这表明，国家级经济技术开发区已经成为我国保增长、扩内需、调结构、促就业的重要支撑点①，并且这种重要作用正在日益提高。

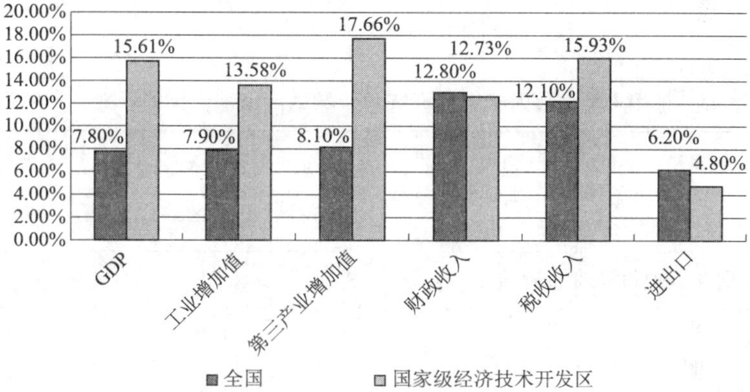

图 12-3　2012 年我国 171 个国家级经济技术开发区主要经济指标增长率与全国对比情况

数据来源：2013 年《中国商务年鉴》。按照最新一年数目的国家级经济技术开发区计算。

2. 行业分布仍集中在制造业和加工业

从行业特征上来看，2012 年，我国国家级经济技术开发区产值排前十的行业分别为计算机、通信和其他电子设备制造业，汽车制造业，化学原料和化学制品制造业，电气机械和器材制造业，石油加工、炼焦和核燃料加工业，黑色金属冶炼和压延加工业，通用设备制造业，专用设备制造业以及有色金属冶炼和压延加工业。

① 2013 年《中国商务年鉴》。

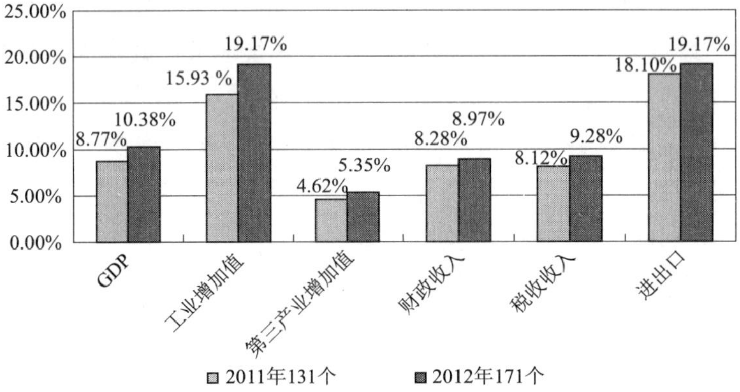

图 12-4 我国国家级经济技术开发区主要指标在全国的占比情况

数据来源：根据 2012 年和 2013 年《中国商务年鉴》计算整理。

按当年数目的国家级经济技术开发区计算。

表 12-1 2012 年我国国家级经济技术开发区产值前十位的行业

行业名称	从事该行业的国家级经济技术开发区数目（个）	行业产值（亿元）
计算机、通信和其他电子设备制造业	105	21 326
汽车制造业	110	17 654
化学原料和化学制品制造业	131	11 109
电气机械和器材制造业	119	8 637
石油加工、炼焦和核燃料加工业	60	6 537
黑色金属冶炼和压延加工业	101	6 780
通用设备制造业	120	6 673
专用设备制造业	119	5 925
有色金属冶炼和压延加工业	104	4 088
农副食品加工业	111	5 212

数据来源：中国国家级经济技术开发区和边境经济合作区官网。

3. 高新技术产品进出口总额保持增长，但其占开发区进口总额的比重低于占出口额的比重

2012 年，我国 171 个国家级经济技术开发区的高新技术产品出口额为 1 978.10 亿美元，占当年开发区出口总额的 51.15%；进口额为 3 543.83 亿美元，占当年开发区进口总额的 41.84%。从图 12-5 中可以看到，2007 年至 2012 年，国家级经济技术开发区的高新技术出口额占开发区出口总额的比重一直比较高，均高于 50% 甚至 60% 的水平，进口额占开发区进口总额的比重均高于 40% 甚至 50% 的水平，这体现了经济技术开发区作为高新科技园区以高新科技产品为主导的特点。

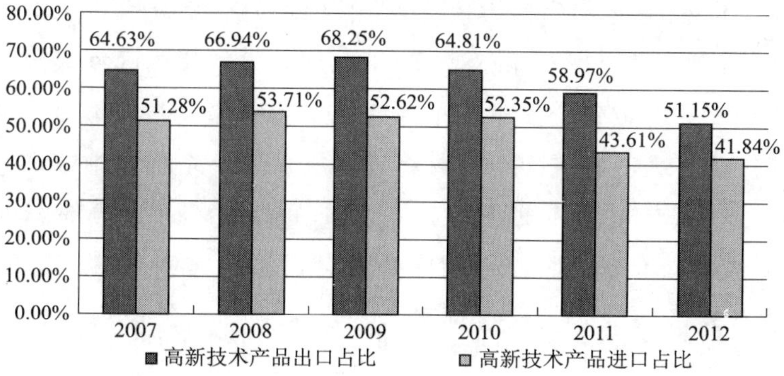

图 12-5　我国国家级经济技术开发区的高新技术产品进出口占比情况

数据来源：根据 2008 年至 2013 年《中国商务年鉴》计算整理。按当年数目的国家级经济技术开发区计算。

注：在各年《中国商务年鉴》中，除 2011 年和 2012 年为全部国家级经济技术开发区的统计数据外，其他各年只是部分开发区的数据。其中，2007 年至 2009 年都是 54 个，2010 年为 90 个。本图使用的是《中国商务年鉴》各年度统计数目的国家级经济技术开发区的相应指标数据。

我国经济技术开发区内高新技术企业大都以加工贸易为主，而一般来说，加工贸易企业的成品出口额大于料件进口额，差额即为增加值，因此高新技术进口额占比低于出口额占比。但是，随着我国国家级经济技术开发区内高新技术产业由加工贸易转型升级，从单一的加工出口，向集保税加工、保税物流、研发、检测服务等为一体的投资服务平台转型，高新技术产业进口额占比低于出口额占比的特点将逐渐弱化。

4. 东部、中部、西部的区域结构日趋均衡，但仍以东部为主导

从数目上来看，自开发区设立的30年来，中部和西部从无到有，从少到多，已经逐渐发展到基本可以与东部齐头并进。2013年，我国210个国家级经济技术开发区，东部103个，中部60个，西部47个，区域分布日趋均衡，但仍然主要集中在东部。

从经济活动主要指标上来看，东部国家级经济技术开发区的经济规模远远领先于中部和西部。从表12-2中可以看到，2012年，我国东部84个国家级经济技术开发区共实现GDP 36 942.65亿元，工业增加值25 710.48亿元，第三产业增加值9 333.81亿元，财政收入7 772.94亿元，税收收入6 859.43亿元，进出口总额6 581.06亿美元，分别占同年全国开发区各指标的68.52%，67.11%，75.34%，73.92%，73.45%，和88.80%。也就是说，我国国家级经济技术开发区的经济活动大约七成以上发生在东部地区。而中部大约占不足两成，西部占比甚至低于一成。尤其是进出口，有将近九成发生在东部，中部和西部总共占略高于一成的比重，东部开发区的对外开放程度远高于中西部。因此，目前我国国家级经济技术开发区的区域集中特点仍然非常明显，东部沿海的国家级经济技术开发区借助于其先占优势、地理优势等，经济规模仍占绝对主导地位。

表12-2　我国东部、中部和西部国家级经济技术开发区的主要指标情况

2012年	东部84个	中部49个	西部38个	开发区总计	东部占比	中部占比	西部占比
GDP（亿元）	36 942.65	10 839.01	6 134.48	53 916.14	68.52%	20.10%	11.38%
工业增加值（亿元）	25 710.48	8 393.57	4 208.63	38 312.69	67.11%	21.91%	10.98%
第三产业增加值（亿元）	9 333.81	1 906.41	1 148.85	12 389.07	75.34%	15.39%	9.27%
财政收入（亿元）	7 772.94	1 816.15	926.36	10 515.45	73.92%	17.27%	8.81%
税收收入（亿元）	6 859.43	1 551.67	927.56	9 338.67	73.45%	16.62%	9.93%
进出口（亿美元）	6 581.06	541.16	288.93	7 411.15	88.80%	7.30%	3.90%

数据来源：根据2013年《中国商务年鉴》计算整理。

不仅从经济规模上，从综合的发展评价指数（从经济发展、科技创新、生态环境、社会发展和体制创新五个方面来评价）上来看，总指数排名前 10 位的国家级经济技术开发区也都位于东部（见表 12-3）。

表 12-3　　2011 年发展评价综合排名前 10 位的国家级经济技术开发区

排名	开发区	得分	排名	开发区	得分
1	天津	727.60	6	烟台	544.00
2	苏州	709.40	7	北京	535.12
3	广州	647.64	8	漕河泾	533.05
4	昆山	630.40	9	大连	519.04
5	青岛	547.56	10	南京	470.50

数据来源：商务部国家级经济技术开发区和边境经济合作区官网。

不过，从时间趋势上来看，2007 年至 2012 年，这种东部占据绝对优势地位的情况正在逐年发生变化，国家级经济技术开发区的区域布局日趋平衡。从表 12-4 中可以看到，以 GDP 为例，东部国家级经济技术开发区实现的 GDP 占开发区整体的比重，从 2007 年的 79.39%，逐年下降至 2012 年的 68.52%，而中部和东部的占比分别从 2007 年的 13.19% 和 7.42% 逐年上升至 2012 年的 20.10% 和 11.38%。工业增加值、税收收入以及进出口也都呈现类似的趋势。尤其是进出口，2007 年，95.21% 的进出口都发生在东部的开发区，而 2012 年，这一比重下降至 88.80%，中部和西部的占比分别提高至 7.30% 和 3.90%，区域结构朝着平衡性的方向发展。

表 12-4　　我国国家级经济技术开发区东部、中部、西部各主要指标的比重情况

单位：%

年份	GDP			工业增加值			税收收入			进出口		
	东部	中部	西部	东部	中部	西部	东部	中部	西部	东部	中部	西部
2007	79.39	13.19	7.42	79.73	13.80	6.47	81.78	11.17	7.05	95.21	3.27	1.52
2008	77.29	13.65	9.06	76.97	14.76	8.27	80.64	11.06	8.30	94.94	3.35	1.71
2009	76.27	13.74	9.99	75.52	15.16	9.32	80.32	11.73	7.95	94.63	3.18	2.19

续表

年份	GDP			工业增加值			税收收入			进出口		
	东部	中部	西部	东部	中部	西部	东部	中部	西部	东部	中部	西部
2010	71.28	17.71	11.01	69.33	19.48	11.19	78.20	14.09	7.71	92.17	4.58	3.25
2011	69.21	19.69	11.10	67.99	20.72	11.29	76.02	16.00	7.98	89.61	6.37	4.02
2012	68.52	20.10	11.38	67.11	21.91	10.98	73.45	16.62	9.93	88.80	7.30	3.90

数据来源：根据 2008 年至 2013 年《中国商务年鉴》计算整理。按当年数目的国家级经济技术开发区计算。

注：在各年《中国商务年鉴》中，除 2011 年和 2012 年为全部国家级经济技术开发区的统计数据外，其他各年只是部分开发区的数据。其中，2007 年至 2009 年都是 54 个，东部、中部和西部分别为 32 个，9 个和 13 个；2010 年为 90 个，东部、中部和西部分别为 47 个，21 个和 22 个。本表使用的是《中国商务年鉴》各年度统计数目的国家级经济技术开发区的相应指标数据。

12.2 我国国家级经济技术开发区的 FDI 情况

12.2.1 我国国家级经济技术开发区的 FDI 整体情况

2012 年，我国 171 家国家级经济技术开发区吸收的外商直接投资整体稳步增加，新批准设立外资企业数目和外资企业的工业总产值均继续增加，合同利用外资金额小幅下降，实际利用外商直接投资金额持续增加，但增速有所放缓。

1. 新批准设立外资企业数目

2012 年，全国共批准新设外商投资企业 24 925 家，其中国家级经济技术开发区新批准设立外商投资企业 3 491 家，占比为 14.01%，比 2011 年增加了 654 家，占比提高了 3.77 个百分点。

表 12-5　　新批准设立外商投资企业数　　单位：家

年份	全国	国家级经济技术开发区	占比
2011	27 712	2 837	10.24%
2012	24 925	3 491	14.01%

数据来源：根据 2012 年和 2013 年《中国商务年鉴》计算整理。按当年数目的国家级经济技术开发区计算。

2. 外资企业实现的工业总产值

2012 年，我国 171 个国家级经济技术开发区共实现工业总产值 158 337.52 亿元，其中半数以上（54.72%）来自外商和港澳台投资企业，为 86 646.65 亿元。与 2011 年的 59.84% 相比，这一占比略有下降。

表 12-6　　外商及港澳台投资企业的工业总产值

年份	开发区工业总产值（亿元）	外商及港澳台投资企业工业总产值（亿元）	占比
2011	123 529.16	73 920.95	59.84%
2012	158 337.52	86 646.65	54.72%

数据来源：根据 2012 年和 2013 年《中国商务年鉴》计算整理。按当年数目的国家级经济技术开发区计算。

3. 合同利用外资金额

2012 年，我国 171 个国家级经济技术开发区合同利用外资金额为 550.54 亿美元，累计合同利用外资金额 5 016.09 亿美元，比 2011 年同期下降了 0.99%。

4. 实际利用外商直接投资

（1）实际利用外商直接投资金额

2012 年，我国 171 个国家级经济技术开发区实际利用外商直接投资金额为 506.56 亿美元，截至 2012 年年底的累计实际利用外商直接投资金额为 4 873.36 亿美元，比 2011 年同期分别增加了 17.95% 和 49.78%，累计实际利用外资金额比 2011 年和 2010 年分别增加了 1 619.70 亿美元和 2 501.41 亿美元。

从图 12-6 中可以看到，2003 年至 2012 年，我国国家级经济技术开发区实际利用外商直接投资金额从 86.37 亿美元逐年快速增加至 506.56 亿美元（当然伴随着国家级经济技术开发区数目的增加），十年间增长了 5.86 倍，年均增长率为 21.72%。同一期间，全国利用外商直接投资从 2003 年的 535.05 亿美元增长为 2012 年的 1 117.20 亿美元，十年间增长了 2.09 倍，年均增长率为 8.52%。可见，由于在投资环境、优惠政策、产业集聚、区位优势等方面的吸引力，国家级经济技术开发区在吸收和利用外商直接投资方面，增速远远高于全国平均水平，是我国外商直接投资的重点区域，也是我国吸收和利用外商直接投资的桥头堡。

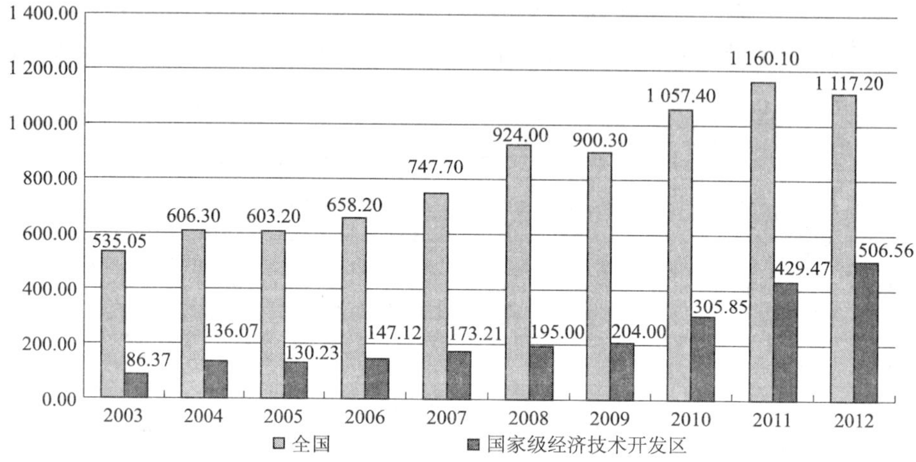

图 12-6　我国国家级经济技术开发区的实际利用外资金额（单位：亿美元）

数据来源：全国的数据来自 2013 年《中国外商投资报告》，国家级经济技术开发区的数据根据 2004 年至 2013 年《中国商务年鉴》计算整理。按当年数目的国家级经济技术开发区计算。

注：在各年《中国商务年鉴》中，除 2011 年和 2012 年为全部国家级经济技术开发区的统计数据外，其他各年只是部分开发区的数据。其中，2003 年为 49 个，2004 年为 54 个，2005 年至 2009 年都是 54 个，2010 年为 90 个。本图使用的是《中国商务年鉴》各年度统计数目的国家级经济技术开发区的相应指标数据。

这一点结合图 12-8 可以看得更加清楚。2003 年，49 个国家级经济技术开发区的实际利用外资金额只占全国的 16.14%，近年来伴随着开发区数目的迅速增加，这一比重已经快速提高到 2012 年的 45.34%。也就是说，2012 年流入的外商直接投资，有将近一半涌入了 171 个国家级经济技术开发区。从我国国家级经济技术开发区实际利用外资金额占全国实际利用外资金额的比重，可以看到国家级经济技术开发区在吸收和利用外商直接投资方面的地位越来越重要，外资正在较为迅速地逐年集聚到开发区内。

（2）实际利用外资金额年增长率

从实际利用外资年增长率上来看，国家级经济技术开发区的波动幅度大于全国平均水平。整体来看，除了个别年份（2005 年，2008 年）年增长率低于全国平均水平外，其他年份国家级经济技术开发区实际利用外资的年增长率明显高于全国，甚至在 2012 年全国实际利用外资较 2011 年下降的情况下，国家级经济技

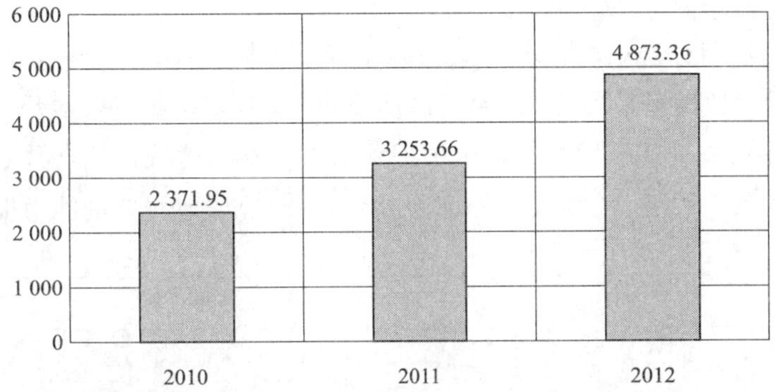

图 12-7　我国国家级经济技术开发区的历年累计实际利用外资金额（单位：亿美元）

数据来源：根据 2011 年至 2013 年《中国商务年鉴》计算整理。按当年数目的国家级经济技术开发区计算。

注：在各年《中国商务年鉴》中，除 2011 年和 2012 年为全部国家级经济技术开发区的统计数据外，其他各年只是部分开发区的数据。其中，2010 年为 90 个。本图使用的是《中国商务年鉴》各年度统计数目的国家级经济技术开发区的相应指标数据。

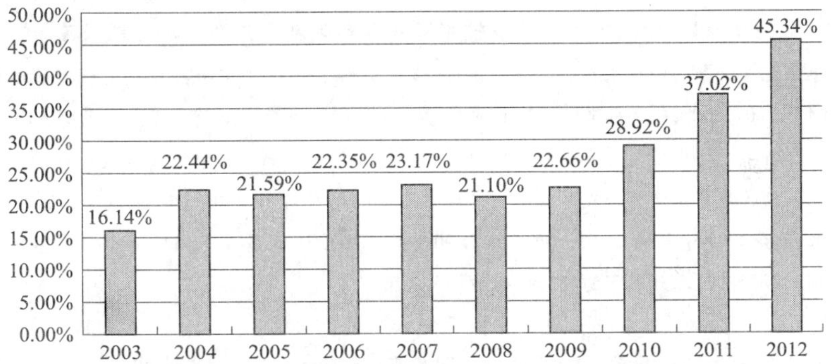

图 12-8　我国国家级经济技术开发区的实际利用外资金额占全国的比重

数据来源：全国的数据来自 2013 年《中国外商投资报告》，国家级经济技术开发区的数据根据 2004 年至 2013 年《中国商务年鉴》计算整理。按当年数目的国家级经济技术开发区计算。

注：在各年《中国商务年鉴》中，除 2011 年和 2012 年为全部国家级经济技术开发区的统计数据外，其他各年只是部分开发区的数据。其中，2003 年为 49 个，2004 年为 54 个，2005 年至 2009 年都是 54 个，2010 年为 90 个。本图使用的是《中国商务年鉴》各年度统计数目的国家级经济技术开发区的相应指标数据。

术开发区仍实现了 17.95% 的高增长。

从图 12-9 中还可以看到，由于经济技术开发区的开放程度较高，出口导向型经济的特征显著，所以更易受到国际经济波动的冲击，国家级经济技术开发区实际利用外资年增长率的波动幅度明显大于全国平均水平，这也对我国经济技术开发区如何在高度开放的条件下增强自身抵御外部冲击和国际经济波动风险的能力提出了挑战。

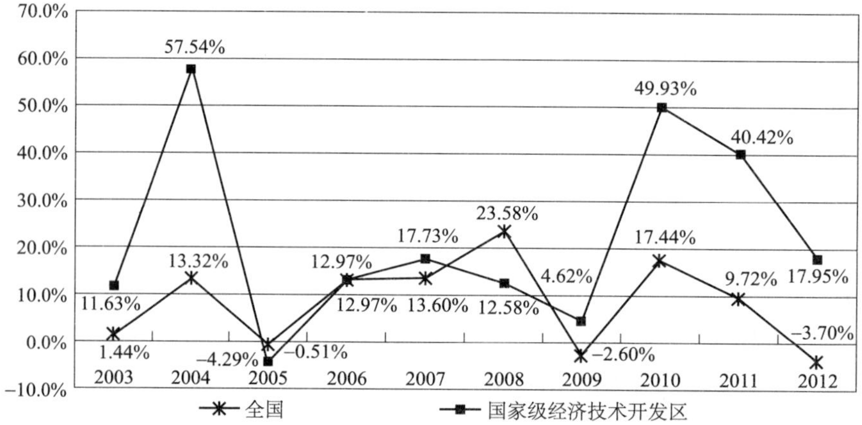

图 12-9　我国国家级经济技术开发区实际利用外资金额年增长率

数据来源：全国的数据来自 2013 年《中国外商投资报告》，国家级经济技术开发区的数据根据 2004 年至 2013 年《中国商务年鉴》计算整理。按当年数目的国家级经济技术开发区计算。

注：在各年《中国商务年鉴》中，除 2011 年和 2012 年为全部国家级经济技术开发区的统计数据外，其他各年只是部分开发区的数据。其中，2002 年为 47 个，2003 年为 49 个，2004 年为 54 个，2005 年至 2009 年都是 54 个，2010 年为 90 个。本图使用的是《中国商务年鉴》各年度统计数目的国家级经济技术开发区的相应指标数据。

12.2.2　我国国家级经济技术开发区的 FDI 分区域情况

1. 新批准设立外商投资企业数

从新批准设立外商投资企业数目来看，东部地区处于优势地位，且这一优势近几年越来越明显（见表 12-7）。2010 年，东部、中部和西部的国家级经济技术开发区内分别新批准设立了外商投资企业 1 923 家、205 家和 77 家，分别占 87.21%、9.30% 和 3.49%。而到了 2012 年，这一占比分别为 90.09%、7.79% 和 2.12%，东部地区增加了 2.88%，而中部和西部地区新批准设立外资企业数降低了 1.51% 和 1.37%。可见，东部地区优越的地理位置、良好的投资环境和先发优势，对于外商直接投资企业的吸引力远远大于中部和西部地区。而中部和西部地区对于外资企业的吸引力更多地来自于政策的倾斜、优惠和基础设施建设。

表 12-7　　我国东部、中部、西部国家级经济技术开发区新批准设立外商投资企业数

单位：家

年份	东部	中部	西部	国家级经济技术开发区合计	东部占比	中部占比	西部占比
2010	1 923	205	77	2 205	87.21%	9.30%	3.49%
2011	2 379	369	89	2 837	83.85%	13.01%	3.14%
2012	3 145	272	74	3 491	90.09%	7.79%	2.12%

数据来源：根据 2011 年至 2013 年《中国商务年鉴》计算整理。按当年数目的国家级经济技术开发区计算。

注：在各年《中国商务年鉴》中，除 2011 年和 2012 年为全部国家级经济技术开发区的统计数据外，其他各年只是部分开发区的数据。其中，2010 年为 90 个，东部、中部和西部分别为 47、21 个和 22 个。本表使用的是《中国商务年鉴》各年度统计数目的国家级经济技术开发区的相应指标数据。

2. 外资企业实现的工业总产值

从外资企业实现的工业总产值来看，2012 年，东部开发区的外商及港澳台投资企业工业总产值的占比为 63.88%，中部和西部的这一比例分别为 40.52% 和 14.63%。可见，西部地区国家级经济技术开发区的外资对于工业的贡献率还比较低。

表 12-8　　我国东部、中部、西部国家级经济技术开发区外商及港澳台投资企业的工业总产值

年份	东部			中部			西部		
	开发区工业总产值（亿元）	外商及港澳台投资企业工业总产值（亿元）	占比	开发区工业总产值（亿元）	外商及港澳台投资企业工业总产值（亿元）	占比	开发区工业总产值（亿元）	外商及港澳台投资企业工业总产值（亿元）	占比
2011	89 901.43	62 115.33	69.09%	22 788.10	10 019.82	43.97%	10 839.62	1 785.80	16.47%
2012	112 451.49	71 838.34	63.88%	31 269.44	12 669.46	40.52%	14 616.59	2 138.85	14.63%

数据来源：根据 2012 年和 2013 年《中国商务年鉴》计算整理。按当年数目的国家级经济技术开发区计算。

3. 实际利用外商直接投资

（1）实际利用外商直接投资金额

表 12-9　我国东部、中部、西部国家级经济技术开发区实际利用外资金额

年份	东部	中部	西部	国家级经济技术开发区合计	东部占比	中部占比	西部占比
2005	109.26	15.43	5.53	130.23	83.90%	11.85%	4.25%
2006	118.76	20.66	7.70	147.12	80.72%	14.04%	5.24%
2007	140.47	21.32	11.42	173.21	81.10%	12.31%	6.59%
2008	158.00	23.00	15.00	196.00	80.61%	11.73%	7.66%
2009	164.00	24.00	16.00	204.00	80.39%	11.77%	7.84%
2010	242.92	46.80	16.13	305.85	79.42%	15.31%	5.27%
2011	326.75	74.40	28.32	429.47	76.09%	17.32%	6.59%
2012	381.36	93.80	31.40	506.56	75.28%	18.52%	6.20%

数据来源：根据 2006 年至 2013 年《中国商务年鉴》计算整理。按当年数目的国家级经济技术开发区计算。

注：在各年《中国商务年鉴》中，除 2011 年和 2012 年为全部国家级经济技术开发区的统计数据外，其他各年只是部分开发区的数据。其中，2005 年至 2009 年都是 54 个，东部、中部和西部分别为 32、9 个和 13 个；2010 年为 90 个，东部、中部和西部分别为 47、21 个和 22 个。本表使用的是《中国商务年鉴》各年度统计数目的国家级经济技术开发区的相应指标数据。

从表 12-9 中可以看到，从绝对量上来看，2005 年至 2012 年，东、中西部地区的国家级经济技术开发区实际利用外资金额都呈现快速增长的势头，分别从 109.26 亿美元、15.43 亿美元和 5.53 亿美元增长为 381.36 亿美元、93.80 亿美元和 31.40 亿美元，年均增长率分别为 19.55%、29.41% 和 28.16%，中部和西部地区实际利用外资的增速快于东部地区，且中部地区开发区实际利用外资的增长更加迅速。这一点从图 12-11 中可以看得更清楚一些。2006 年至 2012 年，除个别年份外（2007 年和 2008 年），中部地区开发区实际利用外资金额的年增长率均明显高于东部地区，2010 年增速更是高达 95%，2012 年比东部地区增速高出将近 10 个百分点。而西部地区的追赶速度就慢一些，但整体来看也是以高于东部地区的速度增长。从表 12-9 和图 12-10 中可以看到，2005 年至 2012 年，东部地区国家级经济技术开发区实际利用外资的比重逐年下降，从 83.90% 下降至 75.28%，中部地区和西部地区呈现波动上升的趋势，区域结构基本上趋于均衡化的方向发展。在《中共中央国务院关于促进中部地区崛起的若干意见》（中发［2006］10 号）的政策引导下，中部和西部国家级经济技术开发区得到了快速发展，承接东部开发区外资区位转移和国际产业分工的能力不断提高，经济实力持续提升。2012 年 9 月 6 日，国务院发布《关于大力实施促进中部地区崛起战略的若干意见》，将进一步从财政转移支付、金融财税政策、投资和产业政策、生态补偿政策、“两个比照”政策（其中 26 个城市比照实施振兴东北地区等老工业基地有关政策，243 个县市区比照实施西部大开发有关政策）等多个方面全方位地给予政策扶持，中部和西部国家级经济技术开发区正处于难得的机遇期，我国经济技术开发区的外商直接投资区域结构必将得到进一步优化。

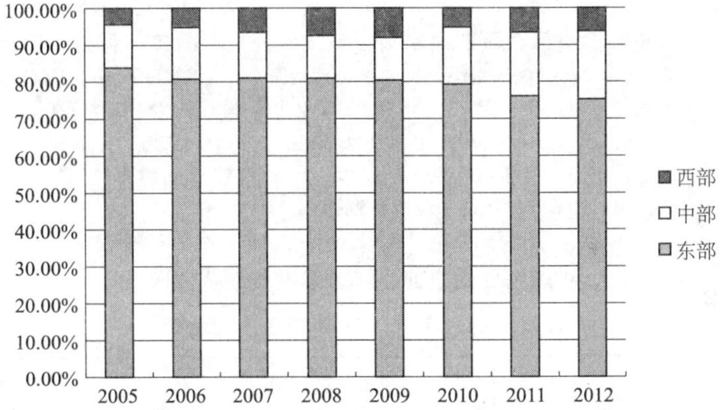

图 12-10　我国东部、中部、西部国家级经济技术开发区的实际利用外资金额占比

数据来源：根据 2006 年至 2013 年《中国商务年鉴》计算整理。按当年数目的国家级经济技术开发区计算。

注：在各年《中国商务年鉴》中，除 2011 年和 2012 年为全部国家级经济技术开发区的统计数据外，其他各年只是部分开发区的数据。其中，2005 年至 2009 年都是 54 个，东部、中部和西部分别为 32、9 个和 13 个；2010 年为 90 个，东部、中部和西部分别为 47、21 个和 22 个。本图使用的是《中国商务年鉴》各年度统计数目的国家级经济技术开发区的相应指标数据。

（2）历年累计实际利用外资金额

2012 年，我国东部、中部和西部国家级经济技术开发区历年累计实际利用外资金额分别为 4 069.92 亿美元，628.97 亿美元，174.47 亿美元，分别占国家级经济技术开发区总体的 83.51%，12.91% 和 3.58%，东部地区是吸收和利用外商直接投资的重点区域。

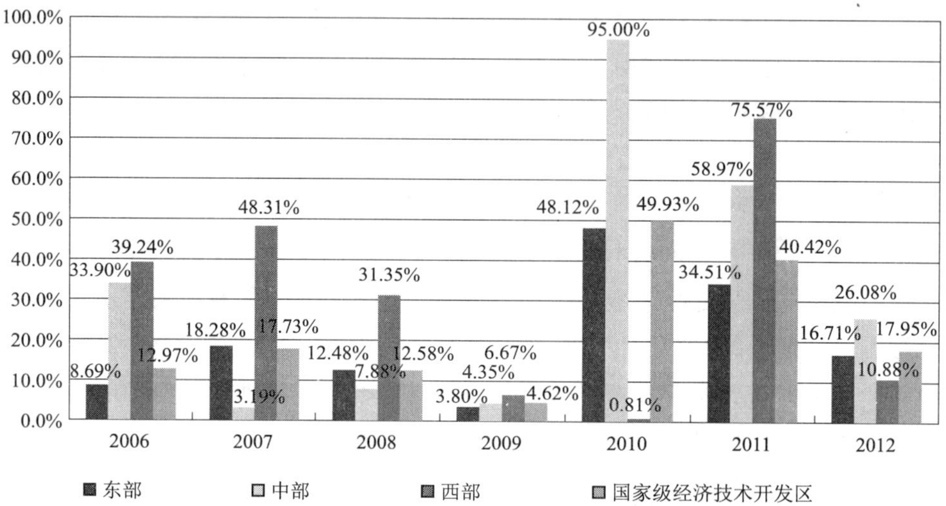

图 12-11　我国东部、中部、西部国家级经济技术开发区的实际利用外资金额增长率

数据来源：根据 2006 年至 2013 年《中国商务年鉴》计算整理。按当年数目的国家级经济技术开发区计算。

注：在各年《中国商务年鉴》中，除 2011 年和 2012 年为全部国家级经济技术开发区的统计数据外，其他各年只是部分开发区的数据。其中，2005 年至 2009 年都是 54 个，东部、中部和西部分别为 32、9 个和 13 个；2010 年为 90 个，东部、中部和西部分别为 47、21 个和 22 个。本图使用的是《中国商务年鉴》各年度统计数目的国家级经济技术开发区的相应指标数据。

表 12-10　我国东部、中部、西部国家级经济技术开发区的历年累计实际利用外资金额　单位：亿美元

年份	东部	中部	西部	国家级经济技术开发区合计	东部占比	中部占比	西部占比
2010	1 917. 81	350. 44	103. 71	2 371. 95	80. 85%	14. 78%	4. 37%
2011	2 580	539. 52	134. 13	3 253. 66	79. 30%	16. 58%	4. 12%
2012	4 069. 92	628. 97	174. 47	4 873. 36	83. 51%	12. 91%	3. 58%

数据来源：根据 2011 年至 2013 年《中国商务年鉴》计算整理。按当年数目的国家级经济技术开发区计算。

注：在各年《中国商务年鉴》中，除 2011 年和 2012 年为全部国家级经济技术开发区的统计数据外，其他各年只是部分开发区的数据。其中，2010 年为 90 个，东部、中部和西部分别为 47、21 个和 22 个。本表使用的是《中国商务年鉴》各年度统计数目的国家级经济技术开发区的相应指标数据。

12.3 我国国家级经济技术开发区吸收和利用 FDI 中存在的问题

尽管我国国家级经济技术开发区在过去 30 年间得到了长足的发展，对我国对外开放和经济发展起到了举足轻重的作用，但是目前我国国家级经济技术开发区在吸收和利用 FDI 方面仍然存在一些问题。

12.3.1 粗放式增长方式下，开发区间产业同构，存在低水平恶性竞争，服务业发展滞后

在我国国家级经济技术开发区发展的第一阶段，主要发展方针为“三为主，一致力”，即“以工业项目为主、以吸收外资为主、以出口为主，致力于发展高新技术”。在这一方针的引导下，经济开发区一味追求外资和 GDP 数量的增长，为工业而工业、为外资而外资、为出口而出口①，一度出现“大干快上”的现象。尽管国家级经济技术开发区的发展方针在 2004 年转变为“三为主、二致力、一促进”并在 2011 年进一步转变为“三并重、二致力、一促进”，强调“先进制造业与现代服务业并重，利用境外投资与境内投资并重，经济发展与社会和谐并重，致力于提高发展质量和水平，致力于增强体制机制活力，促进国家级经济技术开发区向以产业为主导的多功能综合性区域转变”，也就是从单纯地注重外资和 GDP 数量的增长转变为注重外资质量的提升、区内产业结构的升级以及园区的综合性发展为主，但是在招商引资、外贸出口、工业增加值作为主要考核指标的情况下，经济技术开发区之间的产业同构问题不可避免，这样就出现了沿海大多数经济技术开发区在初始发展阶段把纺织等轻工业作为支柱产业，后来把钢铁、石化、汽车作为主导产业的现象。产业同构就必然导致低水平的恶性和无效竞争，损失效率②，而且一旦发生产业转移或者企业迁徙，就会对开发区经济产生严重的影响。

不仅如此，经过多年的发展，目前我国国家级经济技术开发区服务业发展仍然普遍远远滞后于制造业。从图 12-4 中可以看到，2011 年和 2012 年，我国国家级经济技术开发区第三产业增加值占全国的比重只有 4.62% 和 5.35%，在所有主要指标中是最低的。根据表 12-11 的数据，2012 年我国 171 个国家级经济技

① 付晓．经济技术开发区：悖论、转型和提升．科学发展，2009（7）：12-26.

② 付晓．经济技术开发区：悖论、转型和提升．科学发展，2009（7）：12-26.

术开发区的第三产业增加值占地区 GDP 的比重为 22.98%，地区 GDP 超过 800 亿元的 12 个国家级经济技术开发区中，除漕河泾经济技术开发区的第三产业比重达到比较高的 63.52% 以外①，其他开发区的服务业比重都在 20%～30%，甚至低于 10%，明显滞后于工业的发展。服务业的发展具有迥异于制造业的特点。服务业不像制造业那样可以标准化、大规模地生产，短期内快速提高地区 GDP，而是具有个性化、客制化的特点，产出低于并慢于制造业，因此难以提高经济技术开发区的短期经济效益。这样，在追求短期政绩和 GDP 至上的发展思维下，服务业的发展受到很大的束缚。

表 12-11　2012 年我国部分国家级经济技术开发区第三产业增加值的比重

开发区	第三产业增加值（亿元）	地区 GDP（亿元）	第三产业占比
171 个国家级经济技术开发区	12 389.07	53 916.14	22.98%
天津经济技术开发区	478.83	2 201.38	21.75%
广州经济技术开发区	560.63	2 008.19	27.92%
苏州工业园区	655.16	1 738.22	37.69%
大连经济技术开发区	384.56	1 472.07	26.12%
昆山经济技术开发区	320.96	1 440.64	22.28%
青岛经济技术开发区	502.57	1 365.01	36.82%
烟台经济技术开发区	259.56	1 139.41	22.78%
沈阳经济技术开发区	312.00	1 104.97	28.24%
漕河泾经济技术开发区	592.31	932.41	63.52%
上海金桥出口加工区	72.27	856.87	8.43%
长春经济技术开发区	200.73	850.05	23.61%
北京经济技术开发区	301.64	823.28	36.64%

数据来源：根据 2013 年《中国商务年鉴》计算整理。

① 漕河泾经济技术开发区其中一个重点园区为现代服务业集聚区，定位于总部经济、研发设计、创新孵化、综合服务“四个平台”的功能目标，围绕总部经济区、孵化创新区、研发设计区、综合配套区、商贸服务区、会议中心、能源中心及中央控制区“六大功能区”建设。这一园区为推动漕河泾经济技术开发区的服务业发展起了很重要的作用。

12.3.2 持续性政策扶持下，区内内资企业的自生能力有待继续提高，市场配置资源、促进竞争的基础性作用遭到弱化

从 1984 年设立第一个国家级经济技术开发区开始，我国的国家级经济技术开发区就是在政府各项优惠措施和扶持政策的鼓励和引导下不断发展壮大的（见表 12-12）。在政策的大力扶持下，开发区的数目迅猛增加，经济规模快速提高。但是长期的政策庇佑也导致了一些新的问题：

首先，在“大政府”特点明显的经济技术开发区内，外商投资企业受到“政策租”的吸引入驻开发区，一旦政策优惠减少，有些开发区尤其是中西部开发区对于跨国公司的吸引力就明显下降，从而发生撤离或者转移，造成所谓“候鸟经济”的独特现象。对于规模较小的加工制造业外资企业，这一特点就表现得更为突出。东部沿海的经济技术开发区拥有便利的贸易投资环境，优越的地理位置和先发先占的优势，而中部尤其是西部的经济技术开发区如果没有充分挖掘和培育自身特色，一旦减少了政策优惠，对于外资的吸引力就会大大降低。

其次，长期政策扶持就会导致行政权力过强，压抑、弱化市场在配置资源、促进竞争方面的基础性作用。这样，就会进一步导致企业自生能力不强，发展后劲不足，在激烈的国内外市场竞争中处于竞争劣势。在市场机制作用发挥得不充分的领域，必然导致投资效率低下、盲目追求开发区土地面积的扩大、GDP 增长至上、重复建设和投资等问题，阻碍外商投资流向最有效率的产业和领域，制约开发区的健康发展。

表 12-12　近年来我国针对国家级经济技术开发区的重要政策文件

发布时间	政策文件名称	主要内容
2007 年 12 月 10 日	《国家生态工业示范园区管理办法（试行）》	从可持续发展的高度，结合节能减排的要求，将发展生态工业与发挥区域比较优势、提高市场竞争力相结合，与发展高新技术、提高经济增长质量相结合，与区域改造和产业结构调整相结合，与生态保护和区域环境综合整治相结合

续表

发布时间	政策文件名称	主要内容
2008年5月7日	《商务部、中国进出口银行关于服务外包产业发展融资支持工作的指导意见》	商务部、中国进出口银行按照“商务部积极组织推动，进出口银行独立审贷，进行市场化操作”的原则，共同搭建商务、金融合作平台，支持服务外包产业发展。中国进出口银行将积极采取措施，利用各种传统和创新金融手段支持服务外包基地城市、示范园区基础设施和投资环境建设
2008年9月7日	《国务院关于进一步推进长江三角洲地区改革开放和经济社会发展的指导意见》	以沪宁、沪杭甬沿线为重点发展具有先导效应、发展潜力大的电子信息、生物、新材料和先进装备制造等产业；在沿江、沿海、杭州湾沿线优化发展产业链长、带动性强的石化、钢铁、汽车、船舶等产业。促进企业向产业带集中、向园区集聚，引导关联企业集聚发展。加快连云港、温州等发展潜力较大地区的发展，形成新的经济增长点，带动江苏沿海、东陇海沿线、浙江温台沿海、金衢丽高速公路沿线发展
2009年3月26日	《商务部关于2009年国家级经济技术开发区工作的指导意见》	进一步完善投资环境，不断推进投资便利化；优化利用外资结构。进一步清理涉及外商投资企业的收费和检查事项，大力构建政府公共服务平台。利用各种平台和机会，加大对外招商和宣传力度，增强外商对开发区投资环境的了解和对我国经济发展前景的信心，深入开展产业招商、以商招商，确保取得实效
2009年5月4日	《商务部关于省级商务主管部门和国家级经济技术开发区审核管理部分服务业外商投资企业相关事项的通知》	外资投资、并购事项按并购交易额划分审批权限，并购交易额1亿美元以下鼓励类、允许类；5 000万美元以下限制类的并购事项由省级商务主管部门和国家级经济技术开发区审批

续表

发布时间	政策文件名称	主要内容
2010 年 5 月 2 日	《国务院办公厅关于进一步支持甘肃经济社会发展的若干意见》	积极扩大对内对外开放。支持兰州高新技术开发区、经济技术开发区增容扩区，研究推进天水、金昌、酒（泉）嘉（峪关）、张掖经济技术开发区和白银高新技术产业开发区升级为国家级开发区。深化区域协作，全面推进向西开放，积极发展内陆开放型经济，支持兰州等城市作为加工贸易梯度转移重点承接地区，大力发展保税加工和保税物流，支持在甘肃符合条件的地区设立海关特殊监管区域，提升甘肃的对外开放水平
2011 年 9 月 8 日	《商务部发展改革委科技部工业和信息化部财政部环境保护部海关总署税务总局质检总局知识产权局关于促进战略性新兴产业国际化发展的指导意见》	鼓励技术引进和合作研发；鼓励引进消化吸收与再创新；鼓励参与国际标准制定和推动国际互认；充分发挥双多边机制作用；加大对鼓励类商品对外贸易的支持力度；大力支持不同贸易方式优化发展；积极引导投资方向。拓宽利用外资渠道。鼓励外商投资设立创业投资企业，完善退出机制。支持企业根据国家发展战略及自身发展需要到境外上市，创新利用外资手段。扩大企业境外投资自主权。简化企业境外投资审批程序。进一步加大对企业境外投资的外汇支持。鼓励有条件的企业在境外以发行股票和债券等多种方式融资
2012 年 3 月 19 日 2013 年 2 月 7 日	《国家级经济技术开发区、国家级边境经济合作区基础设施项目贷款中央财政贴息资金管理办法》	中央财政对西部地区开发区、战略性新兴产业集聚和自主创新能力强的开发区，给予重点贴息支持。开发区管辖区域范围内已落实贷款并已按期支付利息的基础设施在建项目，均可按规定申报贴息资金

续表

发布时间	政策文件名称	主要内容
2012年3月21日	《国家发展改革委、财政部关于推进园区循环化改造的意见》	主要任务是从空间布局优化、产业结构调整、企业清洁生产、公共基础设施建设、环境保护、组织管理创新等方面，推进现有各类园区进行循环化改造
2012年6月27日	《国务院关于支持深圳前海深港现代服务业合作区开发开放有关政策的批复》	支持深圳前海深港现代服务业合作区实行比经济特区更加特殊的先行先试政策，打造现代服务业体制机制创新区、现代服务业发展集聚区、香港与内地紧密合作的先导区、珠三角地区产业升级的引领区。支持前海在金融改革创新方面、现代服务业税收体制改革先行先试
2012年6月28日	《国务院关于支持赣南等原中央苏区振兴发展的若干意见》	强化与珠三角、厦漳泉等沿海地区的经贸联系，打造以赣州经济技术开发区为核心，以赣州“三南”至广东河源、瑞金兴国至福建龙岩产业走廊为两翼的“一核两翼”开放合作新格局。推动瑞金、龙南省级开发区加快发展，支持符合条件的省级开发区升级，在科学规划布局的基础上有序推进未设立开发区的县（区、市）设立产业集聚区
2012年8月27日	《国务院关于大力实施促进中部地区崛起战略的若干意见》	支持符合条件的省级开发区升级为国家级开发区。大力发展服务外包，推动武汉、合肥、南昌等服务外包示范城市依托本地产业基础和要素优势，不断提高服务外包水平。加快皖江城市带承接产业转移示范区建设，支持在湖南湘南、湖北荆州、晋陕豫黄河金三角、江西赣南等地区设立承接产业转移示范区。按照国家产业政策，修订《中西部地区外商投资优势产业目录》，增加特色产业条目。对符合国家产业政策的产业转移项目，根据权限优先予以核准或备案

续表

发布时间	政策文件名称	主要内容
2013 年 3 月 14 日	《商务部关于 2013 年全国吸收外商投资工作的指导意见》	引导国家级经济技术开发区和边境经济合作区结合各自特点加强园区社会建设，构建区域创新体系，优化产业结构，实现和谐发展。全年工作重点是大力培育新升级的国家级经济技术开发区，加强人才培训、宣传交流、产业对接、国际合作等平台建设，通过分级管理引导国家级经济技术开发区不断优化和提升综合投资环境

资料来源：根据中国国家级经济技术开发区和边境经济合作区官网整理。

最后，在地区政府政策优惠的吸引下，很多开发区内的企业扎堆，“集而不聚”，集聚效应不强，对于经济的带动作用有限。产业集聚，并不仅仅是企业在空间上的聚集，更重要的是，企业之间能够高度融合，有机关联，产生较强的知识和技术溢出效应。而经济技术开发区作为政府主导的经济增长载体，在长期的税收、财政、金融、投资等各方面优惠政策的吸引下，外资企业涌入开发区是为了寻求“政策租”，造成很多开发区的企业规模小，水平低，企业之间的上下游关联度很弱，外资企业的简单扎堆并不能实现真正意义上的以开发区为载体的产业集聚，反而使得开发区变为“制度飞地”。因此，在产业转移和国家经济政策调整导致“政策租”耗散的情况下，基于开发区的企业集群可持续发展的关键在于提升开发区的非政策性的集聚效应①。不仅开发区内部企业之间的溢出效应不明显，经济技术开发区对于我国国民经济整体的带动作用也低于经济规模的快速增长。从图 12-4 和图 12-8 中可以看到，2012 年我国国家级经济技术开发区进出口额占全国的比重为 19.17%，实际利用外资占比为 45.34%，而 GDP 占比却仅为 10.38%，2011 年更是只有 8.77%；财政收入和税收收入的占比也很低，分别只有 8.97% 和 9.28%。在国家级经济技术开发区经济规模迅速扩大，招商引资如火如荼的情况下，经济开发区对于整体经济的带动作用却有限。

① 郑江淮，高彦彦，胡小文．企业“扎堆”、技术升级与经济绩效——开发区集聚效应的实证分析．经济研究，2008（5）：33-46.

12.4 促进我国国家级经济技术开发区吸收和利用FDI的政策建议

12.4.1 转变经济增长方式，提高土地资源的集约化利用，重点发展高端制造业和现代服务业，提升国家级经济技术开发区的功能性和综合性

在开发区可利用规划土地面积不足的现实约束下①，应该降低土地使用中的重复建设和资源浪费，提高产业用地比例和土地利用强度，进一步挖掘集约使用土地的潜力。改变粗放式使用土地的模式，加强用地结构控制，凸显产业用地主导特征；推进土地市场化配置，提高资源配置效率；完善集约利用评价考核体系，加快建立健全退出机制②。招商引资方式也应从粗放式向集约化、精细化转变，分产业组建专业化招商团队，提高招商引资的质量和水平。同时，应整合结构雷同、经济功能相似、规模偏小的各类产业园，减少重复建设和资源浪费，避免恶性竞争。以国家级经济技术开发区和高新区为龙头，在空间上重新谋划产业布局和产业分工，实施错位发展战略，形成联动互补态势③。

开发区的转型升级应更多地从园区内部自发产生，顺应市场规律和竞争规律，以体制促发展，以竞争促创新。开发区应由劳动密集型产业向资本、技术、知识密集型产业发展，由低端出口加工制造业向高端制造业和现代服务业④转变，由单一功能性向综合性园区发展，以多区联动（开发区、保税区、出口加工区、高新科技园区、现代服务集聚区等）实现体制机制创新。

12.4.2 转变政府扶持方式，提高市场在配置资源中的基础性作用，降低“政策租”，引导资源流向经济效益高、产业关联紧密的领域，提高产业集聚效应和对周边地区经济的辐射与带动作用

从中央政府来看，应理性地认识政府优惠和鼓励政策的阶段性和过渡性，不能过度依赖通过“政策租”来吸引外资流入，这样流入的外资本着投机和短期

① 根据我国国土资源部2012年进行的第三轮开发区土地集约利用评价工作的结果，341个（各类）国家级开发区中，有122个尚可供应土地面积占可开发建设土地面积的比例不足10%，其中，23个开发区的土地已全部开发供应完毕，可供开发的土地不足。

② 国家级开发区土地集约利用评价情况（2012年度）. 国土资源部网站.

③ 商务部投资促进事务局、商务部研究院，中国国家级经济技术开发区产业发展报告（2013）.

④ 交通运输、仓储、邮政、金融、批发零售、房地产业等。

经营的想法，很难将核心技术和核心业务带到开发区内，从而很难扎根当地经济，为开发区和周边地区带来技术和知识溢出效应。因此，政府的政策扶持，应从单纯地给予税收减免和财政补贴转变为优化投资和产业发展环境、实质性地鼓励中资和外资企业的研发、创新和创业活动，尤其是高新技术领域的投资活动，帮助企业实现从低端制造业向高端制造业、战略性新兴产业的转型升级。

应理顺政府与市场的关系：政府主要投入在基础设施建设、公共品供应等市场机制存在失灵的领域，以及建立健全能够保护投资者合法权益的投资促进法律法规体系，而在市场机制可以发挥作用的领域，就放手交给市场竞争，在优胜劣汰的环境下，才能培养企业的自生能力，激励企业寻找符合自身发展的核心竞争力，从而更好地面对国内外市场的竞争。因此，开发区政府应本着“深化改革、减少审批、提高效率、优化环境”的原则，加快机构改革和职能转变，包括减少投资审批事项，真正向市场放权，发挥社会力量作用，减少对微观事务的干预，激发投资创业发展活力①。

对开发区政府来说，应该本着“小政府，大社会，小机构，大服务”的行政管理理念，精简行政机构，增强服务意识，为投资到开发区内的企业提供服务。建立新型的组织管理机制，赋予开发区机动灵活的内部机构调整及人事管理权。应该摒弃 GDP 指标、到位资金、短期经济效益和招商引资规模为主的地方政府业绩考核标准，实行现代管理制度和官员激励机制，从单纯注重外资数量的“短、平、快”式的增长转变为强调外资质量的可持续、长期性发展。

对于企业来说，应在产业结构上寻找合理的定位，与区内企业间的关系由单纯的竞争单赢关系转变为竞合双赢关系，通过信息资源共享、加强内部合作来提高产业集群内的技术和知识溢出效应，打造开发区整体的竞争优势，形成核心竞争力，从根本上提高经济技术开发区的窗口、示范、辐射和带动作用。

（执笔：郭桂霞、彭艳、李长军、赵东麒）

① 中国国家级经济技术开发区产业发展报告（2013）.

第 13 部分

世界经济悄然变局 FDI 低位徘徊

——2013 年世界经济与 FDI 回顾及展望

2013 年，世界经济仍然处于国际金融危机和世界经济衰退后的恢复时期，经济增速继续小幅回落，而推动增长的力量格局悄然变化，发达国家的增长动力有所加强，发展中国家困难增多；全球外商直接投资流入仍在低位徘徊，国际金融市场动荡不定，投资的复苏要明显弱于经济的复苏。国际经济形势变化对中国经济产生了重要影响，如吸引外商直接投资处在低增长的状况。展望 2014 年，世界经济前景喜忧参半，整体经济复苏有望加快，发达国家和发展中国家内部经济会继续分化；全球 FDI 也将进一步回升，但抑制复苏的风险犹存。

13.1　2013 年世界经济的变化与调整

13.1.1　世界经济总体趋势

1. 世界经济低增长常态化

2013 年是国际金融危机后的第 5 年，世界经济仍保持较低增速。根据国际货币基金组织于 2014 年 1 月 21 日公布的《世界经济展望》报告可知，2013 年世界经济继续下行，全球 GDP 同比增长 3.0%，为金融危机后的最低水平。其中发达经济体同比增长 1.3%，新兴和发展中经济体同比增长 4.7%，增速分别较 2012 年回落 0.1 和 0.2 个百分点①。

由于增长动力不足，低速增长将成为国际金融危机后世界经济的常态。世界经济若要出现新一轮强劲的增长势头，期待重大的科技革命成果引发一批具有深远影响且带动性强的新产业问世，这些新产业目前总体上尚处在酝酿培育之中②。各国都在寻找重振经济的新的增长动力，以美国为首的发达国家正在积极抢占新一轮能源革命和产业革命的制高点，以保持在国际产业分工中的优势地位。但是，目前整个西方国家的社会总需求仍然不足，经济复苏和增长的空间相对有限。主要发达国家的结构性问题远未解决，在技术进步缺乏突破的情况下，发达国家难以形成新的市场热点，居民消费中低速增长，企业投资意愿不强，经济内生增长动力不足。这也使得世界经济的增长动力不够强劲，只能维持低速

① 国际货币基金组织．涨潮了吗？．世界经济展望，2014 年 1 月．

② 徐康宁．复苏与变局并行：2014 年世界经济展望．http：//qz.jschina.com.cn/ a/qz20141/201401/ t1392627.shtml，2014 年 1 月 23 日．

增长。[①]

2. 世界经济格局悄然变化

2013年是历史转折年。按购买力平价法计算的发展中国家和地区经济总量首超发达国家，IMF最新估计，按购买力平价法计算，2013年发展中国家和地区GDP占全球的50.4%（汇率法为39.4%），历史上首次超过发达国家，预计2018年将提高到53.9%。[②] 西方发达国家的经济总值第一次低于世界经济总值的一半，而新兴工业国如中国、巴西、印度、俄罗斯以及印度尼西亚正在崛起，紧跟其后的是墨西哥、巴基斯坦和土耳其这几个发展中国家，其国内生产总值总和超出世界经济总值的一半，这是过去一百年中从未出现过的。

然而，发展中国家和地区对于世界经济增长的贡献率有所下降。2012年下半年高达91.9%，2013年上半年降至82.4%，预计2013年下半年降至74.6%。[③] 前些年当全球经济出现严重不景气时，发展中国家和地区尤其是新兴经济体异军突起，增长强劲，曾经是世界经济增长的主要动力。但近年来新兴经济体内部也出现分化状况，经济表现差别很大，彼此之间渐行渐远。以金砖国家为例。除了中国能够继续保持强劲的增长势头外，印度只能勉强保持中速增长态势，其他三国的经济表现都相对较差，受外部大宗商品市场价格波动影响较大，内生增长机制不充足，经济表现甚至略逊于世界经济平均水平。

3. 贸易投资环境更趋自由化和便利化

近年来各种区域自贸协定蓬勃发展，根据世界贸易组织（WTO）秘书处统计，从2012年12月31日到2013年11月16日各缔结方向WTO新增通报了25个区域贸易协定，新增运行区域贸易协定10个。目前，共向WTO通报的区域贸易协定为571个，其中367个正在有效运行。从2013年新增运行的和新通报的区域贸易协定看，区域经济合作呈现如下特征：一是跨区域贸易协定取代相邻国家间贸易协定成为主流；二是双边投资贸易协定成为区域经济合作的主导形式；

① 陆燕．2013—2014年世界经济形势分析与展望．文章来源为常驻联合国工业发展组织代表处，http：//www.mofcom.gov.cn/article/i/jyjl/m/201312/20131200445084.shtml，2013年12月30日．

② 国家统计局．2013年世界经济回顾及2014年展望．http：//www.stats.gov.cn/tjsj/zxfb/201402/t20140227_516899.html，2014年2月27日．

③ 国家统计局．2013年世界经济回顾及2014年展望．http：//www.stats.gov.cn/tjsj/zxfb/201402/t20140227_516899.html，2014年2月27日．

三是区域贸易协定呈现高标准、深度一体化特征，内容涉及投资、服务贸易、政府采购、环境保护、知识产权以及劳工标准等。

值得关注的是，由发达国家主导的跨太平洋伙伴关系协定（TPP）、跨大西洋贸易与投资伙伴协定（TTIP）、服务贸易协定（TISA）以及国际投资协定（BIT）等谈判正在逐步推进，如果这些协定完成谈判，将极大地改变国际经济贸易格局，重塑国际贸易投资规则体系，未来更多地倾向于贸易和投资的自由化，更加强调公平竞争和权益保护。据联合国贸发会议统计，2012 年，全球至少有 53 个国家和经济体共通过 86 项影响外国投资的政策和措施，这类措施的 75% 与投资自由化、便利化及促进有关。

4. 发达国家宏观政策调整溢出效应巨大

以美国为例，美国财政货币政策的走势成为 2013 年国际金融市场波动的最主要的因素。在财政政策方面，2013 年美国财政持续紧缩，政府部门去杠杆化挤泡沫和调高债务上限同时演绎，财政悬崖问题还未根本解决，财政危机只是被延后。自 2013 年 5 月美联储暗示要缩减货币刺激规模以来，市场对量化宽松退出预期的混乱和敏感性增强，市场的震荡和风险也明显增加。无论是量化宽松货币的“进入”还是“退出”都会产生巨大的外溢冲击效应。美联储扩张资产负债表不断释放美元时，这些流动性涌向新兴经济体，导致国际资本流入，本币升值，国内信贷扩张，通货膨胀加剧。反过来，当量化宽松货币“退出”时，这些国家又面临着资本外流，本币汇率急跌，国内流动性紧张，资产价格大幅缩水，引发金融市场的剧烈波动，甚至泡沫破灭。美联储提前削减 QE 的预期已使国际资本从发展中国家特别是“脆弱五国”撤出，造成相关国家本币大幅贬值、输入型通胀压力上升，五国央行在经济疲弱的情况下被迫连续升息来加以应对。其中，巴西从 2013 年 5 月 30 日起的半年内 5 次升息，累计升息 250 个基点；印度在 9 月、10 月两次升息，累计升息 50 个基点。

5. 发达国家和发展中国家走势分化

2012 年世界经济形势的分化主要表现为新兴经济体和美国强、欧日弱；2013 年则主要表现为发达国家内部以及发展中国家内部分化扩大：发达国家内部继续分化，美国经济复苏势头较为稳固、进入持续复苏轨道，量化宽松政策（QE）迎来转折点；日本货币和财政刺激“猛药”收到一定成效，经济复苏加快；欧元区艰难摆脱衰退，但全年仍为负增长；但发达国家“低增长、高失业率、高赤字、高负债”并存的格局没有根本改善，导致增长动力不足；东亚和东南亚经济保持较快增长，而脆弱五国（印度、印度尼西亚、巴西、土耳其、南非）受制于内、外经济失衡，加上资本外流的冲击，经济发展较为困难。

13.1.2 主要地区和经济体走势

1. 美国经济持续缓慢复苏

2013 年美国经济仍延续 2012 年低速增长态势，并呈现以下特点：

第一，财政总赤字继续下降，支持经济复苏。2012 年年底美国民主、共和两党达成解决“财政悬崖”的妥协方案，财政赤字不断缩减。2013 年第三季度美国政府财政支出为 1 178.7 亿美元，远低于上年同期 3 356 亿美元，财政赤字规模明显缩减。虽然第三季度的赤字规模较第二季度规模有所扩大，但总体变化不大，财政赤字规模基本保持稳定。如图 13-1 所示，2013 年美国净支出规模相比于 2011 年和 2012 年不断缩减，财政赤字状况的不断改善在增强国内经济发展信心的同时，将会带动全球经济的发展，为美国经济稳定复苏提供支持。

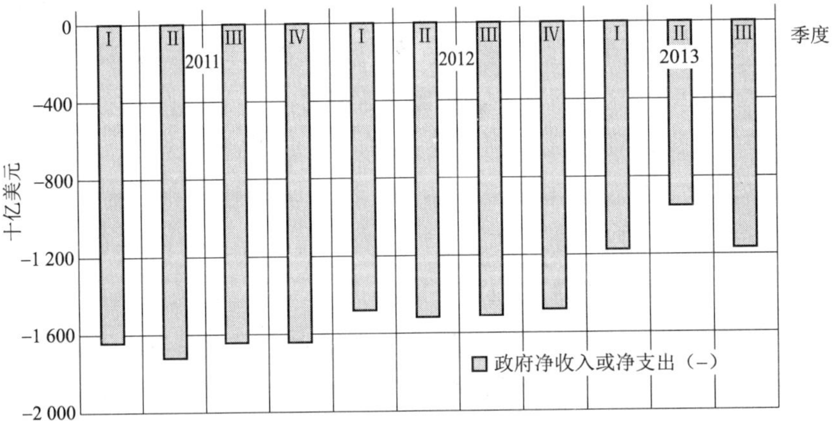

图 13-1 美国政府净支出近三年的变化状况

资料来源：美国商务部网站数据统计绘制。

第二，零售额和批发额不断扩张显示美国经济持续复苏。美国 2013 年 11 月零售销售月率上升 0.7%，较上年同期上升 4.7%，汽车以及零部件、电子和电器商品等的零售额环比上升。11 月份美国批发库存总额为 5 164 亿美元，较上月环比上升 0.5%，较上年同期增长 3.3%。美国零售业好转，凸显美国经济复苏迹象。

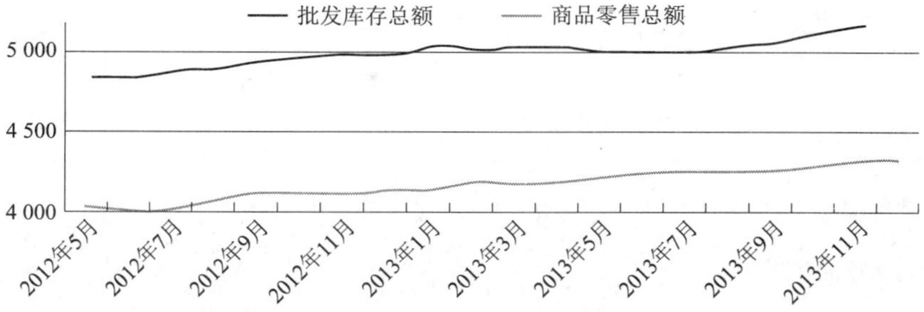

图 13-2 美国商品零售总额和批发库存总额（单位：亿美元）

资料来源：根据美国商务部网站数据绘制。

第三，制造业延续扩张，成为美国经济复苏的持续增长点。2013 年除 5 月份外，其他月份的制造业采购经理人指数（PMI）均处于荣枯线 50% 以上，且在 11 月份达到最高点 57.3%，复苏势头强劲。

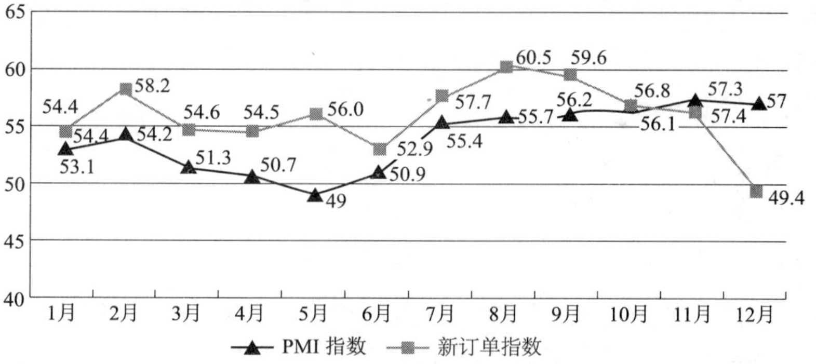

图 13-3 美国供应管理协会（ISM）制造业 PMI 指数和新订单指数（单位:%）

数据来源：中国金融信息网 http：//dc. xinhua08. com/187/。

第四，失业率持续下降成为美国经济复苏的又一亮点。自 2012 年 5 月份以来，美国失业率不断下降。2013 年 12 月美国失业率低至 6.7%，失业率从前一个月的 7% 降至 6.7%，较年初下降 1.3 个百分点，降至 5 年来新低。

虽然美国经济复苏迹象明显，但是在美国经济复苏的同时，仍然存在一些不确定和不稳定因素，美国经济仍面临诸多挑战。为了缓和“财政悬崖”问题，美国采取紧缩性的财政政策，一方面增加税收，另一方面减少政府支出，这些政

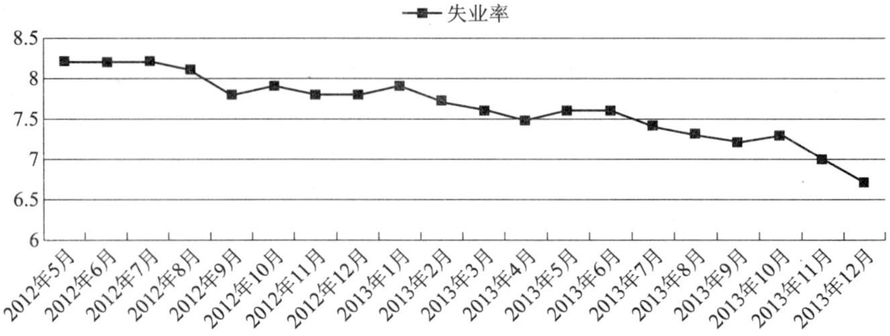

图 13-4　美国 2012 年 5 月—2013 年 12 月失业率（%）状况

资料来源：根据美国劳工部数据整理。

策都会对美国经济复苏产生负面的影响。从外部环境来看，主要发达国家经济低迷，发展中经济体增速放缓，外部需求不足都会对美国经济复苏起到牵制作用。而从长期来看，美国经济仍然缺乏长期增长动力，虽然页岩气革命改变了美国甚至世界能源格局，但是仍然增长相对缓慢，同时也没有进行实质的结构性调整，这些不确定性因素在短期内并不能完全消失，影响美国经济的强劲复苏，美国经济仍将延续缓慢复苏态势。

2. 欧元区经济处于从衰退到复苏的转折点

首先，欧元区经济指数的不断攀升显示持续复苏势头。2013 年上半年，欧元区经济景气指数表现一般，略好于 2012 年。进入 2013 年下半年，欧元区经济持续改观，经济景气指数持续攀升，12 月的经济景气指数达到 100。但是总体来看，欧元区的经济景气指数仍为经济滞后指数，经济发展动力仍然相对不足。

其次，欧元区综合 PMI 指数在 2013 年下半年表现转好，成为欧洲经济复苏的一大亮点。欧债危机以来，欧元区综合 PMI 一直处在荣枯线 50% 以下，根据图 13-6 数据显示，从 2013 年 7 月份开始，PMI1 指数逐渐上升至荣枯线以上，欧元区经济在 2013 年下半年表现为缓慢复苏。

虽然欧洲经济复苏迹象明显，但是欧洲经济仍存在很大的不确定性，欧元区失业率持续攀升，在 2013 年，整个欧元区失业率高达 12.1%，除德国、法国等部分经济表现较好的国家，意大利失业率为 12% 左右，而西班牙失业率在 12 月份更是达到 26%。严重的失业率影响欧洲经济的复苏。欧元区内部经济的不平衡

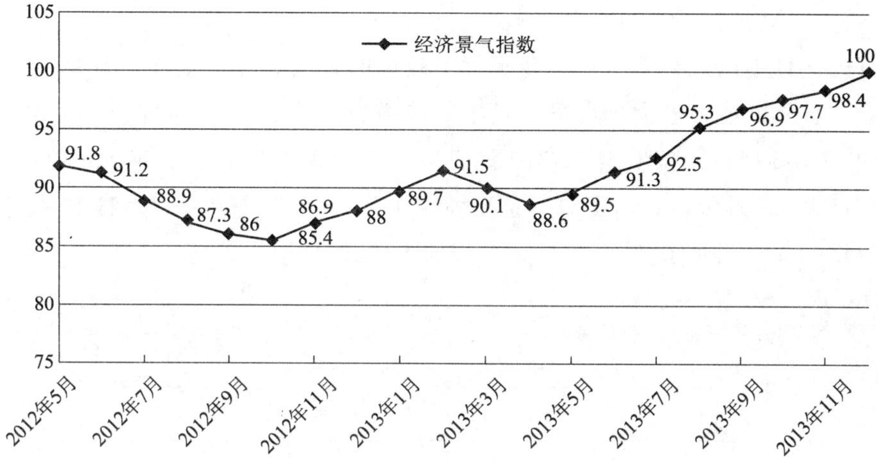

图 13-5　欧元经济景气指数（月度）

数据来源：http：//dc.xinhua08.com/189/。

图 13-6　1999—2013 年欧元区 PMI 和 GDP 变化情况

数据来源：Markit，Eurostat。

性以及实质性改革的缺乏都影响了欧洲经济的复苏进程。但从欧元区经济表现来看，在很多方面都好于 2012 年，欧洲经济的信心指数也在恢复，因此欧洲经济的低速复苏成为不可逆转的趋势。

3. “安倍经济学”支撑日本经济暂时性好转

自安倍晋三竞选日本首相开始，着力推动恢复经济增长的各项政策，主要包括三个部分：宽松的货币政策；积极的财政政策；刺激私人投资，又称为“安倍经济学”。这些经济政策实施以来，日本经济出现暂时性增长，特别是由于货币宽松政策所带来的货币贬值，极大地促进了日本出口的增长，积极的财政政策使得日本公共投资实现了3.4%的增长。

首先，日本出口显著增长是此次货币政策的直接效应。受日本宽松货币政策的影响，日元贬值，极大地促进了日本出口增长。进入2013年度，日本出口从1月份的47 986亿日元猛增至62 710亿日元，并且基本在该出口额水平上上下波动，2013年12月份，日本出口额达到61 105亿日元。图13-6为日本月度出口额的变化状况，相对于2012年度，2013年度出口量增长明显。

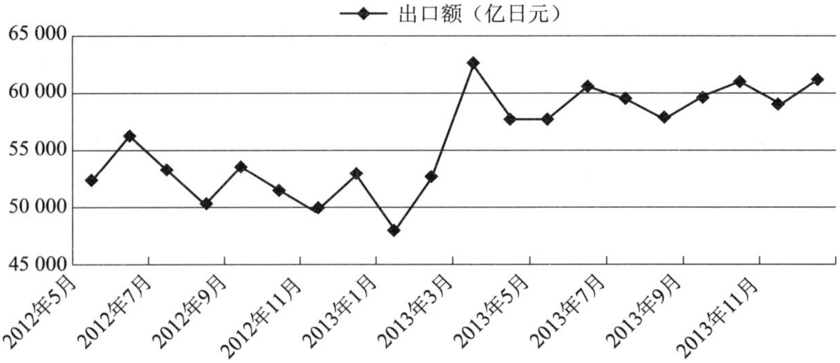

图13-7　日本月度出口额（单位：亿日元）

资料来源：中国金融信息网：http：//dc.xinhua08.com/8004。

其次，日本工业产出显著增长。日本的工业生产指数从2012年开始持续攀升。图13-8为日本工业生产指数的月度数据，2012年9月份，日本的工业生产指数为86.5，到2013年10月达到峰值为98.8。受日本出口增长以及日本积极财政政策的影响，日本工业生产不断扩大，私人投资也不断增加，对本国经济增长的激励作用都是十分明显的。

虽然日本经济有所改善，出口增加，公共投资增多，股市上涨，但是日本经济的困难并没有从根本上得到解决，日本经济深层次的矛盾仍将成为日本经济持续增长的最大障碍。日本的企业投资仍然十分低迷，日本的长期国债利率走高给“安倍经济学”带来了巨大的隐患。只有经济的持续好转才能够解决日本公共债务问题，才能注入持续的增长动力，日本的财政和货币政策的利用空间有限，经济增长战略具体内容仍不明朗。

4. 新兴经济体无法持续高增长

2013年新兴经济体产出增长4.7%，基本与2012年的4.9%持平。亚洲经济

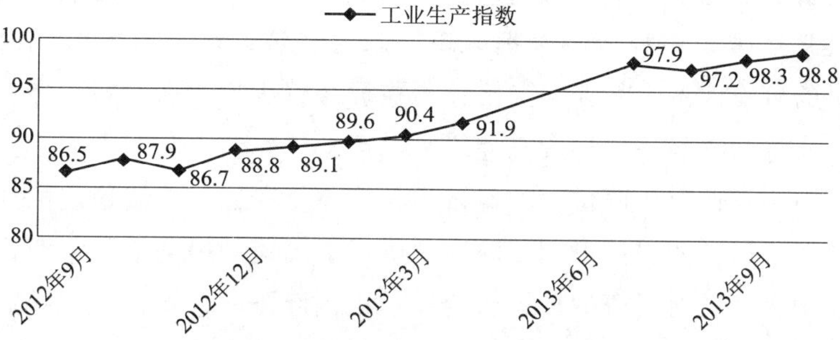

图 13-8　日本工业生产指数（月度）

资料来源：中国金融信息网：http：//dc. xinhua08. com/8004。

体表现良好，其中中国产出增长稳定在 7. 7%，印度产出好于上年，实现 4. 4% 的增长。拉美地区增长回落，其中墨西哥经济增长由 2012 年的 3. 7% 下降为 2013 年的 1. 2%。非洲地区增长成为新的亮点，实现 5. 1% 的经济增长。俄罗斯经济经济增长 1. 5%，远低于 2012 年 3. 4% 的增长水平①。

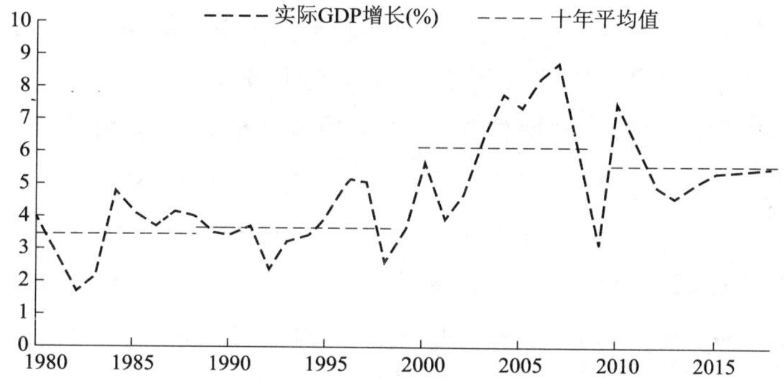

图 13-9　新兴市场与发展中经济体增长速度

来源：基金组织《世界经济展望》。

图片来源：货币基金组织 2014 年 1 月 发布的《新兴市场需采取更多行动，以继续带动全球增长》。

如图 13-9，新兴市场与发展中经济体在过去的 30 年，经济增长速度不断加快，进入 2000 年之后的十年，经济增长速度更是达到年均 6% 的水平，在这些经济体中，金砖四国增长贡献率最大。然而自 2008 年金融危机以来，在全球经济

① 数据来源：国际货币基金组织．世界经济展望，2014 年 1 月．

增长速度放缓的情况下，新兴市场与发展中经济体经济增长速度也有所回落。根据《世界经济展望》中释放的数据来看，新兴经济体增长速度短期内回复到过去十年水平的可能性不大，新兴经济体增速放缓将成为常态。新兴经济体面临着增长挑战，支持新兴经济体持续高速增长的因素正在消失①：

第一，中国长达十年两位数的经济增长率不复存在，持续稳定的速度放缓对其贸易伙伴经济增长的支持作用下降。中国过去高速的经济增长主要是通过出口和投资来拉动，降低对投资的依赖将会增加中国经济的稳定性，引导产业结构的调整，但是毫无疑问，这种产业结构的调整，特别是投资的减少，将对许多国家经济增长产生不同的影响。有关报告显示，中国投资下降会通过产业链传递到其他国家，从而使得这些国家的 GDP 增长产生不同的影响，影响程度的不同取决于与中国经济以及与中国相关产业链相互依赖的程度。中国投资水平降低 1%，将会使得其贸易伙伴国如泰国经济增长下降约 0.3%，马来西亚经济增长下降约 0.6%。同时，投资的下降也会对伙伴国出口贸易增长产生重大影响：投资下降 1%，使得巴西商品出口下降约 0.1%，南非出口下降约 0.4%②。伴随着中国经济结构的调整，投资所带来的经济增长支持作用将不断消失，新兴经济体经济增长将很难逆转回 21 世纪前十年的高速增长的黄金时代。

第二，大宗商品价格下跌使资源丰富的新兴经济体经济增长面临新的挑战。原油、天然气等资源价格在过去几十年的不断上升，对主要依赖本国自然资源出口的新兴市场和发展中经济体的经济增长起到关键性作用，但是随着美国页岩气革命、全球能源资源需求下降，这些新兴经济体发展的脆弱性也逐渐暴露出来。随着新能源的不断开发，如果这些国家不能找到发展本国经济的其他途径，经济增长缺乏长期动力，将会陷入低速增长的旋涡。

第三，带动新兴经济体快速增长的外部条件正在消失。新兴经济体面临巨大的挑战，不应当期待新兴市场和发展中国家的经济增长水平会回到过去十年两位数的增长水平。为了适应不断变化的全球经济环境，新兴市场和发展中经济体应当加快经济结构的调整，实现经济不断优化和稳定增长。

---

① 国际货币基金组织 direct 博客．新兴市场需采取更多行动，以继续带动全球增长．超越国界：新兴市场面临的增长挑战．

② 国际货币基金组织．2012 外溢报告．http：//www.imf.org/external/np/pp/eng/2012/070912.pdf，2012 年 9 月．

13.2　全球经济调整中的外商直接投资

相比于 2012 年 1.35 万亿美元全球外商直接投资额，2013 年全球外商直接投资将基本保持稳定，将接近 1.45 万亿美元①。但与危机前高点相比，全球的外商直接投资（FDI）总量仍然要低 30%左右，难以带动更大范围的增长和就业。

13.2.1　2013 年全球 FDI 流入量稳步上升

根据联合国贸易与发展会议（UNCTAD）发布的《2013 年全球外国直接投资趋势及 2014—2015 年前景报告》，全球 FDI 较 2012 年同期增长 11%，接近危机前三年（2005—2007）平均水平，全球 FDI 投资额达到 1.46 万亿美元，超过 UNCTAD 预测的上限 1.45 万亿美元。图 13-10 为近年来全球投资数据，2013 年全球投资额超过上年，但是仍然低于 2011 年的全球投资额，也低于危机前 2007、2008 年的全球投资额，因此从图 13-10 来看，全球外商投资额整体处于稳步回升，仍然具有较大的恢复空间。另外，根据 UNCTAD 预测②，2014—2015 年，全球外商投资额仍将不断攀升，将分别达到 16 万亿美元和 18 万亿美元，但是鉴于部分经济体经济的脆弱性和不确定性，FDI 恢复到危机前水平仍面临挑战。

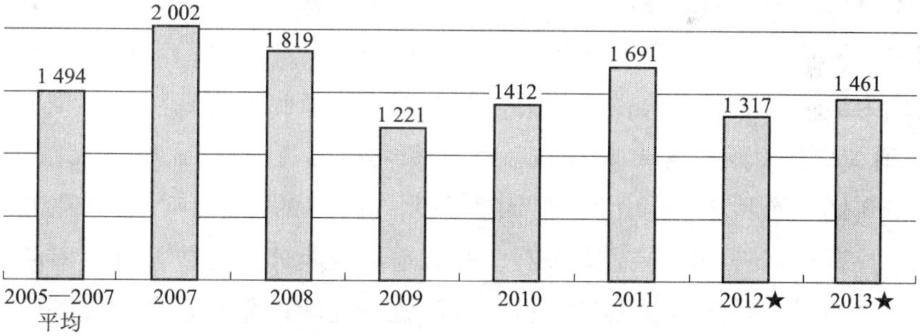

图 13-10　2005—2007 年平均额，2007—2013 年全球 FDI 额（单位：十亿美元）

注：★为修订后数据。

数据来源：UNCTAD2014 年 1 月 28 日发布的《全球投资趋势展望》。

① 数据来源：UNCTAD. 2013 年世界投资报告.

② UNCTAD. 全球投资趋势展望，2014 年 1 月 28 日.

13.2.2　2013 全球吸收外商直接投资主要分布特点

第一，从吸收外商直接投资的区位来看，欧洲、拉丁美洲等地区吸收外资额较上年同期变动较大。

图 13-11 为 2011—2013 年全球 FDI 额，欧洲、亚洲为吸收 FDI 的主要地区，占全球 FDI 投资额的一半多。作为欧洲最重要的经济体，2013 年欧盟吸收 FDI 比 2012 年增长 25.2%，北美地区吸收 FDI 金额也在不断增长，2013 年比 2012 年同期增长 37.7%，但是比 2011 年仍然存在较大差异。这主要是自欧债危机和美国金融危机以来，投资环境恶化，投资信心不足造成的。随着欧洲经济和北美经济的持续恢复，FDI 的吸收额也在不断增加。除此之外，拉丁美洲以及加勒比地区，吸收外资表现突出，2013 年比 2012 年同期增长 17.5%，吸收外资额也从 2012 年的约 2 500 亿美元增加到 2013 年的约 2 940 亿美元。相对于欧洲、美洲地区，亚洲、非洲地区表现平稳，基本维持了 2012 年水平，变动不是很大。整体来看，亚洲地区成为全球 FDI 主要目的地，2013 年亚洲地区吸收外资额达到 4 060 亿美元左右，吸收 FDI 的主要市场集中在东亚和东南亚地区，占亚洲地区吸收外资的 82%多。在东南亚地区，新加坡为最重要的外资吸收国，约为 560 亿美元。东南亚特别是东亚地区由于基础设施健全、社会稳定，吸收 FDI 数额仍将不断增加。西亚地区连续第五年吸收 FDI 不断减少，降低到约 380 亿美元，政治不稳定成为影响该地区吸收投资的关键。非洲地区吸收外商直接投资额同比增长 6.8%达到 567 亿美元，这主要得益于南非和莫桑比克吸收数额的高速增长，分别达到 100 亿美元和 70 亿美元。然而非洲北部持续的政治和社会紧张局势，使得该地区投资额不断下降。总体来看，非洲地区吸收外商直接投资额不断增加。

第二，发展中经济体吸收 FDI 占全球的比例连续两年超过发达经济体。

根据 UNCTAD 发布的《全球投资趋势展望》，2013 年流向发达国家的 FDI 额连续两年处于历史低位，占全球 FDI 额的 39%。较 2012 年同期增加 12%达到约 5 760 亿美元，仅为 2007 年发达国家投资额峰值的 44%，虽然流向欧盟的数额较 2012 年增长，但是流向美国的投资数额仍然在下降。流向发展中经济体的 FDI 创新高，达到约 7 590 亿美元，占 2013 年全球外商直接投资额的 52%。流向转型经济体的 FDI 达到约 1 260 亿美元，较 2012 年增长 45%，占全球外商直接投资额的 9%。

从图 13-11 可以看出，发达经济体吸收 FDI 占全球 FDI 数值中的比例进入

21 世纪呈现不断下降趋势，而发展中经济体所占比重则不断增加，2012 年发达经济体首次低于发展中经济体之后，仍然呈现不断下降趋势。转型经济体吸收 FDI 数值在 2000 年以前变动较少，2000 年之后则呈现出缓慢上升趋势，在 2013 年该数值接近 10%。

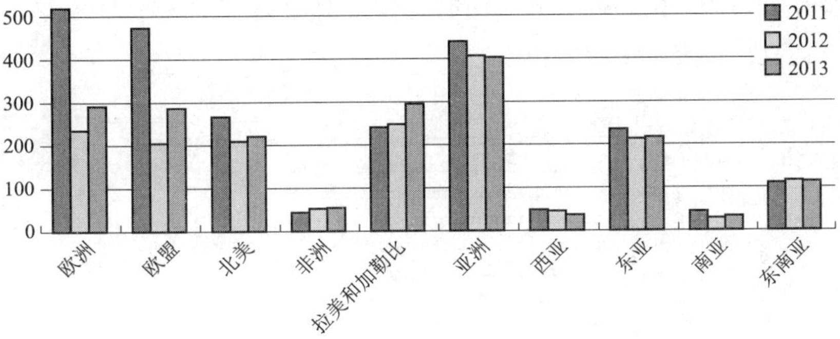

图 13-11 2011—2013 年世界各地区吸收 FDI 比较

注：2012 年数据为修订过的数据，2013 年数据为估测值。

数据来源：UNCTAD。

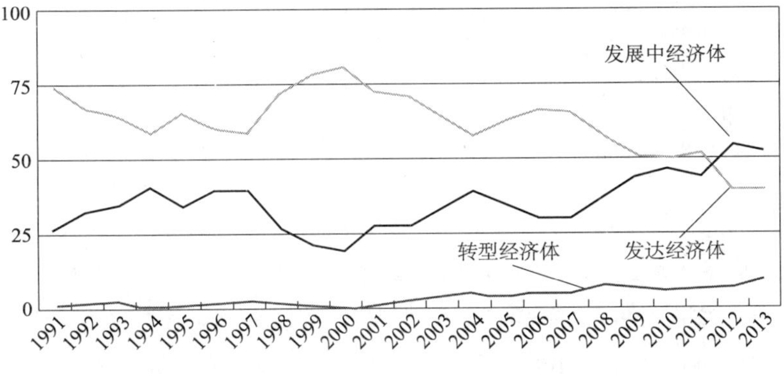

图 13-12 1991—2013 年全球 FDI 在不同经济体中比例变化状况

来源：UNCTAD。

第三，2013 年俄罗斯吸收外商直接投资跃居全球第三位。

根据联合国贸易和发展会议的报告显示，2013 年美国以 1 590 亿美元稳居全球外商直接投资榜首，中国以 1 270 亿美元居世界第二，而俄罗斯增长较快以 940 亿美元跃居世界第三。欧元区国家中，德国吸收外商直接投资额达到 320 亿美元，由 2012 年第 40 位上升到 2013 年第 13 位。另外，荷兰、智利、比利时、卢森堡等国家增长速度也较大，四国吸收外商直接投资较 2012 年同期增长约 1 000 亿美元，这主要得益于这些国家有利的税收投资环境。

俄罗斯吸收外商直接投资增长 83% 达到 940 亿美元，这一变化主要是由于英国对俄罗斯公司的跨国并购引起，同时也与俄罗斯 2013 年释放 100 亿美元来促进本国外商直接投资政策密切相关。

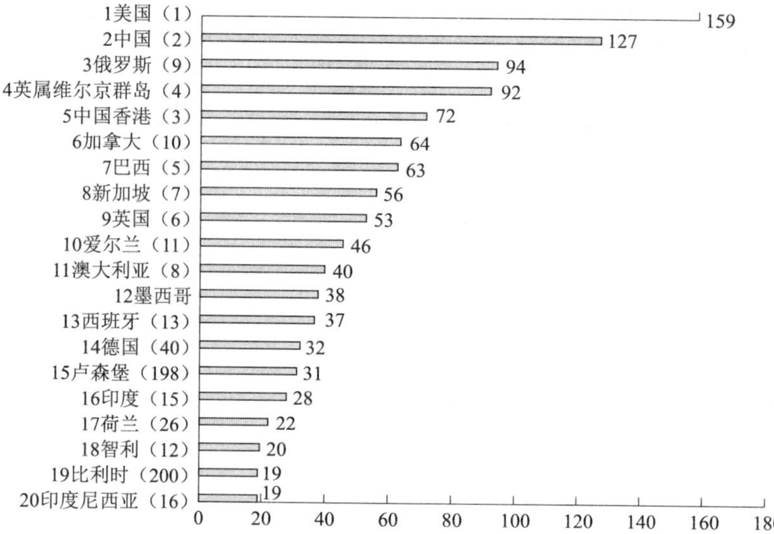

图 13-13　2013 年世界前 20 大东道经济体外资流入情况①（单位：10 亿美元）

数据来源：UNCTAD。

第四，从各区域经济一体化安排来看吸收的比重正在发生变化。

2013 年，流入 G20 集团的 FDI 额增长 11% 达到 7 980 亿美元，占世界份额为 54%，但是仍然低于 2005—2007 年危机前平均水平。在 G20 集团中，加拿大、德国、日本、意大利、墨西哥、俄罗斯和南非多是通过跨境并购使得这些国家吸收 FDI 数额增长。而除此之外，英国、法国、希腊等国吸收 FDI 数量下降。

流向亚太经济合作组织（APEC）的外商直接投资增长至 7 570 亿美元，占

① 括号内数据为 2012 年吸收外商直接投资排名。

全球 FDI 流入量的 52%，高出危机前平均水平 15%。2013 年 APEC 吸收外商直接投资增长的主要推动国为俄罗斯、加拿大、墨西哥和中国。澳大利亚、美国等发达国家在 2013 年吸收外商直接投资中的表现令人失望。

金砖国家（BRICS，巴西、俄罗斯、印度、中国、南非）在 2013 年吸收外商直接投资中表现仍然强劲，占全球外商直接投资总额的 22%，为危机前平均水平的两倍，达到 3 220 亿美元。在这五个国家中，南非吸收外商直接投资表现突出，FDI 流入量增长 126%。

流向北美自由贸易区（NAFTA）的外商直接投资较上年增长 15%，达到 2 600 亿美元。美国吸收外商直接投资占 NAFTA 吸收外商直接投资的份额在 2013 年下降为 61%，而墨西哥、加拿大在吸收外商直接投资方面表现突出。

南方共同市场（MERCOSUR，巴西、阿根廷、乌拉圭、委内瑞拉和巴拉圭等南美洲国家的区域贸易协定）吸收外商直接投资较 2012 年有所回落，但基本上保持较为稳定的水平，变动不是很大。

跨大西洋贸易与伙伴关系协定（TTIP）是欧盟和美国之间谈判的自由贸易协定。TTIP 国家在 2005—2007 年吸收外商直接投资的平均金额占全球 FDI 的 59%，但是受美国金融危机和欧洲债务危机的影响，TTIP 国家吸收外商直接投资的数额不断下跌，所占比例不断减少。2013 年，TTIP 国家吸收外商直接投资为 4 440 亿美元，所占比重下降为 30%，好于上年同期水平。在 2013 年，欧盟吸收外商直接投资表现较好，但由于美国吸收外商直接投资仍然不断下跌，使得 TTIP 国家吸收外商直接投资方面表现欠佳。

美国主导的跨太平洋战略经济伙伴关系协定（TPP）吸收外商直接投资金额扩大为 4 130 亿美元，但占全球吸收外商直接投资的比重由 2012 年 31% 下降为 2013 年的 28%。从 TPP 内部来看，促进吸收外商直接投资增长的因素主要是发展中国家表现较好，如智利、墨西哥等，而发达国家美国表现不佳，发展中国家吸收外商直接投资在该组织中的比重也由 2008 年的 15% 上升为 2013 年 36%。

由东盟十国发起的，中国、新西兰、澳大利亚、韩国、日本、印度参加的全面经济伙伴关系协定（RCEP）2013 年吸收外商直接投资的数额及其所占比重分别为 3 260 亿美元和 22%，均较 2012 年有所回落。

表 13-1　2005—2007 年平均及 2008—2013 年区域性国际协定吸收 FDI 状况

	2005—2007 平均	2008	2009	2010	2011	2012	2013
G20	879	992	629	740	887	712	789
APEC	559	809	486	656	781	699	757
TTIP	834	852	502	573	700	375	444
TPP	362	523	276	379	466	404	413
RCEP	195	293	227	284	350	329	326
BRICS	158	284	201	237	286	267	322
NAFTA	279	396	183	249	290	226	260
ASEAN	64	51	48	98	110	113	116
MERCOSUR	31	59	30	61	85	85	83
全球外商直接投资份额							
G20	59	55	52	52	52	54	54
APEC	37	44	40	46	46	53	52
TTIP	56	47	41	41	41	28	30
TTP	24	29	23	27	28	31	28
RCEP	13	16	19	20	21	25	22
BRICS	11	16	16	17	17	20	22
NAFTA	19	22	15	18	17	17	18
ASEAN	4	3	4	7	7	9	8
MERCOSUR	2	3	2	4	5	6	6

数据来源：UNCTAD。

13.3　世界经济及国际直接投资形势展望

13.3.1　2014 年世界经济形势展望

根据国际货币基金组织 2014 年 1 月 21 日发布的《世界经济展望》预测，2014 年，全球经济增长将略微加快至 3.7% 左右，2015 年将升至 3.9%，但是某些经济体的内在脆弱性持续显现，经济下行风险仍然存在。主要发达国家将会继续缓慢复苏，预计 2014 年，发达经济体的增长速度将达到 2.2%，将明显高于 2013 年的增长速度，但也存在不确定因素，持续通货紧缩将会减缓经济复苏态势。发展中经济体来自发达经济体需求增加将会促进本国经济的发展，经济增长速度也会好于 2013 年，预计 2014 年达到 5.1%，但是受本国经济结构脆弱性影响，部分发展中经济体政治不稳定因素的影响，经济下行风险持续存在。

表 13-2　　2012—2015 年世界经济增长趋势（%）

	2012	2013	2014	2015
世界经济	3.1	3.0	3.7	3.9
发达经济体	1.4	1.3	2.2	2.3
美国	2.8	1.9	2.8	3.0
欧元区	-0.7	-0.4	1.0	1.4
日本	1.4	1.7	1.7	1.0
新兴和发展中经济体	4.9	4.7	5.1	5.4
巴西	1.0	2.3	2.3	2.8
俄罗斯	3.4	1.5	2.0	2.5
印度	3.2	4.4	5.4	6.4
中国	7.7	7.7	7.5	7.3
南非	2.5	1.8	2.8	3.3

数据来源：《世界经济展望》①。

根据国际货币基金组织估计，2014 年，美国经济增长率将达到 2.8%，而诸多经济学家对美国经济增长形势估计更为乐观，高盛经济学家 Sven Jari Stehn 和 Kris Dawsey 认为美国 2014 年的 GDP 将加速增长，其中一季度的经济增速为 3%，其余季度的经济增速为 3.5%②。美国谘商会对美国 2014 年的经济增长预期也高于 2013 年。美国经济增长的乐观预期主要得益于美国积极的货币政策，房地产业的不断复苏，美元贬值刺激出口等因素，以及美国政府不断紧缩财政，"财政

① 国际货币基金组织．涨潮了吗？．世界经济展望，2014 年 1 月．

② http：//finance. sina. com. cn/money/nmetal/20131113/140117310168. shtml.

赤字”问题不断缓解，消费者信心和投资者信心不断提升，刺激本国经济不断恢复增长。

欧元区经济正处在复苏的转折点上，预计 2014 年欧元区经济增长将摆脱负增长，实现 1.0% 的经济增长。欧元区经济实力较强的国家，如德国、法国，预计 2014 年经济增长速度将分别达到 1.6% 和 0.9%，而欧债危机主要债务国的经济也将会缓慢恢复，预计西班牙 2014 年经济增长速度为 0.6%。欧盟委员会发布的冬季经济展望报告指出，欧元区经济正在持续复苏。欧盟委员会副主席雷恩表示，欧债危机最坏时期已过，欧洲经济目前正恢复增长，经济恢复增长的基础是持续的经济改革和健康的财政政策①。

日本经济在积极的财政和货币政策的刺激下，2013 年经济增长率为 1.7%，预计 2014 年经济增长率仍将保持在 1.7% 的经济增长水平上。但是根据日本经济新闻对日本经济的预测，2014 年日本经济增长仅为 0.8%。日本经济虽然出现短暂的复苏，但是仍然缺乏长期的经济增长动力，仅靠货币政策和财政政策刺激下的经济增长并不能解决日本经济深层次的问题。

新兴市场和发展中经济体的经济增长速度在 2014 年和 2015 年将分别达到 5.1% 和 5.4% 的水平。从国际货币基金组织对金砖五国的预测来看，印度经济在 2014 年和 2015 年将分别达到 5.4% 和 6.4%，这主要得益于印度实施的促进投资的政策，印度经济增长将会进一步加强。中国经济在 2014—2015 年将会进一步下降，这主要是中国政府不断实行调结构政策，逐步减少对投资的过度依赖，这是中国经济实现长期增长的必由之路。巴西、俄罗斯、南非经济增长表现稳定，预计 2014 年和 2015 年经济增长率变化不大。

全球增长的加强并不意味着全球经济已摆脱困境，全球经济中仍然存在一些不确定因素，经济下行风险仍然是潜在的威胁。确保经济增长和加强脆弱性管理仍然是未来政策的重点②。

新兴市场和发展中经济体经济下行风险压力大。随着美联储 2013 年 12 月宣布将于 2014 年初期逐渐退出量化宽松政策，金融市场和资本流动的波动性风险增加。美国等一些发达经济体推出一轮一轮量化宽松政策，使得发达经济体资本

① http://www.21food.cn/html/news/35/1308236.htm.

② 《世界经济展望》最新预测。

回报率下降，发展中经济体资本回报率提高，从而吸引大量资本流向发展中经济体。随着量化宽松政策的退出，发展中经济体不确定因素的增加，使得资本回流增加。资本从新兴市场经济体撤出，将会给这些地区的产业链形成冲击。为了防止资本的外逃，新兴经济体的高利率政策也会增加本国的资本成本，不利于本国实体经济的发展。量化宽松政策的退出，使得新兴经济体面临进退两难的境地。根据《彭博市场》发布的新兴市场排名，中国是唯一进入前十的金砖国家，其他国家情况都不乐观。金融稳定持续面临下行风险，外币债务风险不断暴露，进入 2014 年之后，新兴经济体货币贬值严重，这都成为影响新兴经济体持续发展的潜在风险因素。除此之外，部分新兴经济体经济内部脆弱性不断显现，如果不能及时地进行经济结构的调整，都将会阻碍经济增长。

发达经济体通货膨胀率过低风险已经显现。新兴经济体面临量化宽松政策退出所带来的资本外逃风险的同时，发达经济体也当避免过早过快地退出量化宽松政策，因为发达经济体的产出缺口仍然很大，而且通胀水平较低。欧盟统计局公布的统计数据显示，2013 年 12 月，欧元区的通货膨胀率为 0.9%，过低的通货膨胀率加重了欧元区债务负担，如果通货膨胀率持续走低，欧元区将面临进一步债务危机。另外，极低的通货膨胀率不利于本国产出水平的提高，不利于本国经济的持续复苏。

13.3.2　全球外商投资形势展望

随着全球经济的逐步复苏，全球外商直接投资将逐渐回稳，FDI 在 2014、2015 年将进一步增长达到 1.6 万亿美元和 1.8 万亿美元。然而不确定不稳定因素仍然存在。美国量化宽松政策的退出以及其他一些国家经济内部的脆弱性都会成为阻碍外商直接投资恢复的关键性因素。

首先，2014 年外商投资整体形势将好于 2013 年，各行业外商直接投资前景乐观。根据各区投资促进机构预测①，2014 年将会有超过一半的跨国公司增加在制造业、服务业等领域的投资。发达经济体在计算机和咨询等行业的外商直接投资将会明显增加，非洲在农业部分的外商直接投资将会继续保持旺盛态势，拉丁美洲在旅游业、服务业，亚洲在制造业、农业、油气产品、食品、建设和运输等

① IMF 2013 年公布的《全球投资报告》。

方面的投资将会明显增长。转型经济体有望在机械制造和纺织服装业等领域增加外商直接投资，从而成为西欧地区最主要的供应商。

其次，发达国家仍将是外商直接投资最主要的来源国。根据 IMF 发布的《世界投资报告》来看，尽管发展中经济体外商直接投资额不断扩大，这主要是得益于中国等经济体高速增长，伴随着中国经济放缓，发达经济体经济不断恢复，发达经济体仍将成为全球吸收外商直接投资最主要的力量。根据各国投资促进机构预测，在利用外资政策的激励下，中国外商直接投资仍将不断扩张。美国、德国、英国、日本和法国是最有潜力的发达经济体投资国。印度、韩国、俄罗斯和阿拉伯联合酋长国以及希腊等将成为发展中经济体和转型经济体中主要的外商直接投资来源国。

最后，发展中经济体和转型经济体吸收外商直接投资预期最为乐观。中国仍将是最主要的 FDI 吸收国。虽然中国经济增长速度放缓，但对中国未来经济发展的预期并没有改变。在吸收外商直接投资前 5 个国家中，其中 4 个为发展中经济体，包括中国、印度、印度尼西亚、巴西。在前 10 个国家中，有 6 个来自发展中经济体。

13.4 我国利用外资形势回顾和展望

13.4.1 我国利用外资形势回顾

2013 年，我国实际使用外资 1 175.86 亿美元，比 2012 年增加了 58.7 亿美元，同比上升 5.25%，吸收外商直接投资仍为全球第二。从图 13-13 可以看出，2013 年吸收 FDI 形势好于 2012 年。

2013 年，我国利用外资主要有以下特点：

一是服务业实际使用外资保持增长[①]。1—11 月，服务业实际使用外资金额 542.47 亿美元，同比增长 14.04%，在全国总量中的比重为 51.4%。其中，社会福利保障业、电气机械修理业、娱乐服务业增长较快，分别增长 368.63%、295.94%和 164.99%。农、林、牧、渔业实际使用外资金额 15.63 亿美元，同比下降 12.01%，在全国总量中的比重为 1.48%。制造业实际使用外资金额 414.58 亿美元，同比下降 5.71%，在全国总量中的比重为 39.3%。其中石油加工、炼焦

① 商务部例行新闻发布会文字直播．http：//www.mofcom.gov.cn/article/ae/ah/.

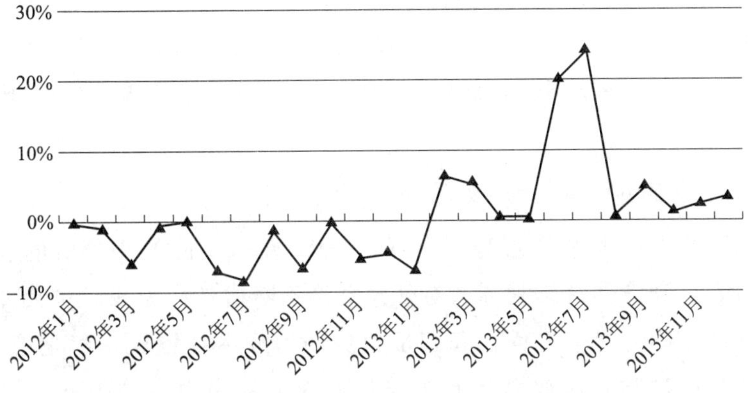

图 13-14 2012—2013 年我国实际利用外商投资同比变化状况

数据来源：中华人民共和国商务部网站。

及核燃料加工业、水产品加工增长较快，分别增长 74.64% 和 61.98%①。

二是亚洲地区、欧盟、美国对华投资保持较快增长。2013 年，亚洲地区对中国投资仍然呈现不断增长趋势，其中中国香港投资 783.02 亿美元，同比增长 9.84%；新加坡对华投资 73.27 亿美元，同比增长 12.05%；日本对华投资 70.64 亿美元，下降 4.28%；中国台湾投资 52.46 亿美元，同比下降 15.2%。美国对华实际投入外资金额 33.53 亿美元，同比增长 7.12%。欧盟 27 国对华实际投入外资金额不断增加，其中德国对华投资 20.95 亿美元，同比增长 42.42%，涨幅明显；荷兰对华投资 12.81 亿美元，同比增长 12.91%②。

三是外商投资企业进出口金额较 2012 年有较大的提升。2013 年，外商直接投资企业进出口额达到 19 190.93 亿美元，同比增长 1.33%。其中出口金额为 8 748.2 亿美元，同比增长 2.1%；进口金额为 10 442.73 亿美元，同比增长 0.41%。外商直接投资企业进出口总额占全国全年进出口贸易总额的 46% 左右，外商直接投资企业对我国经济的贡献力不断提高，在我国经济中的地位不断上升。

四是中部地区实际使用外资增长较快③。1—11 月，我国东部地区实际使用

① 数据来自中国商务部网站。

② 数据来自中国商务部网站。

③ 商务部例行新闻发布会文字直播 . http：//www.mofcom.gov.cn/article/ae/ah/.

外资金额 881.64 亿美元，同比增长 5.17%；中部地区实际使用外资金额 91.99 亿美元，同比增长 9.52%；西部地区实际使用外资金额 81.43 亿美元，同比增长 4.51%。1—11 月，在全国吸收外资总量中，东、中、西部地区所占比重分别为 83.8%、8.7%和 7.5%。

12.4.2 我国利用外资形势展望

2013 年，我国利用外资形势明显好于 2012 年，实际利用外资的规模不断扩大，伴随着发达经济体持续复苏，对外投资将不断增长，为我国扩大外商直接投资提供广阔的空间。另一方面，我国虽然劳动力成本在增长，但是稳定的经济、社会环境为外商进驻我国建立信心。因此不管是从国内还是国外，2014 年，我国利用外商直接投资的规模仍将不断扩大，结构将会不断优化，布局将更加合理。

第一，我国吸引外资的综合优势不断显现，吸引外商直接投资的规模仍将呈现不断扩大的趋势。我国稳定的政治经济环境，内需潜力不断被挖掘，人才的综合竞争力也在不断提高，各种交通运输等配套设施不断健全，这些因素的存在都逐步演化成我国的一项综合优势。特别是中国在促进投资便利化等方面所做出的努力更稳定了投资者信心。从 1 月份的数据也可以看出，美国、欧盟国家、韩国等国家对我国投资明显的增长将会带动更多外商直接投资进驻我国。

第二，服务业在我国外商直接投资中的比例不断增加，我国外商直接投资的结构将不断优化。我国最初引进外资主要是制造业领域，带动了我国经济的腾飞，但也因此带来了许多的问题（环境污染等），阻碍了我国经济的可持续发展。并且随着我国劳动力成本的不断提高，给我国制造业领域外商直接投资的增长带来了挑战。在我国利用外资的综合优势不断增强的背景下，通过政策的引导，可以通过服务外资的引入，带动我国高端的制造业、节能环保产业、现代农业和现代服务业的发展，推动我国经济结构的调整，提高我国企业竞争力，使得外资的利用效益不断提高。

第三，中西部地区将承接我国东部地区制造业产业链，外商直接投资在我国的布局将更加趋于合理。从 2013 年我国吸收外商直接投资的情况来看，未来中西部地区吸收外商直接投资的比例仍将不断增加，在劳动力成本不断上升的情况下，我国中西部地区劳动力成本较低，基础设施不断健全，都将促进我国外商直接投资在我国布局更加合理。

第四，外商直接投资在我国经济中的地位上升。2013 年，外商直接投资企业贸易额占全国贸易额的比例不断增加，达到 46%。随着我国引入外商直接投资不断增加，这一比例仍将不断上升。外商直接投资企业作为我国经济增长额一支重要力量，在我国经济中的地位仍在提高。

展望 2014 年，我们应当不断地促进我国投资便利化水平，为我国吸收外商直接投资提供良好的内部条件。通过不断地优化结构、促进产业结构的升级，引导我国外商直接投资全面升级，增加服务业领域、高新技术领域的产业链引入，促进我国经济的不断发展。

（执笔人：张晓静　王文娜）

主要参考文献

一、中文部分

[1] 白远，王冠群. 中国文化创意产业研究——总论与行业分析 [M]. 北京：对外经济贸易大学出版社，2012.

[2] 杜文骄. 农业产业安全综述 [J]. 安徽农业科学，2013 (23).

[3] 费平. FDI 对我国农产品国际贸易的影响研究 [D]. 江南大学，2009.

[4] 高倩. 农业 FDI 对我国农产品出口影响的实证分析 [D]. 辽宁大学，2011.

[5] 胡雪梅，李玉增. 对我国农业产业化经营的思考 [J]. 商业研究，2006 (10).

[6] 姜荣春. 国际服务外包浪潮：理论、实证与中国战略研究 [M]. 北京：对外经济贸易大学出版社，2009.

[7] 江小涓，等. 服务全球化与服务外包：现状、趋势及理论分析 [M]. 北京：人民出版社，2008.

[8] 金富聪. 农业 FDI 对我国农业发展的影响 [J]. 黑龙江对外经贸，2011 (11).

[9] 金元浦. 文化创意产业的多种概念辨析 [J]. 同济大学学报（社会科学版），2009 (2).

[10] 李静静，曹利. 基于农业 FDI 的我国粮食安全保障体系 [J]. 淮海工学院学报（人文社会科学版），2013 (13).

[11] 李蕊. 跨国公司在华研发投资与中国技术跨越式发展 [M]. 北京：经济科学出版社，2004.

[12] 刘波. 埃森哲大连公司人才流失规避策略研究 [D]. 吉林大学，2012.

[13] 刘绍坚. 软件外包：技术外溢与能力提升 [M]. 北京：人民出版社，2008.

［14］倪洪兴. 开放条件下我国农业产业安全问题［J］. 农业经济问题，2010（8）.

［15］朱丽萌. 中国农产品进出口与农业产业安全预警分析［J］. 财经科学，2007（6）.

［16］牛若峰. 农业产业化经营发展的观察和评论［J］. 农业经济问题，2006（3）.

［17］潘文波. 会展业国际合作的综合效应［M］. 北京：中央编译出版社，2008.

［18］徐洁香，邢孝兵. 当前我国农业产业安全问题探析［J］. 商业研究，2005（17）.

［19］徐洁香，邢孝兵. 当前我国农业产业安全度评估［J］. 新疆财经，2006（6）.

［20］徐玉波. 农业利用外商直接投资对中国农业的影响［D］. 中国农业科学院，2012.

［21］叶正根. 农业产业化经营组织创新的路径选择［J］. 农村经济，2006（2）.

［22］张振鹏，王玲. 我国文化创意产业的定义及发展问题探讨［J］. 科技管理研究，2009（6）.

［23］郑宝华，李东. 国内农业产业安全问题研究综述［J］. 农业经济问题，2008（1）.

［24］左媚. 我国农业 FDI 偏少的原因研究［D］. 海南大学，2013.

［25］环保部网站有关政策法规的信息.

［26］联合国全球契约每月通讯. 2013 年 1 月至 2014 年 1 月各期.

［27］商道纵横网站 2013 年至 2014 年 2 月相关信息.

［28］商务部网站相关信息.

［29］中国纺织工业协会网站信息.

二、英文部分

［1］Chantasasawat, Busakorn, K. C. Fung, Hitomi Iizaka and Alan Siu. Foreign Direct Investment in East Asia and Latin America: Is there a People's Republic of China

Effect? [R]. ADBI Discussion paper, 2004, 17.

[2] Eichengreen B., H. Tong. Is China's FDI Coming at the Expense ofother Countries? [J]. Journal of the Japanese and International Economies, 2006, 21 (2): 153-172.

[3] Laura Resmini, Iulia Siedschlag. Is FDI into China Crowding Out FDI into the European Union? [R]. DYNREG Working Paper, 2008, 25.

[4] Liu, Ligang, Kevin Chow, Unias Li. Has China Crowded out Foreign DirectInvestment from Its Developing East Asian Neighbors? [J]. China and World Economy, 2007, 15: 70-88.

[5] Mercereau, Benoit. FDI flows to Asia: Did the Dragon crowd out the Tigers? [R]. IMF Working Paper, 2005, WP/05/189.

[6] Nimesh SALIKE. Investigation of the "China effect" on crowding out of Japanese FDI: An industry-level analysis (1990-2004) [J]. China Economic Review, 2010, 21: 582-597.

[7] Wang, Chengang, Yingqi Wei, Xiaming Liu. Does China rival its neighbouring economies for inward FDI? [J]. Transnational Corporations, 2007, 16: 35-60.

[8] Zhou, Yuping, Sanjaya Lall. The impact of China's FDI surge on FDI in South-East Asia: panel data analysis for 1986- 2001 [J]. Transnational Corporations, 2005, 14: 41-65.